V&R

Meiner Frau

Dem Gedenken an Pastor Albert Finet

Allen befreundeten Priestern

Alfred Grosser

Die Früchte ihres Baumes

Ein atheistischer Blick auf die Christen

Aus dem Französischen übersetzt von Paul Endres

Vom Autor für die deutsche Übersetzung bearbeitet und mit einem Vor- und Nachwort versehen

Vandenhoeck & Ruprecht

Das Werk wurde veröffentlicht unter Mitwirkung des
französischen Ministeriums für Kultur – Nationales Buchzentrum.
L'Ouvrage est publié avec le concours du ministère français
chargé de la Culture – Centre national du livre.

Bibliografische Information Der Deutschen Bibliothek

Die Deutsche Bibliothek verzeichnet diese Publikation in der
Deutschen Nationalbibliografie; detaillierte bibliografische Daten
sind im Internet über <http://dnb.ddb.de> abrufbar.

ISBN 3-525-56959-9

Umschlagabbildung: © Alfred Grosser

Printed in Germany.
Satz: Satzspiegel, Nörten-Hardenberg
Druck und Bindung: Hubert & Co., Göttingen

Gedruckt auf alterungsbeständigem Papier.

Vorwort

Für das französische Publikum hatte ich 2002 *L'Allemagne de Berlin* veröffentlicht. Die deutsche Übersetzung *Wie anders sind die Deutschen?* erschien zur selben Zeit. 2005 versuchte ich, dem deutschen Publikum zu erklären: *Wie anders ist Frankreich?* und schrieb anschließend die französische Fassung. Als der Verlag Vandenhoeck & Ruprecht mir vorschlug, *Les Fruits de leur arbre* übersetzen zu lassen, hatte ich zunächst Bedenken. Beim Schreiben hatte ich eigentlich nur an den französischen Leser gedacht. Würde der deutsche so manches auch verstehen und nachempfinden können? Es stellte sich jedoch heraus, dass nur einige erklärende Worte hinzuzufügen waren und es weniges zu streichen gab, denn die Lage der deutschen Kirchen war durch viele Vergleiche auch im Blick, und die Einsicht in spezifisch französische Dinge konnte dem deutschen Leser doch zugemutet werden. Allerdings hat es in den letzten Jahren Veränderungen gegeben, sowohl in Frankreich, in Deutschland, in Rom als auch in den USA. Das Nachwort für die deutsche Ausgabe versucht, die wesentlichen Dinge aufzuzeichnen und sie aus meiner Sicht zu bewerten.

Diese Sicht ist die gleiche geblieben und ich bin weiterhin ein „jüdisch geborener, mit dem Christentum geistig verbundener Atheist". Es hat dabei immerhin Veränderungen in meinen Tätigkeitsfeldern gegeben. Vor allem eine schöne und eine nicht sehr erfreuliche. Das Schöne betrifft die beiden deutschen Kirchen. Ich fühle mich weiterhin als mitwirkender Außenstehender im französischen Katholizismus zu Hause und als Franzose in Deutschland. Aber das Entgegenkommen, das Verständnis deutscher christlicher Persönlichkeiten und Einrichtungen ist größer geworden. Im Januar 2005 durfte ich das Jahr der Evangelischen Kirche Bayerns in Tutzing eröffnen, im Mai werde ich mit Kardinal Sterzinsky im Berliner Gorki-Theater einen Dialog über den Glauben führen, so wie ich es im Dezember in Clermont-Ferrand mit dem dortigen Erzbischof getan habe. Im Januar 2004 hatten mich die katholische und die evangelische Studentengemeinde auch zur Jahreseröffnung nach Köln eingeladen, sei es nur, um zu zeigen, dass die Haltung des Gottesvolkes nicht notwendigerweise von seinem Kardinal-Erzbischof bestimmt wird. Die Zusammenarbeit mit dem Dresdner Kathedralforum ist eine ständige geworden. Ich werde von christlichen Veranstaltern nicht mehr schonend als „Agnostiker" vorgestellt, so wie man früher schamvoll Juden als Israeliten bezeichnete. Das Wort Atheismus wird klarer ausgesprochen.

Aber gerade meine jüdische Identität zeitigt für mich in beiden Ländern ärgerliche Spannungen und sogar Konflikte. Nicht mit Christen, sondern mit in meinen Augen allzu sehr Israel verteidigenden Juden. Der Chefredakteur einer großen Pariser Wochenzeitung glaubt, dass seine spät entdeckte Zugehörigkeit zum Judentum ihn dazu verpflichtet, ständig für Israel Stellung zu nehmen. Ich habe versucht, ihm klarzumachen, dass meine Reden und Schriften gegen die französischen Überschreitungen (Folter, Zerstörung von ganzen Dörfern, Masseninternierungen) in Algerien von 1954 bis 1962 so heftig gewesen waren, eben weil ich Franzose war und französische Vergehen mich mehr betrafen als andere. Als *L'Express* ohne mein Wissen Leserbriefe veröffentlichte, die mich wüst beschimpften, weil ich eine positive Rezension eines Israel hart kritisierenden Buches geschrieben hatte, verließ ich den Aufsichtsrat der Zeitung, die sowieso in meinen Augen viel zu einseitig über die Palästinenser berichtete. Im November 2004 machte ich eine besonders unerfreuliche Erfahrung in Berlin. Ich sollte als Experte vor einer Bundestagskommission zur Erforschung des „neuen Antise-

mitismus" aussagen. Nach meinem zehnminütigen State-
ment, welches israelische Menschenrechtsverletzungen und
eine gewisse jüdische Selbstbezogenheit kritisierte, sagte der
Vorsitzende, ein SPD-Professor, dass er Toleranz gezeigt hätte, indem er mich nicht unterbrochen habe. Vertreter jüdischer Organisationen fragten, warum ich überhaupt eingeladen worden sei. Zu einer wirklichen Auseinandersetzung
über meine Aussage ist es nicht gekommen.

Dem entgegen durfte ich auch schöne Erfahrungen machen. Sei es nur die Begegnung mit einer in doppelter Hinsicht mutigen Persönlichkeit. Ich glaubte zunächst, K. H.
Blickle sei Jude, weil er den Preis des liberalen Abraham-Gei-
ger-Kollegs für Rabbiner-Ausbildung gestiftet hatte, der mir
2003 überreicht wurde und dank dessen es nun die nach
meinen Eltern benannten Lily-und-Paul-Grosser-Stipendien
für werdende Rabbiner gibt. Auch ist K. H. Blickle stark be-
teiligt an den schönen Initiativen im Neckar-Donau Gebiet,
in Balingen, Haigerloch und Hechingen, die alte Synagogen
restaurieren, jüdische Museen einrichten und ehemalige jüdische Einwohner aus aller Welt dorthin einladen. Aber K. H.
Blickle ist Protestant und, was wichtiger ist, er hat mit seiner
Frau eine Schule für palästinensische Kinder in Ramallah
eingerichtet, um die sich beide eifrig kümmern.

Es geht aber in diesem Buch nur im ersten Kapitel um Judentum und um christliche Bewältigung der antisemiti-
schen Vergangenheit. In den anderen Kapiteln ist nur von
Christentum und Christen die Rede, wobei die deutsch-französischen Unterschiede wirklich immer unbedeutender geworden sind. Oder war das nicht schon seit langem der Fall?
Im Dezember 2004 ist Hippolyte Simon, Erzbischof von
Clermont-Ferrand, mit fünfzig Jugendlichen nach Dachau
gefahren. Dort sollte an jenen Tag erinnert werden, an dem
sein damaliger Vorgänger einen Mithäftling, einen jungen
deutschen Diakon, zum Priester geweiht hatte. Der ausge-
hungerte junge Mann musste sitzen, weil er weder stehen,
noch knien konnte. Die Erlaubnis des Münchener Bischofs,
diese Weihung durchzuführen, war von einer Ordens-

schwester ins Lager eingeschmuggelt worden. Im Dezember
2004 hat nun der französische Botschafter dieser sehr alt gewordenen Schwester das Ritterkreuz der Ehrenlegion verliehen. Eine solche Erinnerungsfeier kann natürlich nicht
christliche und kirchliche Obrigkeitsunterwerfung überde-
cken, so wie sie in einem der folgenden Kapitel beschrieben
wird. Aber es ist die Betrachtung evangeliumstreuen Verhal-
tens, die die Grundeinstellung dieses Buches bestimmt hat.

Im März 2005   *Alfred Grosser*

Inhalt

Einleitung

Was man denkt oder sagt, das muss immer im Zusammenhang mit der Zeit gesehen werden, in der man denkt oder schreibt. Und mit der Umgebung, in der man lebt. Aber nie zuvor war der Zeitgeist so voller Widersprüche. Denn „das Spirituelle ist ungeheuer modern". Das Religiöse auch. „Gott hat Bombenerfolg!", schreibt eine immerhin als sehr religionsfeindlich eingestufte Wochenzeitung. Der Gott der Christen, der Gott der Juden, der Gott des Islam. Und auch die Spiritualität ohne Gott des Buddhismus. In Rom, wie auch schon vorher in Paris, haben die von der alten katholischen Kirche veranstalteten Weltjugendtage Hunderttausende Jugendliche und junge Erwachsene zusammengeführt, die zugleich fröhlich waren und beteten. In den Vereinigten Staaten überbieten sich die Präsidentschaftskandidaten damit, sich auf die Religion zu berufen, Gott anzurufen.

Aber es handelt sich nicht nur um Religionen. Heidnischer Glaube und jede Art von Aberglauben stiften große Verwirrungen. Dass Regierungen Wahrsagerinnen befragen, ist schließlich nichts Neues. Auch die Ministerpräsidenten der früheren Republiken haben das getan. Jetzt kann sich aber schon eine bekannte und gefragte Wahrsagerin rühmen, ohne unglaubwürdig zu werden, dass der Staatschef sie vor wichtigen internationalen Entscheidungen um Rat gefragt hat. Das Sternzeichen steht im Ruf, die Wesensmerkmale jedes einzelnen Menschen zu bestimmen, sein Verhalten zu beeinflussen. Anscheinend wird die Personalpolitik verschiedener Unternehmen allerdings nicht mehr so sehr von diesem Zeichen beeinflusst. Aber immerhin wurden schon Bewerber abgelehnt, nur weil sie unter einem Sternzeichen geboren waren, das dem des Unternehmers entgegenstand. Der Aberglaube ist aber nicht nur eine Angelegenheit der Schwachen und Unwissenden. Die Gurus machen in begüterten Kreisen Furore. Schätzungsweise 12 Millionen Franzosen aus allen gesellschaftlichen Schichten befragen regelmäßig Astrologen, Numerologen, Kartenlegerinnen und das Geschäft mit der Wahrsagerei spült jährlich mehr als 3 Milliarden Euro in die Kassen. In wie vielen Anzeigen wird damit geworben, dass ein Heiler „die Gabe besitzt, selbst die hoffnungslosesten Probleme und sogar die familiären Schwierigkeiten zu lösen".

Zur gleichen Zeit aber erlebt Frankreich – und nicht nur Frankreich – einen unerwarteten Aufschwung ernsthafter religiöser Besinnung, eine beispiellose Zunahme theologischer, philosophischer, exegetischer und religionsgeschichtlicher Werke. Deren Autoren sind ebenso sehr Laien wie Priester, Pastoren oder Rabbiner. Die Glut der Überzeugung geht einher mit Gelehrsamkeit, mit dem Wunsch zu analysieren, bevor versucht wird, zu überzeugen.

Ja, aber die leeren Kirchen, die offenkundige Abkehr von den etablierten Religionen, das vorhersehbare Aussterben der Ordensgemeinschaften? Jede Nummer der kleinen Jahresschrift *Jésuite de France* kündet von einigen wenigen Ordenseintritten und veröffentlicht eine lange Liste der Verstorbenen des Jahres. Die Dominikaner haben mehr Nachwuchs zu verzeichnen, aber ihre Bilanz ist trotzdem nicht viel besser. Ein sechzigjähriger Priester gehört noch nicht zum alten Eisen.

Man muss sich damit abfinden: Die Wirklichkeit ist widersprüchlich oder, genauer gesagt, zwei sich widersprechende Realitäten können gleichzeitig wahr sein. Wir erleben also einen historischen Augenblick, der einerseits geprägt ist von der ungebrochenen Kontinuität der Menschheit und andererseits von einem Bruch, der sogar die Definition „Mensch" in Frage stellt. Noch nie zuvor waren die Begriffe „Wurzeln" und „Verwurzelungen" so sehr in Mode, verbunden mit dem vielfältigen Wunsch, vergangene Zivilisationen kennen zu lernen, zu ihnen zu gehören, sich in ihnen wieder zu erkennen. Trotz Gutenberg, trotz Kopernikus, trotz der Elektrizität, trotz Pasteur und Marie Curie führen die Bearbeitung der Materie mit Hilfe von Codes, Speichermedien, Zeichen und Sprachen und die Entschlüsselung des menschlichen Gens schließlich dazu, unsere Vorstellungen von Raum und Zeit und von der Natur des menschlichen Wesens in Frage zu stellen. Wir stoßen hier auf eine Diskontinuität, einen Bruch, der in offensichtlichem Gegensatz zum philosophischen, aber auch zum religiösen Erbe steht.

Eine ganz andere Diskontinuität, eine andere Eigenart unserer Zeit scheint die Philosophen und die Historiker noch mehr zu erschüttern, ob sie sich auf einen religiösen Glauben berufen oder nicht. Das 20. Jahrhundert sei wie kein anderes dasjenige des menschlichen Leidens gewesen, eines Leidens, das unweigerlich pessimistische Gedanken über die Natur des Menschen erzeugt, und mehr als je zuvor die Gott zugesprochene Güte in Frage stellt. Wie soll man sich nach Verdun, mehr noch nach Auschwitz, nach Kambodscha und Ruanda, während AIDS Afrika auszulöschen droht, nicht einen leeren Himmel vorstellen, oder wenigstens nach einem Gott fragen, der diesen Horror zugelassen hat? Wir kommen an jenem Punkt an, wo allein schon der Gedanke an Fortschritt zu einem Sakrileg wird.

Ich kann mich dieser Sicht der Dinge nicht anschließen. Auf die Frage nach der Einmaligkeit der Shoah wird noch zurückzukommen sein. Aber warum blicken wir nicht weiter in die Vergangenheit, auf frühere Katastrophen der Menschheit? In seiner Einführung zu der Aufnahme der *Musikalischen Exequien* schreibt Philippe Herreweghe:

1577, acht Jahre vor der Geburt Heinrich Schützens raffte die Pest in Weißenfels – wo der Komponist einen Teil seiner Kindheit verbrachte – 160 Menschen hinweg – fast ein Drittel der Bevölkerung. Die Seuche forderte 1585 596 Opfer, 1599 wa-

ren es 492 und mehr als 900 im Jahre 1610. Zu den Plagen
der Pest und Ruhr kamen die verheerenden Folgen eines au-
ßergewöhnlich grausamen Krieges, sowie auch die Radikali-
tät der Ideologien und die Ausschreitungen hysterischer
Rechtsprechung: 1589 – als Schütz gerade vier Jahre alt war
– verbrannte man im Kloster von Quedlinburg im Harz, in der
Nähe von Weißenfels, an einem einzigen Tag 133 Hexen.

War das 19. Jahrhundert wirklich so friedfertig und hat das
20. Jahrhundert wirklich keinen Fortschritt erlebt? Ja, man
kann schmerzlich betroffen sein, wenn man sieht, wie im
Sudan oder in Bosnien so viele Männer und Jugendliche zu
so viel eigener, persönlicher Grausamkeit fähig sind. Aber
betrachten wir doch nur *Die Schrecken des Krieges*, diese ab-
scheulichen und doch bewundernswerten Zeichnungen aus
dem Jahr 1810, in denen Goya zerstückelte Körper zeigt, da-
neben Soldaten und Zivilpersonen, die über den Horror lachen, den sie andern zugefügt haben! Erinnern wir uns doch
auch an die Millionen von Kongolesen, die getötet oder vor-
sätzlich verstümmelt wurden, damit Leopold II. seinen Profit
aus der Kautschukgewinnung noch mehr steigern konnte!
Und wenn man uns dazu auffordert, uns über das Schicksal
der arbeitenden Kinder in Asien oder der auf das Schlimmste
gedemütigten Frauen auf anderen Kontinenten zu entrüs-
ten, dann sollten wir auch an englische und französische
Kinder denken, die in den Bergwerken und Manufakturen
des 19. Jahrhunderts ausgebeutet wurden. Das erste soziale
Gesetz, das in Frankreich erlassen wurde, ist kaum 160 Jahre
alt. Es verbot die Arbeit von Kindern unter acht Jahren ge-
nerell und die Untertage-Beschäftigung von Kindern unter
zwölf Jahren. Und welche Revolution für die Lage der Frauen
in Europa, die auf dem Land noch mehr als in der Stadt das
ganze 20. Jahrhundert durchzieht, das doch stets als fort-
schrittsfeindlich dargestellt wird!

Es ist durchaus möglich – und das werden wir uns fragen
müssen – dass sich unser Blick auf das Leiden geändert hat.
Das Leiden von Menschen, ganz gleich welchen Alters, wel-

chen Geschlechts, welcher Hautfarbe, welchen Glaubens. Ergibt sich daraus nicht für den gläubigen Christen ein geändertes Gottesbild? Der Wandel von einem triumphierenden und richtenden Gott hin zu einem Gott, der selber ein leidender Mensch geworden ist, wird uns in zwei Kapiteln dieses Buches beschäftigen. Davon abgesehen: welcher Christ freut sich denn heute noch über die Leiden, die im Namen Gottes Heiden oder Ketzern zugefügt werden? „Mit unermesslicher Freude haben wir sie verbrannt", schrieb ein Priester, der an einem Kreuzzug gegen die Albingenser teilnahm. Die katholische Kirche, die so oft die Rolle des Verfolgers spielte, wird heute meistens selbst verfolgt. Im Juli 2000 widmete *Pogrom*, die deutsche Zeitschrift der Gesellschaft für bedrohte Völker, den größten Teil der Ausgabe der „neuen Christenverfolgung" im Sudan, in Pakistan, in Indonesien, in Ägypten. Aber über diese Toten und Leiden sprechen die Christen in Europa nur ungern, um nicht in Verdacht zu geraten, bevorzugt ihre Glaubensbrüder zu schützen. Denn das wäre ein Beweis für einen christlichen Europazentrismus, der im Widerspruch zu ihrer derzeitigen Auffassung des Universalismus stehen würde.

„Ihre" Auffassung: eine sehr missbräuchliche Verallgemeinerung, denn die unterschiedlichsten, manchmal auch antagonistischsten Gedanken durchströmen nicht nur das eine Christentum, sondern auch dessen unterschiedliche Ausformungen von heute. Aber wer bin ich denn, dass ich analysiere, zu verstehen versuche, über Christen urteile, um Partei zugunsten der einen gegen die andern zu ergreifen?

Soweit auch meine Erinnerungen zurückgehen, es waren immer zwei Haltungen, zwei Richtungen gleichzeitig in mir vorhanden. Einerseits war da die Leidenschaft für moralische Betrachtungen und die Vorliebe für christliche Antworten auf fundamentale moralische Fragen. Andererseits habe ich meinen Atheismus immer ruhig gelebt und gedacht.

Sein Inhalt und seine Auswirkungen werden in den Kapiteln III und IV dargelegt. Ich muss aber zunächst die Wortwahl erklären und rechtfertigen. Müsste ich mich nicht eher als „Agnostiker" bezeichnen? Das Wort ist vornehmer und verwischt ein wenig den wesentlichen Unterschied. So wie es bis vor kurzem ratsamer erschien, den Begriff „Israelit" dem Begriff „Jude" vorzuziehen, um nicht als Antisemit zu gelten. Aber der Agnostizismus kommt einer fundamentalen Unsicherheit gleich. Man weiß nicht so genau, es könnte aber sein … Es stimmt, dass es eine Menge Dinge gibt, die ich nicht kenne oder die ich nicht verstehe und für die ich keine Erklärung habe. Von der Funktionsweise des tragbaren Telefons bis zu den biologischen Mechanismen, die die Wanderungen von Fischen und Monarchfaltern bestimmen. Ich bin aber nie der Versuchung erlegen, das, was ich nicht verstand, Gott zu nennen. Im Gegenteil, die anthropomorphe Anrufung einer mit Gefühlen, einer Intelligenz und einem Willen ausgestatteten Göttlichkeit erschien mir immer als Ausflucht, wenn nicht gar als Kapitulation.

Ich habe mich immer zweier, allerdings weniger strenger Begriffe bedient. In meinem 1977 unter dem Titel *La Passion de comprendre (Die Leidenschaft des Verstehens)* erschienenen Buch über meine Gespräche mit Noël Copin, trägt das erste Kapitel die Überschrift „Un non-croyant interroge les chrétiens" („Ein Nichtglaubender befragt die Christen"). 1997 nannte ich in *Une vie de Français. Mémoires (Ein Leben als Franzose – Erinnerungen)* das letzte Kapitel „Incroyant parmi les chrétiens" („Ungläubig unter Christen"). Aber ich empfinde mich keineswegs als nichtgläubig, außer hinsichtlich der Götter der Religionen. Ich glaube an die Werte, die ich zu leben versuche. In meinem Buch *Au nom de qui? Fondements d'une morale politique (In wessen Namen? Grundlagen einer politischen Moral)* habe ich 1969 nach den Quellen dieser Werte gefragt und gelangte im Schlusskapitel – „Les justifications ultimes" („Die letzten Rechtfertigungen") – zu sehr wenig Gewissheit. Aber wenn ich geschrieben habe „wir müssen bei den christlichen Antworten verweilen, das heißt bei dem, was die Christen Antworten nennen", dann nur, weil ich denke – und wie es später noch auszuführen sein wird – dass die Werte von den Menschen auf ein göttliches Wesen projiziert werden, dessen Bildnis und Ansehen sich in gleicher Weise wie die Moral entwickeln. Was nun das Wort „ungläubig" betrifft, so akzeptiere ich es nur widerwillig, denn es scheint mir der Gläubigkeit einen Vorrang zu geben und mich aufgrund eines Defizits zu definieren. Ich war nichts desto weniger glücklich, als mir – einem „Mittler zwischen Franzosen und Deutschen, zwischen Ungläubigen und Gläubigen" – der Börsenverein des Deutschen Buchhandels 1975 den Friedenspreis verlieh.

Allerdings muss ich noch darauf hinweisen, dass es sich nicht um alle Ungläubigen und nicht um alle Gläubigen handelt. Mein Atheismus – und darauf komme ich in Kapitel IV noch ausführlich zurück – ist kein „Materialismus", denn der Austausch von zwei Blicken gehört schon zu einer Spiritualität. Oft denke ich an eine Bemerkung über Roger Martin du Gard, dessen Romane *Jean Barois* und vor allem *Les Thibault* (*Die Thibaults*) mich tief beeindruckt haben: „der Atheismus der anderen machte ihn wütend". Auch das, was ein Zeuge schreibt, dessen Formulierung mich ebenfalls betrifft, „Ich erinnere mich an Roger Martin du Gard, wie er vom Katholizismus seiner Frau mit Hochachtung, ja mit einer zarten Bewunderung sprach."[1]

Auf der anderen Seite war ich ständig irritiert, wie sich so viele Päpste und so viele Theologen der Moral bemächtigt haben. Sogar Paul VI. und Johannes XXIII. sind in diese Richtung gegangen. „Wenn man die Menschen nicht an Gott bindet, ist es unmöglich, dass die Menschen einander lieben", sagte einer zu Jean Guitton.[2] Und in der schönen Enzyklika „Mater et magistra" behauptet ein anderer: „Die sittliche Ordnung hat nur in Gott Bestand. Wird sie von Gott gelöst, löst sie sich selbst auf." (MM 208) In dem vorliegenden Buch werde ich aufzeigen, warum solche Formulierungen mir falsch und schockierend erscheinen.

1 R. Martin du Gard: Lettres de confiance à Jean Morand, 1991, XVIII.
2 J. Guitton: Dialogues avec Paul VI., 1967, 352.

Man soll sich nie selbst zitieren. Aber der Leser wird sich mit dem nachstehenden Auszug aus meinem 1989 erschienenen Buch *Verbrechen und Erinnerung* ein ziemlich klares Bild von der konkreten Situation des Autors machen können:

> Seit über vierzig Jahren fühle ich mich in zwei Gruppen zu Hause, denen ich nicht angehöre. Unter den Christen, besonders unter den in und aus ihrem Glauben heraus lebenden französischen Katholiken, bin ich als nichtgläubiger Mensch teilnehmender Beobachter; unter den Deutschen, besonders unter denen, die sehr eindringlich die Frage nach dem Gedächtnis stellen, bin ich als Franzose teilnehmender Beobachter. Wenn man mir im öffentlichen Leben in Deutschland einen gewissen Platz zuerkennt und wenn mir die Freude zuteil wird, in vielen christlichen Gruppen als brüderlicher Kritiker willkommen zu sein, dann wohl deshalb, weil man spürt, daß ich, obgleich ein Außenstehender, Sympathie hege und daß meine zuweilen aggressiven Forderungen in dem Wunsch gründen, sie ihren eigenen Zielvorstellungen so nahe wie möglich zu sehen. Die Vergangenheit der Kirche (auf die wir noch zurückkommen) und die Vergangenheit Deutschlands haben mich nie daran gehindert, mich von deren innerer Entwicklung betroffen zu fühlen; die negativen Seiten habe ich stets mit Bestürzung wahrgenommen, habe ich doch ständig mit denen zusammengewirkt, die darauf hinarbeiten, daß die Glaubens- oder nationale Gemeinschaft ihrem ethischen Anspruch gerecht wird, auf den sie sich öffentlich beruft.[3]

Gern lasse ich mich – aus Freundschaft, Ironie oder Aggressivität – definieren als „Weggefährte" der christlichen Kirchen, Institutionen und Organisationen. Dies um so mehr, als ich bereits 1945 als junger Mann von zwanzig Jahren die Weichen stellte und jegliche Art von Gemeinsamkeit mit der kommunistischen Partei strikt ablehnte. Christen und Kom-

---

3   A. Grosser: Verbrechen und Erinnerung, 1993, 13f.

munisten galten bei der Befreiung Frankreichs als die beiden
großen Kräfte der Erneuerung, Liberale und Sozialisten
schienen eher mit einer kleingeistigen Politik beschäftigt zu
sein. Wahrscheinlich hatte ich Unrecht. Ich werfe mir oft
vor, die Hingabe, die Uneigennützigkeit und den schöpferischen Geist von christlichen Personen oder Gruppen besser
zu kennen, zumal ich noch keine Wegstrecke mit Organisationen gegangen bin, die ihre Inspirationen nicht aus dem
Christentum beziehen.

In christlichen Kreisen präsent zu sein, fiel mir umso leichter, als ich nie in der Lage gewesen bin, „verführt" zu werden.
Und deshalb konnte und kann ich den positiven Aspekten
der Kirchen, besonders der römisch-katholischen, besser gerecht werden, denn ich musste ja nie die Zwänge im Inneren
erleben und auch nie die Bitterkeit einer Sanktion erfahren,
eine Ausstoßung oder einen freiwilligen Austritt erleiden.

Die meisten meiner Freunde sind engagierte Gläubige, insbesondere im Priesteramt. Es ist wahr, dass sie ihre Auswahl
bei den Texten des Evangeliums treffen. Sogar Kardinal Ratzinger wird wohl kaum Formulierungen aus dem Evangelium
wie: „Wer glaubt und sich taufen lässt, wird gerettet. Wer aber
nicht glaubt, wird verdammt werden" (Mk 16,16) oder „Wer
an Ihn glaubt, wird nicht gerichtet; wer nicht glaubt, ist
schon gerichtet" (Joh 3,18) wortwörtlich nehmen. Außerhalb
der gelebten Brüderlichkeit machen sie sich eher die Empfeh-
lungen aus dem großen Konzilstext *Gaudium et spes (Über die
Kirche in der Welt von heute)* zu eigen:

> Wenn die Kirche auch den Atheismus eindeutig verwirft, so
> bekennt sie doch aufrichtig, dass alle Menschen, Glaubende
> und Nichtglaubende, zum richtigen Aufbau dieser Welt, in
> der sie gemeinsam leben, zusammenarbeiten müssen. Das
> kann gewiss nicht geschehen ohne einen aufrichtigen und
> klugen Dialog. (21.6)

Wir könnten jetzt darüber streiten, wer nun wirklich der
Richter des anderen ist. Ich bin ohne Zweifel derjenige, von
dem die Psalmen 14 und 53 sagen: „Die Toren sagen in ihrem

Herzen: Es gibt keinen Gott!" Aber die Glaubenden brauchen nicht „vernünftig" zu sein, denn Paulus hat ihnen gesagt: „Wenn einer unter euch meint, er sei weise in dieser Welt, dann werde er töricht, um weise zu werden. Denn die Weisheit dieser Welt ist Torheit vor Gott." (1Kor 3,18–19)

Die Christen, mit denen ich gern zusammenarbeite, sind nicht nur getauft oder, in Deutschland, einer Kirche zugehörig, weil sie Kirchensteuer zahlen. Es wird mir manchmal der Vorwurf gemacht, dass ich, der Außenstehende, sehr fordernd gegenüber den Christen bin. In einer leider sehr bissigen Debatte über ein Buch über die Kirche, das mir nun zu papstfeindlich und eher soziologisch als religiös inspiriert war, zeigte eine Teilnehmerin nur mitleidige Ironie für meinen Wunsch, wirklich christliche Christen als Gesprächspartner zu haben. Besser verstanden fühlte ich mich von der Zeitschrift des Vatikans *Ateismo e dialogo*, die 1982 ausführlich und freundlich über zwei meiner Bücher berichtete, die insbesondere mein Verhältnis zu Christen zum Gegenstand hatten. Ein anderer Teilnehmer dieser enttäuschenden Diskussion sprach von „Schamlosigkeit", sich als Nichtglaubender in Streitfragen unter Christen einzumischen. Ich habe darauf entgegnet, dass, wenn es denn Schamlosigkeit ist, ich deren vernünftigen Gebrauch schätze, denn ein Aspekt meines moralischen Handelns besteht eben darin, mit den Mitgliedern sozialer Gruppen, zu denen ich nicht gehöre, ins Gespräch zu kommen, um mit den Antagonisten gemeinsame Überlegungen anzustellen.

Besser konnte ich mit der Kritik eines befreundeten Dominikaners umgehen, der mich einlud, in einer Vortragsreihe über die Spiritualität zu dem Thema „die Spiritualität des Nichtglaubenden" zu sprechen. Seiner Meinung nach zeigte ich mich herablassend gegenüber den Glaubenden. Wenn dem so ist, bedaure ich es zutiefst. In diesem Buch werde ich ausführen, warum nach meiner Ansicht der Glaubende sich manchmal außerhalb der Logik oder des gesunden Urteilsvermögens stellt. Ich möchte, dass man mir glaubt, wenn ich sage, dass für mich der Respekt weit über jedem Gefühl von Überheblichkeit steht. Dies umso mehr, als es mir nicht gelingt, in mein Leben jene konsequente Haltung zu bringen, die ich bei manchen Ordensleuten bewundere. Ein Respekt, der mich hoffen lässt, dass ich den christlichen Leser nicht verletze mit meinen Analysen und Stellungnahmen, auch wenn es hin und wieder vielleicht unvermeidbar ist, ihm etwas zu nahe zu treten.

1. KAPITEL

Juden und Christen

„Jüdischen Ursprungs"?

Wahrscheinlich habe ich bereits in der Einleitung den jüdischen Leser schockiert, besonders wenn er weiß, dass ich als Jude geboren wurde, und nun erwartet, dass ich mich gleich von Anfang an auf mein Judentum berufen muss. In der Sprachregelung der Autoren der Gesetze von Nürnberg und Vichy waren meine vier Großeltern Juden. Meine Eltern waren kaum praktizierend. Wir feierten einfach nur die fröhlichen Feste wie Chanukka. Mein Vater war Kinderarzt, Professor an der Medizinischen Fakultät und Direktor einer privaten Kinderklinik. Er war auch Freimaurer und SPD-Wähler. Von 1914 bis 1918 war er Militärarzt in Frankreich, an der „Westfront", wo es ja angeblich nichts Neues gab, auch wenn die Soldaten in den Schützengräben starben. Er bekam das Eiserne Kreuz Zweiter und später auch Erster Klasse.

Die Entscheidung, mit den Seinen Deutschland zu verlassen, traf er 1933, als es ihm verboten wurde, Vorlesungen zu halten, die Klinik zu leiten und man ihn aus dem Verband ehemaliger dekorierter Offiziere ausschloss. Sein Brief vom 25. Oktober an die Gesellschaft der Kinderärzte enthielt nur einen einzigen Satz: „Da ich als Nichtarier aus Deutschland auswandere, erkläre ich hiermit meinen Austritt."

Von all den vielfältigen Identitäten und Zugehörigkeiten wollte Hitler nur eine gelten lassen. Ich war immer der Ansicht, dass ich mir meine zentrale Identität nicht von Hitler aufzwingen lasse. Das jedenfalls brachte ich am 3. Oktober 1998 in Dresden im großen Saal des Stadttheaters zum Ausdruck, als die Deutsche Gesellschaft für Kinderheilkunde der jüdischen Kollegen gedachte, die 65 Jahre zuvor ausgeschieden sind oder ausgeschlossen wurden und von denen die meisten in der Emigration, bei der Deportation oder durch Selbstmord starben.[4] Dieses Gedenken kam sicherlich spät, aber in Frankreich hat man sich bis heute noch nicht daran erinnert, dass jüdische Ärzte von ihren Berufskollegen im Stich gelassen wurden.[5] Bevor die Versammlung in Dresden über einen schwerwiegenden Antrag auf Bedauern abstimmen konnte, hörte sie zwei Redner, Söhne von emigrierten jüdischen Kinderärzten. Außer mir sprach Paul Oestreicher, anglikanischer Priester seit 1959, Mitbegründer von Amnesty International sowie des Versöhnungswerkes der Kathedrale von Coventry, deren Dekan er ist. Coventry, die erste Stadt, die durch deutsche Bombardierungen zerstört wurde und die heute eine Städtepartnerschaft mit Dresden hat, der Stadt, die durch alliierte Bomber im Februar 1945 dem Erdboden gleich gemacht wurde.

Mein Vater starb kurz nach unserer Ankunft in Frankreich, am 6. Februar 1934. Meine Mutter meldete mich bei den evangelischen Pfadfindern an. Die katholische Pfadfinderschaft nahm nur Katholiken auf und es gab in Saint-Germain-en-Laye keine israelitische Pfadfinderbewegung. Ich glaube übrigens auch nicht, dass sie mich dort angemeldet hätte. Sie hat uns, meine Schwester und mich, zu keiner Ausübung des jüdischen Glaubens angehalten. Sie wollte nur, dass ich als einziges Zeichen der Zugehörigkeit mit 13 Jahren im Jahr 1938 meine Bar Mitzwa feiere. Die schlecht vorbereitete Zeremonie in der Synagoge der Rue de Montevideo hat in mir eine schlechte Erinnerung hinterlassen. Einen Text der Torah konnte ich nur deshalb vorlesen, weil ich ihn

---

4 Vgl. E. Seidler: Kinderärzte 1933–1945. Entrechtet, geflohen, ermordet, 2000.
5 Vgl. B. Halioula: Blouses blanches, étoiles jaunes, 2000.

nach der auswendig gelernten Lautschrift vortrug. Das schien mir scheinheilig.

Ich begann dennoch die Bibel zu lesen. Viele Abschnitte haben mich schockiert, ja manchmal sogar empört. So weit ich auch zurückdenken kann, habe ich den Gedanken der Rache verabscheut. Wenn ich am Ende des Buches Esther las: „Die Juden erschlugen ihre Feinde mit dem Schwert. Es war ein Massaker, eine Vernichtung", oder bei der Eroberung von Jericho: „Sie vollzogen den Bann an allem, was in der Stadt war, an Mann und Weib, jung und alt, bis zu Ochs und Schaf und Esel, mit der Schärfe des Schwertes." (Jos 6,21) So war ich empört. Später entdeckte ich die Textstellen, die ich meinen jüdischen Zuhörern gern ins Gedächtnis rufe. Das tat ich auch, als ich Gelegenheit hatte, in Tel-Aviv und in Jerusalem zu sprechen. Es sind jene Textstellen, die zeigen, dass der Begriff des Ersttäters sehr relativ ist und dass „ethnische Säuberungen" nicht erst in unserer Zeit begonnen haben.

So zogen sie gegen Midian, wie Jahwe Mose geboten hatte, und machten alle männlichen Personen nieder. [...] Mose ward über die Heeresführer und die Hauptleute der Tausend- und Hundertschaften, die vom Kriegszug heimkehrten, zornig. Mose fuhr sie an: Habt ihr wirklich alle Weiber am Leben gelassen? [...] Tötet sofort alle männlichen Kinder, ebenso tötet jedes Weib, das bereits mit einem Mann geschlechtlich verkehrt hat! Alle jungen Mädchen aber, die mit einem Mann noch nicht geschlechtlich zu tun hatten, lasst für euch am Leben! (Num 31,7.14–18)
Jahwe redete zu Mose [...]. Er sagte: Wenn ihr über den Jordan in das Land Kanaan gezogen seid, habt ihr alle Bewohner des Landes vor euch zu vertreiben [...] Dann nehmt das Land in Besitz und wohnt darin; denn euch habe ich dieses Land verliehen. [...] Vertreibt ihr aber die Bewohner des Landes nicht vor euch, so werden die, welche ihr von ihnen übrig lasst, zu Dornen in euren Augen und zu Stacheln in euren Seiten, sie werden euch bedrängen in dem Land, in dem ihr

wohnt, und ich werde mit euch verfahren, wie ich mit ihnen
zu verfahren gedachte. (Num 33, 51–52.55–56)

An diese Gegebenheit wird in einem Abschnitt der Apostelgeschichte erinnert, der in der Messe am 29. April 2000 in der
ganzen Welt verlesen wurde: „Er hat sie in der Wüste genährt,
und nachdem er sieben heidnische Völker im Land Kanaan
vernichtet hatte, gab er ihnen deren Land zum Erbe."

Ich weiß wohl, dass heute die Exegeten, in erster Linie die
christlichen, erklären, diese schrecklichen Texte seien nur
sinnbildlich und entsprächen keiner präzisen historischen
Realität. Dann werden wir, wenn wir von Exegese sprechen,
die schwierige Frage wieder aufgreifen müssen, wo denn die
Grenzen der sinnbildlichen Auslegung der Bibel sind. Die
schrecklichen Texte sind aber mit einem anderen Begriff verbunden, der mich als jungen Menschen peinlich berührte,
nämlich mit dem der Erwählung. Was bedeutet das, das
„auserwählte Volk"? Und das Bündnis Gottes mit nur einem
Volk? Später habe ich entdeckt, bis zu welchem Punkt die
christlichen Theologen im Namen „des neuen und ewigen
Bundes" die gleichen Bibelstellen übernahmen, um sie auf
das „Volk der Getauften" umzumünzen. Ebenso: „Ich will
meine Wohnung in eurer Mitte aufschlagen und keinen Wi-
derwillen gegen euch hegen, sondern in eurer Mitte wan-
deln und euer Gott sein, und ihr sollt mein Volk sein" (Lev
36,11–12) oder „Meine Wohnung wird bei ihnen sein, und
ich werde ihr Gott sein und sie werden mein Volk sein." (Ez
37,27) Als ich die Offenbarung las, habe ich dagegen mit
Erleichterung erfahren, was über das himmlische Jerusalem
gesagt wird: „Siehe, das Zelt Gottes unter den Menschen.
Und er wird bei ihnen sein Zelt aufschlagen, und sie werden
seine Völker sein, und er selbst, Gott mit ihnen, wird ihr
Gott sein." (Offb 21,3) Dieses Mal handelt es sich um die
gesamte Menschheit, die als erlösungswürdig erachtet wird.

Der erste Reiz, den das Christentum im Vergleich mit dem
Judentum auf mich ausübte, war die Universalität der Botschaft, deren glühendster Verfechter Paulus von Tarsus wur-

de. Der zweite war die Idee eines Gottes, der ein leidender Mensch wurde, ein gedemütigter Gott. Ich werde noch mehrfach Gelegenheit haben, auf diesen Begriff zurückzukommen, besonders im Zusammenhang mit der auf Jesus Christus projizierten Darstellung des verachteten Knechtes durch Jesaja. Für mich war das ein großer Gegensatz zu dem strafenden, rächenden Gott, den ich in der Bibel zu sehen glaubte, den unerbittlichen Sieger über die Feinde seines Volkes.

Nicht dass das Christentum – besonders jenes der katholischen Kirche – diesen Gott immer abgelehnt hat. Wenn ich an einer Osternachtfeier teilnehme, fahre ich jedes Mal auf, wenn der Psalm gesungen wird, in dem die unvergängliche Liebe Gottes gepriesen wird, die sich im Tod aller Soldaten und Reiter Ägyptens erwiesen hat. Dies umso mehr, als unmittelbar davor gelesen wird, dass Gott das Herz des Pharao verhärtet hat, was doch bedeutet, dass er es auch mild und mitfühlend hätte stimmen können. Ja und die zehnte Plage Ägyptens, in der die Erstgeborenen erschlagen werden, und worin der gleiche Psalm einen Beweis für die ewige Liebe Gottes erkennt, scheint mir heutzutage besonders ungeheuerlich. Ich bin den Produzenten des schönen Zeichentrickfilms *Der Prinz von Ägypten* über die Geschichte von Mose und Ramses dankbar, weil sie es vermieden haben, die Empfindsamkeit der jungen Zuschauer zu verletzen. Lediglich ein Lichtschimmer gleitet unter den Haustüren der Ägypter hindurch. (Ich bin übrigens sehr erstaunt über die Tatsache, dass die Christen – und vor allem zahllose christliche Maler – das Thema des Kindermordes von Bethlehem behandeln, den Herodes befohlen haben soll, aber dieses Massaker niemals mit der zehnten Plage vergleichen . . .)

Während einiger Jahrzehnte, das gebe ich zu, habe ich das beiseite gelassen, was die Christen das Alte Testament nennen und nur die Evangelien und die Apostelbriefe gelesen. In den fünfziger Jahren machte mir mein väterlicher Freund Jean Schlumberger, ein atheistischer, von Spiritualität erfüllter Protestant, Vorhaltungen wegen meiner Unwissenheit, und ich entdeckte daraufhin viele Herrlichkeiten, auch

wenn sie, wie beispielsweise das Buch Hiob, eine gewisse intellektuelle Zurückhaltung bei mir nicht verhindern konnten. Ich werde mich auch weiterhin bei der Lektüre der un-
zähligen rituellen Vorschriften langweilen und der jüdische
Ritualismus bleibt mir unverständlich. Ein Unverständnis,
das nicht in Intoleranz umgeschlagen ist.

Ich brauchte nie meine jüdische Zugehörigkeit zu leugnen,
noch weniger zu verleugnen, aber das Judentum ist mir fremder als das Christentum. Bei den jüdischen Zeitschriften *Evi-
dences* und *L'Arche* habe ich weniger intensiv mitgearbeitet als
bei *Réforme* und *La Croix*. Aber keiner der zeitgenössischen
christlichen Denker hat mich so sehr beeindruckt wie Martin
Buber und vor allem Emmanuel Lévinas. Und meine literari-
sche Lieblingspersönlichkeit bleibt der Jude Nathan der Weise, den Lessing nach dem sehr realen Vorbild des jüdischen
Weisen Moses Mendelssohn geschaffen hat. Nur mein Leben,
meine Lektüren, mein Umgang, die Ordnung meiner Betrachtungen haben meine Persönlichkeit geprägt. Als ich Jerusalem besuchte, fühlte ich mich den Menschen nicht nahe,
die an der Klagemauer beteten. Als ich dagegen in das Kloster
Abu Gosh kam, konnte ich direkt eine menschliche Verbindung zu dem Mönch herstellen, der uns begrüßte. Dies umso
mehr, als er aus der Benediktinerabtei Bec-Hellouin in der
Normandie kam, die ich ziemlich gut kannte.

Öffnungen und Intoleranzen

Ich bin jedes Mal berührt und fühle mich solidarisch, wenn
jüdische Organisationen und Verbände sich nicht in die Betrachtung der erlittenen Gräuel einkapseln, sondern sich für
die Leiden anderer Gemeinschaften öffnen. So etwa, als im
Dezember 1997 das Europäische Forschungszentrum für Rassismus und Antisemitismus im jüdischen Kulturzentrum in
Krakau ein Seminar über „die Lehren von Auschwitz" veran-
staltete, und eine Sitzung „zwei anderen Völkermorden des
20. Jahrhunderts, nämlich Armenien und Ruanda" widmete

und Vorträge über Kambodscha, Bosnien und die Kurden-
frage hielt. Oder wenn ich das wunderbare Museum für
Kunst und Geschichte des Judentums besuche, das im Dezember 1998 in Paris im Marais eröffnet wurde. Alle Aspekte
der Vergangenheit sind dort gegenwärtig, einschließlich der
intensiven Periode der gegenseitigen kulturellen Befruchtung zwischen Judentum und Islam. Und zwei wesentliche
Elemente des Judentums, die Aschkenasim Mittel- und Süd-
europas und die Sephardim des Mittelmeerraumes sind dort
auf gleicher Ebene dargestellt und erläutert. Über die Gründung eines französischen Vereins für jüdisch-islamische
Freundschaft im Jahr 1999 habe ich mich gefreut – weniger
allerdings als über zwei Reden des israelischen Erziehungs-
ministers Yossi Sarif.

Am 24. April 2000, dem Tag, der dem Gedenken an den
armenischen Völkermord gewidmet ist, sagte er: „An diesem
Tag müssen wir Juden, Opfer der Shoah, unsere Haltung gegenüber dem Leid der anderen prüfen."[6] Davor, am 11. Januar, veröffentlichte der Minister in der *Jerusalem Post* einen
Artikel über Schulbücher:

In Bezug auf die Geschichte ist die Wahrheit manchmal
schmerzhaft, aber sie muss gesagt werden. Vor einigen Monaten habe ich die israelischen Lehrer aufgefordert, im Unterricht auch das schreckliche Massaker an siebenundvierzig israelischen Arabern zu behandeln, das 1956 in dem Dorf Kafr
Kassem durch Elemente der Grenzpolizei veranstaltet wurde.
[...] Unsere jungen Leute – künftige Soldaten – müssen die
Notwendigkeit begreifen, einen offenkundig illegalen Befehl
zu erkennen [...] und seine Ausführung verweigern. Denn
um zu einer Aussöhnung zwischen Israelis und Arabern zu
kommen, ist es erforderlich, dass beide Seiten ihre Fehler anerkennen [...] Wenn eine Nation in der Lage ist, begangene
Fehler zuzugeben, dann ist das kein Zeichen von Schwäche,
sondern von Stärke.

6   L'Arche, Juni 2000.

> Der Erziehungsausschuss der Knesset hat diesem Thema eine
> Sitzung gewidmet. Ich stieß dort auf diejenigen, die fordern,
> dass Israel seinerseits nichts anzuerkennen habe, solange die
> Araber nicht die zahlreichen Massaker anerkennen, die sie an
> israelischen Juden begangen haben. Ich habe ihnen geant-
> wortet: Das genügt nicht. Unsere Moral und unsere Werte
> hängen nicht von dem Verhalten anderer ab.[7]

Zahlreiche israelische Historiker hinterfragen die Darstellung, die bisher für die Ereignisse von 1948 gültig war, auch
wenn in Frankreich noch 1999 der Großrabbiner Joseph Sitruk in einem Interview-Buch unter anderem über die von
dort vertriebenen Palästinenser erklärte: „Sie wurden nicht
vertrieben, sie haben sich dazu entschieden, zu gehen."[8]

In dem gleichen Buch ist eine These dargelegt, die offenbar nicht weit entfernt ist von der des Rabbiners Ovadia Josef, des großen Mannes der Shas-Partei, und deren Inhalt im
August 2000 in Israel und auch außerhalb für Entrüstung
gesorgt hat. Nicht nur und nicht in erster Linie weil er die
Meinung äußert, es müsse Gott Leid tun, die Nachkommen
Ismaels, des Sohnes Abrahams und seiner Magd, geschaffen
zu haben (wo doch jeder Bibelleser das tragische und unge-
rechte Schicksal dieser Mutter kennt, die mit ihrem Kind in
die Wüste gejagt wurde!), sondern weil er den Anschein erweckte, aus Auschwitz eine Art Strafe für frühere Sünden des
Judentums machen zu wollen. Joseph Sitruk sagt also:

> „Rabbi Liché, mit dem ich Auschwitz besuchte, sagte mir, er
> habe in der Periode, die der Shoah vorausging, einen erschre-
> ckenden Sittenzerfall im Judentum bemerkt, eine Assimilie-
> rung auf ihrem Höhepunkt ..."
> – „Wenn ich Sie richtig verstehe, gibt es eine Art kollektiver
> Verantwortung des Judentums für die Shoah?"
> – „Ja."

---

7   L'Arche, Februar 2000.
8   J. Sitruk: Chemin faisant, Gespräche mit C. Askolovitch und B.
    Dicale, 1999, 361.

– „Ist es eher eine Züchtigung oder eine Erklärung? Ist die Shoah wie das Abschlagen der Hand eines überführten Diebes, also eine Strafe, oder ist sie eine Folgeerscheinung, wie der Krebs nach jahrelangem Tabakkonsum?"
– „Der zweite Vergleich scheint mir treffender ..."[9]

Es handelt sich aber immerhin noch um Assimilierung und nicht um Konvertierung. Im April 1995 widersetzte sich der Großrabbiner von Israel, Israel Lau, der Anwesenheit des Kardinal-Erzbischofs von Paris bei den offiziellen Feierlichkeiten zum fünfzigsten Jahrestag der Befreiung der Vernichtungslager. Die Konvertierung des jungen Aaron Lustiger stelle einen „Verrat an seinem Volk und seiner Religion" dar und Jean-Marie Lustiger sei der Vertreter „des Weges der spirituellen Auslöschung, die genau wie die physische Auslöschung zur Endlösung der Judenfrage führt". Das heißt, da die Mutter des Konvertiten in Auschwitz umkam, wäre er ebenso schuldig gewesen wie jene, die sie ermordet haben. Im Januar 1999 gebrauchte der Rabbiner Joel Berger, Sprecher der deutschen Rabbinerkonferenz und Rabbiner von Baden-Württemberg eine noch brutalere Formulierung: Die Konvertierung sei „eine Fortsetzung des Holocaust mit anderen Mitteln". Aber der Kardinal hat sich immer als ein Getaufter dargestellt, der eigentlich nie aufgehört hat, Jude zu sein. Deshalb wurde er immer wieder zur Zielscheibe antisemitischer Angriffe, die vor allem aus dem Lager der fundamentalistischen Katholiken Frankreichs kamen, also von Seiten derer, die in der Konvertierung von Juden den notwendigen Prolog für die Parusie, die Wiederkunft des Erlösers zum Endgericht, sehen!

Jude sein, bedeutet das, zu einem jüdischen Volk zu gehören, das durch Erbzugehörigkeit definiert ist? So scheint es der sehr offene und im Prinzip sehr tolerante Großrabbiner René-Samuel Sirat in seinem Buch *La Tendresse de Dieu*[10]

---

9 Ebd., 329–330.
10 R.-S. Sirat/M. Lemalet: La Tendresse de Dieu, 1996, 128, 129, 157, 162.

(Die Zärtlichkeit Gottes) zu sagen, das allein schon vom Titel her den Büchern von Pater François Varillon nahe ist.

> Man kann nicht gleichzeitig Jude und Christ oder Jude und Moslem sein. Wenn man von einer jüdischen Mutter geboren ist, ist man mit vollem Recht Jude. Die Kenntnis oder die Ausübung der Religion ist für diese Kinder jüdischer Mütter nicht zwingend erforderlich, um als Juden anerkannt zu sein.

Im Gegensatz dazu sind die Kinder jüdischer Väter und nichtjüdischer Mütter, auch wenn sie sich als Juden empfinden, nach dem jüdischen Gesetz nicht vollberechtigte Juden. Das Rabbinat muss ihre Situation mit großem Wohlwollen prüfen.

Da der „unerschütterliche Wille der Christen, niemals eine Ehe ihrer Kinder mit einem Juden oder einer Jüdin zuzulassen" nicht mehr vorhanden ist, liegt es an den jüdischen Eltern, von einer Mischehe abzuraten, die die „lebendige Substanz des Judentums gefährden" könnte. Wenn die Idee auch klar ist, und obwohl die Definition der Erbzugehörigkeit Unbehagen bereiten kann, ist die jüdische Identifikation Israels nicht geklärt. Nicht nur, weil mir die Behauptung: „Die Solidarität erlaubt es uns nicht, über die Außenpolitik Israels zu urteilen", die auch von Elie Wiesel vertreten wird, eher einem unannehmbaren *right or wrong, my country* entspricht. Dies umso mehr, als Staatsbürgerschaft und Zugehörigkeit gleichgesetzt werden, wenn René-Samuel Sirat schreibt:

> Es sind nicht die Nichtjuden, die Bürger sind und die Juden, die dann also wiederum Fremde in ihrem eigenen Land wären, [aber] das Verhältnis zwischen dem Juden, der erneut Bürger in seinem Land ist, und dem Nichtjuden, der dort lebt, soll vorbildlich sein.

Im Prinzip ist die Staatszugehörigkeit die gleiche für Juden und Moslems, obwohl die ersteren ein biblisches Recht hätten, das Land Kanaan zu besitzen. Ein Recht übrigens, auf das sich zahlreiche atheistische Juden berufen, von denen

man annehmen kann, dass sie den Pentateuch nicht als
Wort Gottes akzeptieren!

Ob nun in Israel oder in Europa, die religiöse (oder ethnische) Identifikation ist nicht immer deckungsgleich mit der
staatlichen Identifikation, was gelegentlich auch zu Konflikten führen kann. In seinem Buch *Un antisémitisme ordinaire.
Vichy et les avocats juifs (Ein gewöhnlicher Antisemitismus. Vichy und die jüdischen Rechtsanwälte)* zitiert Robert Badinter
den Brief, den Jacques Helbronner, Vizepräsident des Staats-
rates und Präsident des israelischen Konsistoriums, im
Herbst 1940 nach der Veröffentlichung der antijüdischen
Gesetze von Vichy an Marschall Pétain geschickt hat:

> Die Invasion der von einem kopfscheuen Nationalismus aus
> ihren Ländern Vertriebenen hat Ausmaße angenommen, die
> mit der Entwicklung und der Eroberung des Nazismus in Eu-
> ropa immer beunruhigender werden. Trotz der Warnungen
> des französischen Judentums haben die Regierungen von
> Frankreich nichts unternommen – im Gegenteil – um diese
> Gefahr zu bannen. Die Reaktion auf diese Invasion von Frem-
> den drückt sich in einem normalen Antisemitismus aus, des-
> sen Opfer die alteingesessenen französischen Familien israeli-
> tischer Religion sind.[11]

Danach folgt ein Satzungsentwurf, dessen erster Artikel lautete, „Der Zugang und die Ausübung der nachstehend auf-
geführten öffentlichen Ämter und Mandate ist nur denjenigen französischen Bürgern vorbehalten, die wenigstens drei
Großeltern mit französischer Staatsangehörigkeit haben"!

Die Fremdenfeindlichkeit als Ersatz für Antisemitismus:
Aber auch dafür gibt es Präzedenzfälle. Meine Mutter hat mir
oft erzählt: als mein Vater seinen jüdischen Freunden in den
gutbürgerlichen Wohngebieten von Frankfurt seinen Entschluss bekannt gab, auszuwandern, bekam er als Antwort
zu hören „Aber das betrifft doch nicht uns, das betrifft die

---

11 R. Badinter: Un antisémitisme ordinaire. Vichy et les avocats juifs,
    1997, 56f.

Polacken"! Ich habe diese Äußerung in einer Rede erwähnt, die ich 1995 aus Anlass der Einweihung einer Gedenktafel für die jüdischen Ärzte und Patienten der von meinem Vater geleiteten Klinik hielt. Ich fragte danach Ignaz Bubis, damals Präsident des Zentralrates der Juden in Deutschland, der dieser Zeremonie beiwohnte, ob er die Dinge genauso sähe. Er sagte mir, dass solche Unterschiede immer noch gemacht werden und dass er gerade im jüdischen Kulturzentrum in Berlin noch ein Beispiel dafür erlebt habe.

Der gleiche Ignaz Bubis definierte sich, wie es auch schon mein Vater getan hatte, als deutscher Staatsbürger jüdischer Konfession. Und genau so hat ihn auch der deutsche Bundespräsident zur Feier seines siebzigsten Geburtstags 1997 vorgestellt. Bubis war sehr schockiert über den israelischen Präsidenten, der bei einem Deutschlandbesuch verkündete, kein Jude dürfe in diesem Land leben. Als Bubis starb, respektierte man jedoch seinen testamentarischen Wunsch und bestattete ihn in Israel. Seine Erklärung dafür war, dass er keine Schändung seines Grabes durch deutsche Antisemiten riskieren wollte. Nun, geschändet wurde sein Grab in Israel durch Juden, die ihm vorwarfen, das Judentum durch seine Zugehörigkeit zum gehassten Deutschland verraten zu haben.

Gehasst im Namen eines doppelten Prinzips, das mich immer schon empört hat, nämlich das einer Kollektivschuld, die darüber hinaus auch noch erblich wurde. Jenen Juden, die mir und meiner Mutter vorwarfen, bereits unmittelbar nach dem Krieg im Namen unserer Mitverantwortung für die demokratische Zukunft Deutschlands mit Deutschen zusammenzuarbeiten, drückte ich immer wieder mein Erstaunen darüber aus, dass die Mitglieder einer menschlichen Gemeinschaft, die zwanzig Jahrhunderte lang unter der skandalösen christlichen Idee vom „gottesmörderischen Volk" gelitten hatten, auf dieses doppelbödige Prinzip zurückgriffen. Der systematische Deutschenhass hat mich ständig entrüstet, vor allem wenn er von einem so hoch angesehenen Philosophen wie Vladimir Jankélévitch praktiziert wird, der vor allem in seinen in *L'Imprescriptible (Das Unverjährbare)* zusammengetragenen Texten die Idee verbreitet, dass Deutschland auf ewig schuldig sei, von Generation zu Generation, alle Menschen eingeschlossen.

Ich bin jedes Mal zumindest bedrückt, wenn die Einmaligkeit der Shoah dafür herhalten muss, das jüdische Leiden als etwas darzustellen, was anderen überlegen ist. Oder, noch schlimmer ist es, wenn der Status als Opfer erblich wird, mit der falschen Idee im Hinterkopf, dass die Tatsache, Opfer oder Nachkomme eines Opfers zu sein, einen Menschen oder eine Gemeinschaft daran hindern könnte, ihrerseits selbst zum Henker zu werden. Französische Offiziere, die in deutschen Lagern gefoltert wurden, haben die Folter in Algerien befohlen – und einige gefolterte Algerier wurden Folterknechte bevor oder nachdem sie an die Macht kamen.

Das Selbstverständnis des Judentums und Israels auf der Grundlage der Shoah wurde von Theo Klein, dem ehemaligen Präsidenten der CRIF, der Arbeitsgemeinschaft jüdischer Institutionen in Frankreich und des Europäischen Kongresses der Juden, in seinem Buch von 1991 *L'Affaire du Carmel d'Auschwitz (Der Karmel von Auschwitz)* kritisiert:

> Die jungen Leute [...] rechtfertigen sogar ihre Identität, ihr Judentum durch diese exklusive und unnachgiebige Erinnerung an die Shoah. Sie entwickeln damit das, was ich ein todbringendes Judentum nennen möchte.

Bereits in der Einleitung wagt er die Behauptung:

> Unsere Trauer, unsere Toten, so heilig sie uns auch sein mögen, löschen niemals die Trauer und die Toten der anderen aus. Unsere Empfindsamkeit ist ebenso achtbar – aber nicht mehr – wie die der anderen.[12]

Die Tatsache, dass mein Onkel und meine Tante in Auschwitz umgekommen sind, gibt mir kein Recht, sondern eine

---

12 T. Klein: L'Affaire du Carmel d'Auschwitz 1991, 8–29.

Verpflichtung. Elie Wiesel war mir sehr böse, weil ich im Schlusskapitel von *Verbrechen und Erinnerung* seine Dankesrede bei der Verleihung des Friedensnobelpreises zitierte. Er erzählte darin, wie sehr er nach 1945 gehofft hatte, dass der Blick auf die Shoah ein für alle Mal den Hass in der Welt beenden würde. Das hatte ich mit folgenden Worten kommentiert:

> Warum sollte der Versuch, die Juden auszulöschen, irgendeine Bedeutung haben für eine kurdische Familie mit toten Kindern auf den Armen und Verbrennungen durch Gasbomben? Dagegen sollte die Erinnerung an Auschwitz jeden Juden dazu anhalten, sich um das Los der Kurden zu sorgen ...

Neben der durch die Shoah definierten Zugehörigkeit gibt es leider auch eine zunehmende jüdische Radikalisierung, die in Israel das öffentliche Leben und das Verhältnis zu den Palästinensern sehr stark negativ belastet. Einer der Gründe hierfür ist vielleicht die Entwicklung der im Unterricht vermittelten Werte. Ist die Ethik der Menschenrechte, getragen von den Männern und Frauen der ersten Generation von israelischen Führungskräften, nicht längst einer anderen sittlichen Priorität gewichen, nämlich der Zugehörigkeit zu einer für ständig bedroht gehaltenen Gemeinschaft? In Frankreich werden ebenfalls die Gruppen immer stärker, die einen Selbstausschluss, eine Art Selbstghettoisierung praktizieren und selber Ghettos bilden. Trotz der anhaltenden Bemühungen, wie der eines Pfarrers im 20. Bezirk von Paris, ist es nicht gelungen, einen dauerhaften Kontakt mit der Lubawitscher Gemeinde aufzubauen, während die Öffnung der Pfarrei für den Islam auf keine größeren Schwierigkeiten stieß.

Aber bewirkt der jüdische Extremismus eher eine ablehnende Haltung anderen gegenüber als der Extremismus der abtrünnigen Katholiken, die seit dreißig Jahren die Pariser Kirche Saint-Nicolas-du-Chardonnet besetzt halten? Es gibt einen grundlegenden Unterschied zum Nachteil der letzteren. Die Jahrhunderte der Leiden, die die Christen den Juden im Namen des Christentums zugefügt haben, erklären die jüdische Überempfindlichkeit und den Willen, ihre Identität zu behaupten, die so lange der Auslöschung oder wenigstens dem Hass ausgesetzt war.

Die Verbrechen und die Verachtung

„Ich sage es mit Abscheu, aber es ist die Wahrheit: wir Christen waren die Verfolger, die Henker, die Mörder! Und wessen? Unserer Brüder." So drückte sich Voltaire 1763 in seinem *Traktat über die Toleranz* aus. Er hatte sicher nicht Unrecht und man darf nicht übersehen, dass Verfolgung und Mord nicht nur gegen die Juden gerichtet waren. Die katholische Kirche ist nicht die Alleinschuldige. In Genf ließ Calvin einen „Ketzer" verstümmeln und verbrennen. Während der Religionskriege in Frankreich hat Jean Cavalier, der berühmteste der Kamisarden, jener aufständischen Hugenotten, viel getötet, systematisch getötet. Ein anderer hat die gesamte Bevölkerung eines „papistischen" Dorfes ausgelöscht.

Aber im Lauf der Jahrhunderte hat die katholische Kirche allzu oft das Kreuz als Schwertgriff benutzt, der den Ketzern und Heiden die Köpfe einschlägt. Und sie hat das Feuer nicht symbolisch benutzt, um Angst vor der Hölle einzuflößen, sondern schlicht und einfach, um auf dem Scheiterhaufen Männer und Frauen hinzurichten. In der Region von Lubéron unternahm man 1540 die Auslöschung der Häresie im stärksten Sinn des Wortes, indem man die Häretiker auslöschte.[13] Der Wille, die Waldenser zu vernichten ist in offiziellen Texten dokumentiert, die vom Parlament von Aix und vom päpstlichen Legaten verkündet wurden. Der wunderbare Film *Der Streit von Valladolid* lässt einen anderen Legaten zwischen dem Philosophen Ginés de Sepúlveda und dem Dominikaner Bartolomeo de Las Casas, dem Bischof von Chiapas vermitteln. Es ging in diesem Disput um die

---

13 Vgl. P. Miquel: Les Guerres de Religion, 1980, 124, 131.

Frage, ob die Indios eine Seele haben. Frater Bartolomeo legt einen regelrechten Katalog der Schrecken und Abscheulichkeiten vor, die die Spanier an den indianischen Bevölkerungen begangen haben. Heute noch versucht man, die Zahl der Opfer zu ermitteln. Millionen zweifellos. Nicht nur, um sich ihres Goldes zu bemächtigen. In einem kürzlich veröffentlichten Buch über Teresa von Avila kann man lesen:

> Im August 1566 besuchte Pater Alonso Maldonado, ein aus Indien zurückgekehrter Franziskaner, die Karmelitinnen von St. Joseph. Er berichtete ihrer Priorin [Teresa] von den Millionen von Seelen, die dort verloren gehen, mangels religiöser Unterweisung. Erschüttert hegte sie nun den Wunsch, wenigstens einige dieser Seelen zu retten.[14]

Die Kreuzzüge hatten nicht zum Ziel, die „Ungläubigen" zu bekehren und ihre Seelen zu retten. Noch vor einem Jahrhundert bekamen die Leser der Sammlung „Bibliothèque de la jeunesse chrétienne" (Bibliothek der christlichen Jugend) einen wahrhaft glorreichen Bericht über die Eroberung Jerusalems durch die Kreuzfahrer 1099 zu lesen:

> Die Sieger verteilten sich in alle Straßen und die Luft hallte wider von ihrem Ruf „Gott will es! Gott will es!" [...] So wurde dieser denkwürdige Sieg errungen, am Freitag, um drei Uhr nachmittags. Es war der Tag und die Stunde des Leidens unseres Erlösers. Wütend über die Verhöhnungen durch die Sarazenen und den langen Widerstand, den sie ihnen entgegengesetzt hatten, rächten die Christen ihre toten Brüder und massakrierten 70.000 Sarazenen.[15]

In einem zeitgenössischen Bericht heißt es: „Glücklich und zufrieden gingen die Unseren, um am Grab unseres Erlösers Jesus zu beten und entledigten sich ihrer Schuld Ihm gegenüber." Hier muss man aber auch erwähnen, dass 1187, als

---

14 F. de Saint-Chéron: Sainte Thérèse d'Avila, 1999, 85.
15 F. Valentin: Abrégé de l'histoire des croisades, 1870, 103.

Saladin Jerusalem zurückeroberte, die Sieger kein Massaker veranstalteten.

Die Einnahme von Jerusalem durch die Kreuzfahrer kostete nicht nur das Leben von Muslimen. Die Juden der Stadt stellten sich auf die Seite des Islam, dessen Toleranz sie erfahren hatten. Sie wurden in die Synagoge eingeschlossen und verbrannt. Schon zu Beginn der Kreuzzüge wurden die Juden angegriffen, manchmal gegen den Willen der kirchlichen Obrigkeiten. Im Jahre 1096 belagerten die Kreuzfahrer das Schloss des Bischofs von Worms, wohin sich dreihundert Juden geflüchtet hatten. Diejenigen, die nicht die Taufe annehmen wollten, wurden erdrosselt oder begingen Selbstmord. Gleiches Massaker in Mainz, dieses Mal an 1.300 Mitgliedern der jüdischen Gemeinde. Nach 1190 wurde die jüdische Gemeinde von York in England ausgelöscht. Während des zweiten Kreuzzuges rief Raoul, ein französischer Eremit, der sich als Zisterziensermönch ausgab, die Massen zu diesen Vernichtungen auf. Bernhard von Clairvaux versuchte vergeblich, diese Massaker zu verhindern. Sie entsprachen zu gut einer Haltung, die im katholischen Europa Jahrhunderte hindurch gängig war. Die Juden wurden direkt für Epidemien und Überschwemmungen verantwortlich gemacht. Um dieser Geißel Einhalt zu gebieten oder einfach nur, um sie zu bestrafen, musste man sie umbringen.

Ein anderer Grund für die Metzeleien ist die Anschuldigung, die Juden hätten an christlichen Kindern „Ritualmorde" begangen. 1255 wurde in Lincoln in England ein Jude gefoltert und dann erhängt. Danach wurden 18 seiner Nachbarn wegen der gleichen Anklage erhängt. Das angeblich von ihnen getötete Kind ist bekannt geworden als der heilige Hugo von Lincoln. Als 1475 in Trient in Italien das christliche Kind Simon tot aufgefunden wurde, hat man den reichen Juden Samuel und zahlreiche seiner Freunde verhaftet und gefoltert. Samuel wurde auf dem Scheiterhaufen verbrannt, die anderen wurden verbrannt oder auf das Rad gespannt. Simon von Trient wurde als Märtyrer verehrt, bis der Vatikan 1964 intervenierte.

Diese Berichte sind dem Buch von Simon Wiesenthal *Le Livre de la mémoire juive. Calendrier d'un martyrologe (Das jüdische Gedenkbuch. Kalender eines Martyriologiums)*[16] entnommen. Die Ereignisse sind nach Jahrestagen angeordnet, um eine Art Beständigkeit in der Verfolgung zu beweisen. So stehen unter dem 25. April Ereignisse von 1288, 1905 und 1941. Am 23. Juni Massenmorde von 1270, 1298, 1475, 1919, 1941, 1943. Sicher, man kann Wiesenthal vorwerfen, er habe damit gleichzeitig auch bestätigt, dass die Shoah eine Fortsetzung der christlichen Verfolgungen war, während der Antisemitismus Hitlers einem Rassismus entsprang, nämlich der Wahnvorstellung von der Überlegenheit der „Arier". Aber die Darstellung Wiesenthals scheint mir der historischen Wahrheit näher zu sein als die These von Jean-Marie Lustiger, der davon ausgeht, dass sowohl der Nazismus als auch der Stalinismus ihren Ursprung im Rationalismus der Aufklärung haben.[17] Schließlich ging dem gelben Stern eine Scheibe voraus, als ein vom IV. Laterankonzil 1215 und dann 1269 vom Heiligen Ludwig in Frankreich angeordnetes Erkennungszeichen für die Juden, bevor die Kirche der Gegenreformation die Juden ganz allgemein in die Ghettos zurückdrängte.

Man hat viele Juden getötet, die sich nicht bekehren lassen wollten oder nach einer Zwangsbekehrung ihre Religion heimlich ausgeübt haben. Das unbarmherzigste Land für die Juden im Untergrund war Spanien. Die Bekehrung wurde oft mit Androhung des Scheiterhaufens erzwungen. Ein kürzlich erschienenes, gut recherchiertes Buch zeigt auf, mit welcher Vorgehensweise man jemanden „zum Konvertieren anklagen"[18] konnte. „Taufe oder Tod", war der Ruf der

---

16 S. Wiesenthal: Le Livre de la mémoire juive. Calendrier d'un martyrologe, 1986.
17 Vgl. J.-M. Lustiger: Gotteswahl, Gespräche mit Jean-Louis Missika und Dominique Wolton, 2002, 292.
18 Vgl. D. Tollet: Accuser pour convertir. Du bon usage de l'accusation de crime rituel dans la Pologne catholique de l'époque moderne, 2000.

Schlächter 1389 in Prag. Es handelte sich auch und vor allem darum, Seelen jüdischer Kinder zu retten, indem man sie ihren Eltern wegnahm. Während 1389 die erwachsenen Juden in Basel lebendig verbrannt wurden, entriss man ihnen die Kinder, um sie zu taufen und als gute Christen zu erziehen. Das gleiche 1453 in Breslau. Der König von Portugal befahl 1497, dass alle jüdischen Kinder unter 14 Jahren ihren Eltern weggenommen und in eine andere Region des Landes gebracht werden sollen, wo sie die Taufe und eine christliche Erziehung erhalten.

Als im August 2000 Johannes Paul II. den Papst Pius IX. heilig sprach, wurde zu Recht an die Affäre Mortara erinnert. Edgardo Levi-Mortara, geboren 1851, wurde im Alter von 17 Monaten schwer krank und heimlich von einer Dienerin getauft. Das Kind wurde wieder gesund und von seinen Eltern im jüdischen Glauben erzogen. Sie wussten nichts von der heimlichen Taufe. Das Heilige Offizium aber bekam Wind von ihr. Im Juni 1858 wurde der junge Edgardo von den Gendarmen verhaftet und bis vor den Papst geführt, der ihn „mit großer Güte" empfing und ihn adoptierte. 1875 wurde Mortara zum Priester geweiht. Trotz zahlloser Proteste, unter anderem von Napoléon III. und dem Kaiser von Österreich hielt sich der Papst strikt an die Anwendung des Kirchenrechts: jedes getaufte Kind muss eine christliche Erziehung erhalten. Die Kirche verbietet die Taufe eines jüdischen Kindes, außer bei drohender Lebensgefahr. Wenn es überlebt, wird das getaufte Kind seiner jüdischen Familie entzogen, um es vor einem Abfall vom Glauben zu bewahren ... Pius IX. stand schlicht und einfach in einer Tradition, auf die sich allerdings weder die Christen noch die Kirchen von heute mehr berufen.

Allenfalls könnte man ihm noch das Verhalten von Ordensleuten anlasten, die mich 1943 in Chabeuil im Département Drôme aufnahmen, als ich, 18-jährig, vor der Gestapo flüchtete. Ein ehemaliger Jesuit – aus der Gesellschaft ausgeschlossen! – der diese „integralistische" Gemeinschaft leitete, hat mich vor die Wahl gestellt: „Keine Taufe, keine

Hilfe!" Ich ließ es über mich ergehen und mir wurde tatsächlich geholfen. Die Meinungen über den Wert dieser Taufe gehen auseinander.

Die einzige ernsthafte Kritik, die ich an Lessings Stück *Nathan der Weise* (1779) habe, bezieht sich auf die Antwort des Helden. Er wird beschuldigt, ein junges Mädchen mit zunächst mysteriöser Herkunft als seine Tochter ausgegeben und im Judentum erzogen zu haben. Er setzt sich mit einem katholischen Ordensmann auseinander, der ihm seinerzeit das Kind anvertraut hatte:

> *Ihr traft mich mit dem Kinde zu Darun.*
> *Ihr wisst wohl aber nicht, dass wenig Tage*
> *Zuvor, in Gath die Christen alle Juden*
> *Mit Weib und Kind ermordet hatten; wisst*
> *Wohl nicht, dass unter diesen meine Frau*
> *Mit sieben hoffnungsvollen Söhnen sich*
> *Befunden, die in meines Bruders Hause,*
> *Zu dem ich sie geflüchtet, insgesamt*
> *Verbrennen müssen.*
>
> *[...]*
>
> *Als Ihr kamt, hatt' ich drei Tag' und Nächt' in Asch'*
> *Und Staub vor Gott gelegen, und geweint. –*
> *Geweint? Beiher mit Gott auch wohl gerechtet,*
> *Gezürnt, getobt, mich und die Welt verwünscht;*
> *Der Christenheit den unversöhnlichsten*
> *Hass zugeschworen –*
>
> *[...]*
>
> *Doch nun kam die Vernunft allmählich wieder.*
> *Sie sprach mit sanfter Stimm': und doch ist Gott!*
> *Doch war auch Gottes Ratschluss das! Wohlan!*
> *Komm! übe, was du längst begriffen hast,*
> *Was sicherlich zu üben schwerer nicht,*
> *Als zu begreifen ist, wenn du nur willst.*
> *Steh auf! – Ich stand! und rief zu Gott: ich will!*
> *Willst du nur, dass ich will! – Indem stiegt Ihr*
> *Vom Pferd, und überreichtet mir das Kind,*

> *In Euern Mantel eingehüllt. – Was Ihr*
> *Mir damals sagtet; was ich Euch: hab ich*
> *Vergessen. Soviel weiß ich nur; ich nahm*
> *Das Kind, trug's auf mein Lager, küsst' es, warf*
> *Mich auf die Knie und schluchzte: Gott! auf Sieben*
> *Doch nun schon Eines wieder!*

Worauf der Ordensmann ausruft: „Nathan! Nathan! Ihr seid ein Christ! – Bei Gott, Ihr seid ein Christ! Ein bessrer Christ war nie!" Dann spricht Nathan den berühmt gewordenen Satz: „Wohl uns! Denn was mich Euch zum Christen macht, das macht Euch mir zum Juden!" Hätte er nicht eher sagen müssen: „Ihr wagt es, Euch auf ein Christentum der Vergebung und der Liebe zu berufen, in einem Augenblick, da Ihr von dem Massaker erfahrt, das im Namen des Christentums an den Meinigen verübt wurde?"

Christlicher Hass und christliche Verachtung haben manchmal auch Härte und Hass hervorgerufen. Wie steht es denn um den Antisemitismus, der bei Shakespeare im *Kaufmann von Venedig* auftaucht? Ich erinnere mich, dass mich Daniel Soranos Interpretation des Shylock erschüttert hat. In der berühmten Tirade: „Ich bin Jude [...] hat ein Jude keine Augen? Und wenn ihr uns stecht, bluten wir etwa nicht? [...] Wenn ihr uns Unrecht zufügt, rächen wir uns da nicht? Und wenn wir euch im Übrigen ähnlich sehen, dann sehen wir euch auch darin ähnlich ..." Shylock schließt: „Die Niederträchtigkeit, die ihr mich lehrt, werde ich üben und es wird hart sein, aber ich will meine Lehrmeister übertreffen." Und um am Ende des Stückes nicht zu streng verurteilt zu werden, muss er unbedingt „auf der Stelle Christ werden".

In der christlichen Malerei ist die Synagoge eine Frau mit verbundenen Augen. In der kirchlichen Bildhauerkunst kann sie sogar als Sau dargestellt werden. Die Verachtung konnte auch noch im 20. Jahrhundert bis zu dem Wunsch nach Eliminierung gehen, um die Anklage des „gottesmörderischen Volkes" beizubehalten oder einfach bis zur Proklamation der humanen Überlegenheit der Christen.

Im Frühjahr 1933 hielt der bekannte evangelische Theo-
logieprofessor Gerhard Kittel an der Universität Tübingen eine Vorlesung mit dem Titel „Die Judenfrage". Darin führte
er aus: „Nicht darum handelt es sich, ob einzelne Juden an-
ständig oder unanständig sind; auch nicht, ob einzelne Juden ungerecht zugrunde gehen oder ob einzelnen damit
recht geschieht. Die Judenfrage ist überhaupt nicht die Frage
der einzelnen Juden, sondern die Frage des Judentums, des
jüdischen Volkes. Und darum darf, wer ihr auf den Grund
gehen will, nicht zuerst fragen, was aus dem einzelnen Juden, sondern was aus dem Judentum werden soll."[19] Jules
Isaac, ein Apostel der christlich-jüdischen Brüderschaft,
musste 1946 energisch gegen das Buch eines erfolgreichen
katholischen Autors, nämlich Daniel-Rops, protestieren.
Dieser hat es in *Jésus en son temps (Jesus in seiner Zeit)* tatsächlich gewagt, zu schreiben:

> In allen Ländern, wo immer sich die jüdische Rasse im Lauf
> der Jahrhunderte ausgebreitet hat, kommt das Blut über sie
> und ewig hallt das „Kreuzige ihn" aus dem Prätorium des
> Pilatus und überdeckt den tausendfach wiederholten Angst-
> schrei [. . .] Israel hatte es sicherlich nicht in der Hand, seinen
> Gott, den es nicht erkannt hatte, nicht zu töten. Und wie das
> Blut auf wundersame Weise nach Blut ruft, ist es auch nicht
> Sache der christlichen Nächstenliebe, zu verhindern, dass der
> Schrecken des Pogroms im ausgleichenden Willen Gottes
> den unerträglichen Schrecken der Kreuzigung aufwiegt.[20]

Im gleichen Jahr, am 8. Februar 1946, bedauerte Kardinal
Faulhaber, Erzbischof in München, in einem Hirtenbrief den
Versuch, die Juden auszulöschen. „Der grausame Abtrans-
port war [. . .] einzig aufgrund des Rassegedankens erfolgt,
hatte also auch die christlichen ‚Nichtarier' betroffen, die
doch durch die Taufe eine ‚neue Kreatur Christi' geworden
waren." Und ist es nicht auch eine Verachtung, das in Ausch-

---

19 Zitiert in R. P. Ericksen: Theologen unter Hitler, 1986, 84.
20 Zitiert in J. Isaac: L'Enseignement du mépris, 1962, 137–138.

witz verwendete Gas Zyklon B mit der „Pille danach" RU 486
zu vergleichen? Das immerhin hat Kardinal Meisner, Erzbischof von Köln, getan, indem er sagte, die deutsche chemi-
sche Industrie werde rückfällig, wenn sie wieder ein Vernich-
tungsmittel produziere. Ich habe öffentlich dagegen
protestiert, weil ich es nicht zulassen kann, meine in Auschwitz vergasten Familienangehörigen mit vielleicht noch
nicht einmal befruchteten Eizellen auf die gleiche Ebene von
Humanität und Menschenwürde zu stellen.

Dagegen nahm ich keinen Anstoß an der Heiligsprechung
von Edith Stein. Johannes Paul II. hat zu Recht unterstri-
chen, dass sie sowohl als Jüdin als auch als Christin umge-
bracht wurde. Es waren ja jüdische Benediktinerinnen, die
verhaftet, deportiert und ermordet wurden.[21] Für mich war
diese Heiligsprechung etwas ganz Anderes als der Versuch
der Karmelitinnen, durch die Einrichtung eines Klosters gewissermaßen Auschwitz zu vereinnahmen. Sie liegt auf der
Linie einer respektvollen Proklamation des gegenseitigen
Durchdringens von Judentum und Christentum. Eine Proklamation im Geist der jüngsten Entwicklung eines glücklicherweise gewandelten Christentums.

„Versöhnung", Reue und Annäherung

Es gibt Wörter, die man nie gebrauchen sollte, ohne ihre
wirkliche Tragweite zu prüfen. „Versöhnung" ist eins von ihnen. Es schließt ein, dass man sich gegenseitig die Verfehlungen eingesteht, die zu überwinden, wenn nicht gar auszulöschen sind. Wichtig ist, dass beide Seiten es so wollen.
Wenigstens, solange es sich um eine Versöhnung unter Menschen handelt, denn die Versöhnung des Christen mit Gott
müssen wir noch prüfen. Wenn diese Gegenseitigkeit nicht
gegeben ist, sollte man besser das Wort vermeiden. Bei den

---

21 Vgl. J. Bouflet: Edith Stein, philosophe crucifiée, 1998, 263–273.

Olympischen Spielen 2000 in Sydney haben die Offiziellen und die Medien den Applaus für den Sieg von Cathy Freeman, einer australischen Aborigin, als Zeichen der Versöhnung gewertet. Nun, man wird wohl vergeblich nach den Sünden suchen, derer sich die Aborigines, die wenigen Nachfahren der Urbevölkerung, *ab origines,* gegenüber der erobernden weißen Bevölkerung schuldig gemacht haben könnten, wurde doch Australien als eine „auf dem Völkermord begründete Nation" definiert.

Der Begriff der „christlich-jüdischen Versöhnung" ist von der gleichen Art. Sicher, wenn wir in das 1. Jahrhundert zurückgehen, dann finden wir jüdische Verfolgungen der Christen, besonders der Juden unter ihnen. Aber das, was man zu Recht feiert, ist der Schlussstrich unter die zugefügten Leiden, die Verachtung, denen die Juden von Seiten der Christen ausgesetzt waren. Es wäre besser, von einem gegenseitigen Verständnis zu sprechen, von brüderlicher Zusammenarbeit, die möglich geworden sind durch eine bewältigte Vergangenheit.

Das Wort „bewältigt" enthält auch den Willen, nicht vergessen zu wollen und vor allem auch eine genaue Erinnerung an das, was geschehen ist. Es wäre nun irreführend, wollte man sagen, dass diese Erinnerung überall konsequent wach gehalten wird. Die katholische Kirche Österreichs verschweigt weiterhin ihr beschämendes Versagen am 18. März 1938. An diesem Tag haben die Bischöfe, an der Spitze Kardinal Innitzer, einen feierlichen Appell an die Gläubigen gerichtet und sie aufgefordert, bei der Volksbefragung zur Ratifizierung des *Anschlusses* mit Ja zu stimmen. In dieser „feierlichen Erklärung erkennen sie freudig an, dass die nationalsozialistische Bewegung außergewöhnliche Leistungen auf dem Gebiet des völkischen und ökonomischen Aufbaus vollbracht hat und noch vollbringt". Und dies einige Monate nach der päpstlichen Verurteilung des Rassismus in der Enzyklika *Mit brennender Sorge!* Auch die deutsche katholische Kirche müsste ihre Verherrlichung des Bischofs Clemens von Galen nach unten korrigieren. Es ist unbestritten, dass seine Predigt vom 3. August 1941, in der er die Ermordung von Geisteskranken verurteilte, ein mutiger Akt war, durch den vielleicht andere Morde verhindert wurden. Wenn aber sein Wort eine solche Macht hatte, warum hat er nicht zugunsten der Juden gepredigt? Das Risiko wäre sicher geringer gewesen, als das, das die Frauen der Rosenstraße in Berlin auf sich genommen hatten. Christliche Ehefrauen haben 1943 vor dem Haus der Gestapo geschrien, um die Freilassung ihrer jüdischen Männer zu erreichen – und sie haben sie bekommen!

Akte von Zivilcourage, ob sie nun Repressionen nach sich zogen oder nicht, gab es viele, von Propst Bernhard Lichtenberg in Berlin bis zu den Protestanten in Chambon-sur-Lignon, die eine beeindruckende Menge jüdischer Kinder versteckten. Es gibt Beispiele für die Bewältigung einer negativen Vergangenheit. Es trifft zu, dass im Mai 2000 am Fuße des Berges Zion in Jerusalem ein von den Juden der ganzen Welt finanziertes Denkmal zu Ehren des 1994 verstorbenen Erzbischofs von Lyon, Kardinal Decourtray, aufgestellt wurde. Albert Decourtray handelte auf der Grundlage seiner Überzeugung, die er im September 1986 im Fernsehen darlegte. Befragt, ob er, der so beherzt den antiarabischen Rassismus bekämpft, im Antisemitismus eine besondere Form des Rassismus sieht, antwortete er:

> Natürlich, denn ich bin Christ. Als Christ bin ich ein Sohn Abrahams. Ich glaube, dass Gott Mensch geworden ist als Jude. Und ich bin mir bewusst, dass die Lager auf christlichem Boden errichtet wurden und dass die meisten Henker getaufte Christen waren.

Eine solche Erklärung war nicht weniger mutig und ehrlich als die wirklich vorbildliche Haltung der Tageszeitung *La Croix*, die ihre Archive öffnete, damit Pierre Sorlin 1967 in seinem erschütternden Buch *„La Croix" und die Juden (1880–1899)* nachweisen konnte, bis zu welchem Punkt diese Zeitung den schlimmsten Antisemitismus praktiziert hatte. Als man 1999 des hundertsten Jahrestages des Gnadenerlasses für Hauptmann Dreyfus gedachte, brachte *La Croix* mutig und reuevoll die entsetzlichen Kommentare, mit denen sie seinerzeit diese Nachricht begleitet hatte.

Aber die nationalen Kirchen und Rom sind sehr lange einem zentralen Problem aus dem Weg gegangen – und weder die Kurie noch selbst Johannes Paul II. haben es wirklich gelöst. Es geht um die Verantwortung als Institution. Die deutschen Bischöfe haben 1975 (anlässlich der Gemeinsamen Synode der Bistümer in Würzburg) einen Text verabschiedet, den sie später wieder aufgreifen sollten, sei es 1988 beim Jahrestag der Reichskristallnacht oder 1995 bei der Erinnerung an die Befreiung von Auschwitz. Darin heißt es:

> Wir waren in dieser Zeit des Nationalsozialismus, trotz beispielhaften Verhaltens einzelner Personen und Gruppen, aufs ganze gesehen doch eine kirchliche Gemeinschaft, die zu sehr mit dem Rücken zum Schicksal des verfolgten jüdischen Volkes weiter lebte, deren Blick sich zu stark von der Bedrohung ihrer eigenen Institution fixieren ließ.

Die „Reue-Erklärung der französischen Bischöfe" vom September 1997 ging in die gleiche Richtung. Sie sagte: „Die Hierarchie erachtete es als vordringliche Aufgabe, ihre Gläubigen zu schützen und das Leben ihrer Institutionen bestmöglich zu sichern." Und sie enthielt auch die Frage: „Welches war der Einfluss des säkularen Antijudaismus?"[22] Am weitesten geht die Schweizer Bischofskonferenz am 14. April 2000. Sie erwähnt „die große Passivität, die Selbstbezogenheit, die Ängstlichkeit, die die katholische Kirche der Schweiz an den Tag gelegt habe, statt konkret den Juden zu helfen". Die Bischöfe bedauern, dass die Verbrechen am jüdischen Volk weit davon entfernt waren, Thema von Predigt und Katechese zu sein und erinnern daran, dass zu jener Zeit sich weder die Theologen, noch die christlichen Intellektuellen, noch die Religionslehrer, noch die Vertreter der

---

22   Vgl. A. Grosser: „Mémoires collectives" et pratique de la mémoire créatrice, in: Prêtres diocésains, Mai 1998.

Kirchenleitung gegen den religiösen Antijudaismus erhoben, noch weniger den Antisemitismus verurteilten, der im Schweizer Volk vorhanden war.

Vor diesem Hintergrund erscheint der am 16. März 1998 von der Vatikankommission für die Beziehungen zum Judentum veröffentlichte Text äußerst enttäuschend. Er verharmlost die Vergangenheit und macht genau das, was die deutschen und französischen Bischöfe vermeiden wollten, nämlich die Kirche als Institution freizusprechen. Stattdessen schiebt er die Namen von einzelnen Helden in den Vordergrund, als ob diese die Institution verkörpert hätten, während die Verfolgungen, denen die Juden im Laufe von Jahrhunderten nicht nur durch Christen, sondern auch durch die Amtskirche ausgesetzt waren, in den Hintergrund treten. Und selbst die sehr rührende Geste von Johannes Paul II., als er am 26. März 2000 einen Gebetstext in eine Spalte der Klagemauer steckte, ging nicht bis zum Ende der Schuldanerkennung der Kirche, denn er sagte:

> Wir sind zutiefst betrübt über das Verhalten derer, die ihnen im Lauf der Geschichte Leid zugefügt haben, ihnen, die Deine Kinder sind. Wir bitten Dich um Vergebung und wollen uns dazu verpflichten, in echter Freundschaft mit dem Volk Deines Bundes zu leben.

Dieses Gebet, das zuerst in lateinischer Sprache am 12. März in Rom gesprochen wurde, erschien mir weniger restriktiv als das universelle Gebet, das mit mehreren Stimmen am ersten Fastensonntag in einem von Kardinal Lustiger geleiteten Gottesdienst in Paris und in allen Kirchen der Hauptstadt gelesen wurde. Die zweite Fürbitte lautete nämlich:

> Herr, Gott Abrahams, Isaaks und Jakobs, wir bitten Dich um Vergebung für jedes Mal, dass einige Deiner Kinder Verachtung oder Feindseligkeit gegenüber den Söhnen Israels gezeigt haben, manchmal bis hin zur Verfolgung …

Das schließt nicht aus, dass ein wirklich tief greifender Sinneswandel in den christlichen Kirchen in ihrem Verhältnis zu Juden und Judentum stattgefunden hat. Der schönste und vollständigste Text wurde in Westeuropa nicht so recht wahrgenommen, wahrscheinlich weil er nicht zu der überkommenen Vorstellung eines besonderen und beharrlichen polnischen Antisemitismus passt. Aus Anlass des fünfundzwanzigsten Jahrestages der Erklärung *Nostra aetate* vom 27. November 1965, in der das II. Vatikanische Konzil proklamierte, dass die Kirche im jüdischen Volk verwurzelt sei, hat die 244. Vollversammlung des polnischen Episkopats eine Erklärung verabschiedet, die von allen anwesenden Kardinälen, Erzbischöfen und Bischöfen unterschrieben wurde. Dieser lange Text wurde in allen Kirchen und Kapellen Polens am 20. Januar 1991 verlesen.[23] Er wäre wert, in seinem gesamten Wortlaut hier wiedergegeben zu werden, weil er so entschieden und detailliert ist, und doch zu Recht daran erinnert, was allzu oft vergessen wird, vor allem in dem Film *Shoah* von Claude Lanzmann, nämlich die unsäglichen Leiden des polnischen Volkes von 1939 an. Der vielleicht bedeutsamste Abschnitt, weil er manchmal auf Kardinal Glemp angewendet werden konnte, lautet:

> Wir bekunden unseren tief empfundenen Schmerz vor den Fällen von Antisemitismus, wo und durch wen sie in unserem Land geschehen sind . . .

Es ist bezeichnend für den grundlegenden Sinneswandel durch Annäherung und Zusammenarbeit, dass die französische Fassung der *Enzyklopädie des Judentums,* 1993 bei den „Editions du Cerf", einem den Dominikanern gehörenden Verlag, erschienen ist. Mehr noch: Das Herz der katholischen Gottesdienste – die Messe – konnte auf der Grundlage jüdischer Quellen dargestellt und analysiert werden. So zeigt zum Beispiel Lucien Deiss, Priester der Kongregation vom Heiligen Geist und Professor für Theologie und Bibelwissenschaft, dass die älteste Struktur, das Wort der Bibel zu zeleb-

---

23 Vollständiger französischer Text in: Documentation catholique, 17. Februar 1991.

rieren, sehr genau die der Messe von heute ist. Auch die jüdischen Segnungen des Sabbat und der Festtage sind im Of-
fertorium wieder aufgegriffen.[24] Und selbst in Oberammer-
gau in Bayern ist das „Spiel von der Passion des Jesus von
Nazareth", in dem seit seiner Gründung im 17. Jahrhundert
starke antijüdische Konnotationen enthalten waren, inzwischen „politisch korrekt". Jesus ist wirklich Jude, das Abendmahl gleicht einem Passahmahl, und der Schrei „Sein Blut
komme über uns und über unsere Kinder" ist gestrichen!

Das schließt nicht aus, dass dieser Sinneswandel die wirklich glaubenden Christen vor eine zentrale Frage stellen
müsste, die wir in den folgenden Kapiteln über das Judentum, aber auch über andere Religionen, wieder aufgreifen
werden. Die Frage lautet: wenn der jüdische Glaube respek-
tiert werden muss, wenn es eine Art von Gleichberechtigung
zwischen Judentum und Christentum gibt, welche spezifische Botschaft bringt dann das Christentum? Für den fünfzigsten Jahrestag der Gesellschaft für christlich-jüdische Zusammenarbeit habe ich diese Fragestellung in einer Rede in
Augsburg und bei einer Tagung in Paris behandelt. Wenn es
gut ist, auf jede „missionarische" Aktion zu verzichten, wenn
der Respekt den Proselytismus verbietet, sollten dann die
Christen ihren jüdischen Brüdern und Schwestern gegenüber dennoch nicht einmal mehr ihren Glauben an den Auferstandenen und ihre Hoffnung bekennen? Müssen sie nicht
beseelt sein von der vertrauensvollen Hoffnung, dass die Juden und andere Nichtchristen Zugang finden zu den Quellen, an denen sie, die Christen, sich zu laben vorgeben? Ich
würde lügen, wenn ich sagte, dass meine Frage von den
Christen, die an diesen christlich-jüdischen Veranstaltungen
teilnahmen, wohlwollend aufgenommen wurde.

---

24 L. Deiss: La Messe. Sa célébration expliquée, in: Petite encyclopédie
du christianisme, 1989.

2. KAPITEL

Identitäten und Religionen

Identitäten und „kollektive Erinnerung"

Man sollte nie den bestimmten Artikel im Plural gebrauchen: *die* Juden, *die* Christen, *die* Araber, *die* Korsen. Und dies aus wenigstens zwei Gründen: keine menschliche Gruppe ist völlig homogen und jede Person hat vielfache Identitäten oder gehört zum mindesten nicht nur einer Gruppe an. In *Totalität und Unendlichkeit* sagt Emmanuel Lévinas, dass „die Identität des Individuums nicht darin besteht, dass ich mir selber gleich bin, mich *von außen* mit dem Zeigefinger, der auf mich zeigt, identifizieren zu lassen, sondern dass ich unverändert ich selbst bin, mich von innen heraus identifiziere." Leider wird keine dieser beiden Vorschriften im Allgemeinen befolgt. Der Zeigefinger, der in Wirklichkeit die Identität reduziert, wird allenthalben erhoben. In Singapur, weit weg von Europa, wurde ich im deutschen Gymnasium von einer 17-jährigen Schülerin gefragt: „Wenn ich einmal eine Tochter habe, kann sie, wenn sie selbst 17 Jahre alt ist, darauf hoffen, nicht mehr Anklage und Verdächtigung im Blick der Gesprächspartner zu sehen, wenn sie sagt, dass sie Deutsche ist?" Ein allgemein als intelligent und gemäßigt angesehener Kommentator konnte 1995 während des Bosnien-Krieges schreiben: „Man bemerkt schließlich, daß nicht die Serben die Opfer sind – die Grausamkeit ihrer Kriegsmethoden untersagt jegliches Mitgefühl mit ihrer Zivilbevölkerung ..."[25] *Die* Ser-

---

25 A. Adler: „Blocs-notes", in: Courrier international, 17. August 1995.

ben und *ihre* Zivilisten – der Finger ruft zu neuem Mord auf. Und um sich „von innen heraus zu identifizieren", wie es Lévinas wünscht, bedarf es einer distanzierten Bewusstseinsbildung der verschiedenen Zugehörigkeiten, eine Prüfung auf der Grundlage einer persönlichen Synthese, die wiederum eine weniger alltägliche Reflexion voraussetzt. Die war aber offensichtlich bei Ruth Dreifuss vorhanden, als sie im Dezember 1998 als erste Frau, als erste Jüdin, als erste Sozialistin Präsidentin der helvetischen Konföderation wurde. Ich bin mir bewusst, dass es mich Mühe kostete, meine Bestrebungen und mein Verhalten daran auszurichten, dass ich ein Mann und keine Frau bin, Rentner und nicht junger Erwerbstätiger, der Beiträge zur Rente erwirtschaftet, Professor und nicht potenzieller Arbeitsloser, Franzose und Europäer, nicht Not leidend wie die unendliche Mehrheit der heute lebenden Menschen.

Im gesellschaftlichen Leben gibt es zwei Arten von Realitäten: die sichtbare, quantifizierbare, „objektive" Realität und die Realität dessen, was für real und wahr gehalten wird. Das Deutschland von 1939 brauchte wirtschaftlich keineswegs einen Lebensraum im Osten. Aber Hitler glaubte es, und sein Irrglaube hat Millionen von Menschen das Leben gekostet. Okzitanien, der Südwesten Frankreichs, hatte nie eine strukturierte Existenz. Aber was konnte man in den sechziger Jahren einem Führer der okzitanischen Bewegung antworten, wenn er sagte, der Beweis für seine frühere Entfremdung liege darin, dass er sich seiner okzitanischen Zugehörigkeit nicht bewusst war?

Das ist es auch, was die in der Rede von Pierre Bourdieu bei der Eröffnung des Collège de France stolz verkündete Behauptung so absurd macht:

> [Der Soziologe kann] die Grenzen zwischen den Klassen, den Regionen, den Nationen bezeichnen, mit der Autorität der Wissenschaft entscheiden, ob es soziale Klassen gibt oder nicht, und wenn ja, wie viele, ob diese oder jene soziale Klasse – Proletariat, Bauerntum oder Kleinbürgertum – diese oder

jene geografische Einheit – Bretagne, Korsika, Okzitanien –
eine Realität oder eine Fiktion ist ...

Es ist wahr, dass die Soziologen und die Historiker mit ihrer
Arbeit einen Beitrag dazu leisten, Identitäten entstehen zu
lassen, zu verstärken, zu schwächen oder zu zerstören. Aber
Karl Marx und seinen direkten geistigen Erben ist es nicht
gelungen, die französischen und die deutschen Arbeiter davon zu überzeugen, dass sie ausschließlich und sogar vorrangig Proletarier und nicht Staatsbürger waren, die man dazu
verleiten kann, die Proletarier anderer Staaten zu hassen, besonders 1914. Dominique Schnapper hat die menschliche
Wahrheit besser beschrieben als Bourdieu:

> Die moderne Gesellschaft ist nicht ein Nebeneinander von
> Gruppen mit klaren Grenzen, sondern sie besteht aus Indivi-
> duen mit vielfältigen Rollen und Beziehungen. Je nach den
> sozialen Situationen, den historischen Gegebenheiten, wäh-
> len sie aufgrund ihrer individuellen und kollektiven Vergan-
> genheit die besonderen Formen der Referenzen und Identifi-
> kationen [. . .] Die modernen Gesellschaften beruhen auf der
> Mobilität der Menschen, der Pluralität von Hinwendung und
> Abkehr, der Pluralität ihrer Identitäten.[26]

Zu wissen, warum man so denkt, wie man denkt, was man
denkt, das kann einen verunsichern. Aber ohne vorher Abstand zu nehmen, ohne Reflexion über die Zugehörigkeiten
und die Ursprünge kann man da vorgeben, sich durch eine
freie Wahl zu identifizieren oder sich identifiziert zu haben?
Bei einer Fernsehsendung hatte ich Gelegenheit, den Erzbischof von Marseille und späteren Kardinal Roger Etchegaray
zu befragen. Zuvor wurde ein kurzer biografischer Film gezeigt über einen gradlinigen Werdegang: katholische Familie, Ministrant, Konvikt ... Hat er sich nie gefragt, was aus
ihm geworden wäre, wenn sein Geburtsort woanders gele-
gen hätte – etwa in einer protestantischen Umgebung hun-

---

26 D. Schnapper: La Compréhension sociologique, 1999.

dert Kilometer entfernt, in einer islamischen fünfzehnhundert oder in einer hinduistischen Umgebung siebentausend Kilometer entfernt? Er antwortete mir, dass er keinen Sinn in meiner Frage sähe, obwohl sie für mich wesentlich war und bleibt.

Die Zugehörigkeiten können ja auch aufgrund eines Zwanges und nicht aufgrund einer Entscheidung entstehen. Bei dem Augsburger Frieden 1555 wurde das Prinzip *Cuius regio, huius religio* zwingend vorgeschrieben. Wer nicht gewillt war, seine Heimat zu verlassen, musste die Religion seines Fürsten annehmen. Auch heute noch geht das Durcheinander auf den deutschen Landkarten, die die Religionszugehörigkeiten verzeichnen, auf die persönliche Glaubenswahl der großen oder kleinen Herrscher zurück, die oft auf kleinstem Gebiet regierten. Die Nachfahren ihrer Untertanen sind heute nichtsdestoweniger überzeugte Katholiken oder Protestanten. Kaiser Konstantin hat 313 den Christen und allen anderen die Freiheit gegeben, die Religion, die sie vorzogen, auszuüben. Weniger als acht Jahrzehnte später hat Kaiser Theodosius das Christentum zur einzig erlaubten Religion gemacht und die Tempel der anderen zerstört.

Wir werden uns noch Fragen stellen müssen über die Rechte und Pflichten von Erziehern, über die möglichen Annäherungswege zwischen Bildung durch Übermittlung und Erziehung zur Freiheit. Aber jetzt schon können wir uns fragen, wie wir die Definition von Identität gebrauchen, die uns Voltaire in seinem *Philosophischen Lexikon* gegeben hat: „Der Begriff bedeutet lediglich ein und dasselbe. Er könnte mit Selbstheit wiedergegeben werden [...] Es ist nur die Erinnerung, die die Identität festlegt, die Selbstheit der Person."

In der Tat ist meine Erinnerung nicht nur von meinem Erlebten geprägt, einschließlich des bereits umgeformten Erlebens, je nachdem wie ich es empfunden und es mir gemerkt habe. Sie ist auch ausgeweitet oder belastet durch meinen Anteil an der „kollektiven Erinnerung". Der Ausdruck hat gegen Ende des Jahrhunderts in Frankreich, vielleicht mehr noch als sonst wo, Furore gemacht. Nun, es handelt sich schlicht und einfach um eine irreführende Idee. Ich kann mich nicht an 1914 und noch weniger an 1789 erinnern: Ich war noch nicht geboren. Ein israelischer Jude hat die Zerstörung des Tempels nicht in seiner persönlichen Erinnerung. Die „kollektive Erinnerung" ist eine Übermittlung, die zu einem Erwerb wird. Und die Übermittlung hätte auch auf anderen Wegen erfolgen können. Durch die Familie, durch die Schule, durch eine Kirche, und neuerlich auch durch die Medien.

„Befreien ohne auszugliedern": Die Formel, derer ich mich in der Folge noch bedienen werde, stellt zunächst einmal die identifizierende Übermittlung in Frage. Das Internationale Braunschweiger Schulbuchinstitut arbeitet seit Jahrzehnten an der Überprüfung der Schulbücher durch gemischte Gruppen von deutschen und französischen, deutschen und polnischen, deutschen und israelischen Historikern. Einer der wesentlichen Aspekte dieser Arbeit besteht darin, ein Verständnis für die von anderen Gruppen – nationalen, ethnischen, religiösen – erfahrenen Leiden zu wecken und dann zu verbreiten. Die Erinnerung kann „schöpferisch" genannt werden, wenn sie eine kritische Sichtweise der Gruppe enthält, zu der man selber gehört, und des Bildes, das eine Gruppe von der anderen hat, besonders wenn diese als Feind bezeichnet wurde.

Die Idee der „Reue", die gegen Ende der neunziger Jahre so verbreitet war, ist unter diesem Aspekt neu zu überprüfen. Es geht nicht in erster Linie darum, frühere Generationen anzuklagen oder zu verurteilen, und noch weniger darum, sich durch die Zugehörigkeit für schuldig zu erklären. Eine solche Verkündung enthält nicht mehr Sinn als die anderen menschlichen Gruppen auferlegte Kollektivschuld. Es handelt sich um eine Art Haftung (im Englischen *liability*), die zu einer Wiedergutmachung, und sei sie nur moralischer Art, an den Opfern und ihren Nachkommen zwingt. Im französischen reformierten Gottesdienst wird gesagt: „Wir verurteilen uns und unsere Fehler, mit einer ernsthaften Reue." Aber um diese Reue geht es nicht im Verhältnis zwischen

den Gemeinschaften. Wir sind näher an der katholischen
Formulierung vom „festen Vorsatz", wieder gut zu machen
und nicht rückfällig zu werden. Für das einzelne Mitglied
einer Gemeinschaft bedeutet dies die Verpflichtung, sich
nicht in kollektive Abscheulichkeiten hineinziehen zu lassen und sich nicht der Gefahr einer Solidarisierung mit Verfolgern auszusetzen. Auf der Seite der Opfer handelt es sich
darum, sich nicht darauf beschränken zu lassen oder sich
selbst zu beschränken, nur noch eine Gruppe der Selbstaus-
grenzung zu bilden – und das auf der Grundlage der Verurteilung der Henkergruppe oder der Komplizengruppe – die
als solche kollektiv und erblich angesehen wird.

Viele jüdische Familien haben 1993 Anzeigen veröffentlicht, die an die mörderischen Deportationen vor einem halben Jahrhundert erinnerten. Die meisten davon endeten mit
der Standardformulierung „Kein Verzeihen und kein Vergessen". Aber wer verlangte denn, zu vergessen? Wer verlangte,
den Henkern zu verzeihen? Oder hätte man die Formulierung so verstehen müssen, dass es eine kollektive Erbschuld
gibt? In einem ganz anderen Ton war die Anzeige, die am
1. Oktober in *Le Monde* erschien:

> Vor 50 Jahren, am 30. September 1943, verhaftete die Gesta-
> po in Nizza Arno Klarsfeld, 38 Jahre alt, der sich opferte und
> dadurch das Leben seiner Frau und seiner beiden Kinder ret-
> ten konnte. Er gehörte zum Transport Nr. 61 vom 28. Okto-
> ber 1943 nach Auschwitz, wo er ermordet wurde.
> In der Erinnerung an ihn drücken seine Kinder ihre Dankbar-
> keit aus: einerseits den Italienern gegenüber, deren Besat-
> zungszone in Frankreich neun Monate lang, von Januar bis
> September 1943, ein außergewöhnliches Zufluchtsgebiet für
> die vom III. Reich und dem französischen Staat von Vichy ver-
> folgten Juden war, andererseits auch gegenüber der Bevölke-
> rung von Nizza, ihrem Bischof, ihren Pfarrern und Pastoren,
> den kirchlichen und weltlichen Einrichtungen, durch deren
> Hilfe während der deutschen Besatzung 20.000 von insge-
> samt 23.000 Juden überleben konnten.

Religionen und reduzierende Identitäten

Man vereinfacht, wenn man sich selbst vereinfacht. Wenn mein Ich sich auf eine einzige Identität reduziert, auf eine einzige Zugehörigkeit, reduziert sich die Welt der Menschen bequem auf eine Unterscheidung, eine Opposition, einen Antagonismus zwischen einem *wir*, einem *die anderen* oder einem *sie*. Die vereinfachende, reduzierende Identität scheint oft vom Berufsleben oder von der Freizeitgestaltung herzurühren. Man geht wählen als Schweinezüchter oder als Jäger. Aber in diesem Fall handelt es sich nur um eine Sünde gegen die Bürgerschaft. Die anderen Zugehörigkeiten sind dadurch nicht völlig unterdrückt, geopfert im Geist und im Verhalten des Jägers. Für zwei andere Identitäten ist es nicht ganz so einfach, vor allem wenn sie sich überlappen oder ineinander übergehen, um sich schließlich auf eine einzige zu reduzieren: die Religion und die Nation. Diese kann aufgrund einer ethnischen Zugehörigkeit definiert, verstanden und erlebt werden, oder auch nicht.

Wir müssen natürlich auch das politische Engagement der Christen betrachten, wenn wir das individuelle und kollektive zeitliche Gegenwärtigsein derer untersuchen, die sich im Lauf der letzten Jahrzehnte bereits auf das Christentum beriefen. Hier muss aber auch an das doppelte Identitätsproblem erinnert werden, mit dem Katholiken und Protestanten in Ländern wie Deutschland und Frankreich konfrontiert waren. Die Religion hatte manchmal den Vortritt vor der nationalen Identifikation. Die katholische Zentrumspartei wurde, vor allem von der römischen Kurie, als ein Instrument der organisierten Religion angesehen, ob es nun in der zweiten Hälfte des 19. oder im ersten Drittel des 20. Jahrhunderts war. In Frankreich hat die Weigerung, sich der Republik anzuschließen, zahlreiche Katholiken gewissermaßen außerhalb der Nation gestellt, auch wenn sie sich gegen die „Gueuse", die Schlampe, wie sie die Republik nannten, auf die Nation beriefen. Der Erste Weltkrieg hatte einen doppelten Integrationseffekt. Sowohl die Katholiken als auch die

Proletarier erwarben in den Schützengräben eine volle nationale Identität, sowohl in den Augen der anderen als auch
in ihren eigenen Augen.

Der dafür gezahlte Preis war oft beträchtlich. Die nationale Identität löschte die konfessionelle aus, aber genauso wurde diese in den Dienst der nationalen Identität gestellt. Wie
viele *Te Deum* wurden gesungen, wenn ein Sieg über Christen mit einer anderen nationalen Identität errungen wurde!
„Es ist süß und ehrenvoll, für das Vaterland zu sterben" –
auch wenn in seinem Namen christliche Brüder, oder noch
einfacher, menschliche Brüder niedergemetzelt werden. Der
Gott der Waffen wird von der Nation zu Hilfe gerufen und
man wagt es, eine Kirche „Unsere Liebe Frau vom Sieg" zu
nennen. Wie sehr wurde Papst Benedikt XV. beschimpft und
beleidigt, als er den Frieden zwischen Frankreich, „der ältesten Tochter der Kirche" und Österreich, dem Erbe des Heiligen Römischen Reiches, wiederherstellen wollte!

Es ist wahr, dass man in früheren Jahrhunderten die erfolgreiche Verfolgung anderer Christen feierte, die nicht der
richtigen Kirche angehörten. In dem wunderbaren Ein-
gangsdialog zwischen Monsignore Myriel und dem alten Revolutionär in *Les Misérables* legt Victor Hugo dem Bischof die
Frage in den Mund: „Was halten Sie von Marat, der an der
Guillotine Beifall klatschte?" Die harte Antwort ließ nicht
auf sich warten: „Was halten Sie von Bossuet, der bei den
Dragonnades (Misshandlung protestantischer Familien
zwecks Zwangsbekehrung) das *Te Deum* sang?"

Dass es auch heute noch Konflikte zwischen nationaler
und religiöser Zugehörigkeit gibt, wer würde es leugnen?
Wenngleich man sich oft der Existenz dieses Konfliktes nicht
bewusst wurde. Ich erinnere mich, dass wir bei den evangelischen Pfadfindern im Chor sangen:

In den Fahnen, die wehen
Bei jedem Atmen des Himmels
Ist es das Vaterland persönlich,
Das zu seinen Söhnen spricht.

Ebenso wie:

> *Mein Heiland, ich möchte sein*
> *Eine Blume in deinem Paradies*
> *Blühen für dich allein, oh Herr,*
> *Denn durch dich allein lebe ich.*

Besteht der Konflikt da, wo die beiden Identitäten sich so sehr vermischen, dass sie schließlich nur noch eine sind? Nach der Veröffentlichung von *Verbrechen und Erinnerung* im Jahr 1989, also vor dem Blutvergießen im ehemaligen Jugoslawien, bekam ich Vorwürfe in zwei ähnlich lautenden Briefen, einen von einem orthodoxen serbischen Priester und einen von einem katholischen kroatischen Priester. Sie warfen mir vor, nicht genügend über die Verbrechen der anderen Gemeinschaft an den Serben, an den Kroaten, gesprochen zu haben. Ich habe ihnen geantwortet, wenn sie sich für Christen hielten, sollten sie zuerst mit der eigenen Gemeinschaft über die in ihrem Namen begangenen Verbrechen an der anderen Gemeinschaft sprechen. Jeder schien mir nur noch eine Identität zu haben, die serbische und die kroatische, die die christliche aufgesogen hatten.

Ich gebe zu, dass ich meinerseits die unendliche Komplexität der Verflechtung von Identitäten auf dem Balkan vereinfache. Man verliert sich in den Vermischungen, die seit dem 6. Jahrhundert zwischen Völkern und Ethnien stattgefunden haben, die mal Einheimische, mal Besatzer waren, die dann ihrerseits besetzte Einheimische wurden. Zu der Verschiedenheit der Volksgruppen gesellt sich noch die starke Verschiedenheit der Religionen. Griechen, Bulgaren, Serben, Rumänen und ein Zehntel der Albaner waren orthodoxe Christen; Kroaten, Slowenen, Ungarn und ein Fünftel der Albaner waren römisch-katholisch; Bosnier, Türken und die Mehrheit der Albaner waren Muslime. Die politische Karte der Nationalstaaten und die Karte der Religionen sind nur für Slowenien und Griechenland deckungsgleich, die beide kaum Minderheiten haben. Die politischen Führer und die Bevölkerung Griechenlands wissen, dass die Orthodoxie nicht an den Staatsgrenzen endet, dass aber die orthodoxe Kirche alles tut, damit die griechische Nation durch die Orthodoxie definiert werden kann. Dadurch werden natürlich die Karrierechancen junger Katholiken beträchtlich eingeschränkt und auch die Politiker, die die Laizität des Staates oder wenigstens eine deutliche Trennung von Kirche und Staat festschreiben möchten, werden in die Defensive gedrängt.

Um eine nationale Identität, die an eine religiöse Identität gebunden ist, deutlicher sichtbar zu machen, kann man sich die Geschichte als eine Fahne vorstellen. Die nationalistischen Ideale, die sich im 19. Jahrhundert herausgebildet haben, wurden durch die sehr mythischen Berichte über den Widerstand gegen die türkische Eroberung verstärkt. So wie etwa in Frankreich das nationale Bewusstsein durch den Mythos eines Gallien verstärkt wurde, das als eine Gemeinschaft zum Widerstand gegen Cäsar identifiziert wird, geführt von einem sehr mythischen Vercingetorix. Bei der Schlacht 1389 auf dem Amselfeld in der Ebene des Kosovo erlebte der Serbenkönig Lazarus, der eine Koalition aus Bosniern, Albanern und Bulgaren befehligte, eine Niederlage. In den Reihen der siegreichen ottomanischen Truppen kämpften ebenfalls Bulgaren und Serben. Serben nahmen auch 1387 in Anatolien an einem Feldzug des Sultan Murad teil, dem Anführer der Sieger von 1389. Der Sohn von Lazarus befehligte seinerseits serbische Truppen innerhalb der Armee des Sohnes von Murad, um die Invasion von Tamelan abzuwehren. Fünf Jahrhunderte später leitet das Serbien Milosovitchs das Recht der orthodoxen Serben, den islamischen Kosovo zu beherrschen, von dieser heroisch verlorenen Schlacht ab.

In Nordirland gab es sicher weniger Todesopfer, aber immerhin zählte man zwischen 1966 und 1998 3.637 Tote, das heißt vom Wiederaufflackern des Bürgerkriegs bis zur Befriedung. Insgesamt wurden 2.038 Zivilpersonen getötet, davon 698 Protestanten und 1.232 Katholiken, dazu kommen noch Polizisten, britische Soldaten, Sicherheitskräfte, paramilitärische Republikaner und organisierte „Loyalisten". Von der

Gesamtzahl der Opfer wurden 1.771 von der IRA (der katholischen „revolutionären Armee") getötet, 1.050 von paramilitärischen Protestanten, 301 von der Armee und 60 von der Polizei.[27]

Seit England Irland beherrscht, also seit drei Jahrhunderten, haben sich Katholiken und Protestanten bekämpft. Kolonisierung, Widerstand und Massaker haben aufeinander prallende „kollektive Erinnerungen" genährt. Konfessionsverschiedene Ehen werden immer noch als doppelter Verrat an der nationalen und an der religiösen Gemeinschaft angesehen. Allerdings sollten zwei Besonderheiten der Identität berücksichtigt werden. Der religiöse Konflikt ist auch ein sozialer Konflikt. Die Protestanten haben sich der Reichtümer und der Stellen bemächtigt, was die Katholiken in die Armut drängte. Während die IRA den Weg der bewaffneten Auseinandersetzung gewählt hat, hat die katholische Kirche sich mehr für eine friedliche Lösung eingesetzt, um eine Einheit von ganz Irland zu erreichen – wodurch die Protestanten zu einer kleinen Minderheit würden.

Als Indien 1947 die Unabhängigkeit erreichte, waren die Christen nicht betroffen: Pakistan entstand aufgrund einer religiösen Identifikation. Es bildet eine weite Region, die fast ausschließlich von Muslimen bewohnt ist. Das bedeutet natürlich nicht, dass es nicht auch Muslime im feindlichen Indien gibt.

Der Islam und die anderen

In Frankreich, vielleicht mehr noch als in anderen Ländern Europas, betrachten viele Christen den Islam als historischen Feind, mit einer erstaunlichen und manchmal auch explosiven Mischung aus Hass und Verachtung. Diese Gefühle sind nicht unbedingt bewusst. In wie vielen Filmen

---

27 D. McKittrik u.a: Lost Lives, kommentierte Kompilation, dargestellt in: Libération vom 5. Dezember 1999.

werden die Gegner unserer tapferen Offiziere und Soldaten in Algerien oder Marokko einfach als Dreckskerle bezeichnet. Aber auch noch 1999 enthielt der Kalender der sehr rechts orientierten Pfadfinder Europas einen mehrseitigen Text mit der Überschrift „Ein wenig Geschichte", in dem mehrere Abschnitte aus einer ganz anderen Zeit zu stammen scheinen:

> Eine sehr wichtige Tatsache ist die Bekehrung der Franken zum Katholizismus. Sie zeigt, dass von allen Barbaren die Franken am weitesten entwickelt waren. Chlodwig selbst beweist es durch die Begeisterung, mit der er die wahre Religion annimmt [...] Andere Eindringlinge kommen 725: Horden von Arabern, die der falschen Religion Mohammeds anhängen [...] Karl der Große musste zwanzig Jahre lang die Sachsen bekämpfen, bevor es ihm gelang, sie zu unterwerfen; er zerstörte ihre Götzen und Kultstätten und errichtete an deren Stelle Klöster. Jedoch versuchte ein anderes ungläubiges Volk Europa zu erobern: die Araber; sie hatten bereits ganz Spanien besetzt. Karl der Große unternahm einen ersten Feldzug, der aber scheiterte. Nach zwanzig Jahren Kampf gelang es ihm schließlich, einen Teil von Spanien, das unter dem Joch dieser Ungläubigen ohne Herz und Glauben litt, zurückzuerobern [...]
> Liebe Pfadfinder, hier sind für uns alle einige Beispiele von Menschen, die sich für unser Land, für unsere Geschichte und für unsere Kirche eingesetzt haben. Sie mögen uns als Vorbild dienen, unser Versprechen zu halten.

Ganz anderen Geistes ist der Appell von Bundespräsident Roman Herzog in seiner Laudatio für die Islamkennerin Annemarie Schimmel bei der Verleihung des Friedenspreises in Frankfurt am 15. Oktober 1995:

> Erinnern wir uns daran, dass es vor sechs- oder siebenhundert Jahren eine große islamische Aufklärung gegeben hat, durch die dem Westen ein beachtlicher Teil des antiken Wissens aufbewahrt wurde. Sie stieß auf ein westliches Gedankengut,

das sie als zutiefst fundamentalistisch und intolerant empfinden musste.

Allen, die sich auf Karl Martell berufen, der im Jahr 772 in der Schlacht von Poitiers die Araber zurückgeworfen hat, sei die Frage gestellt, warum sie arabische und nicht römische Ziffern verwenden und es sei ihnen empfohlen, eine Reise nach Cordoba zu unternehmen, um einmal darüber nachzudenken, welche Bedeutung Andalusien vom 8. bis 10. Jahrhundert hatte. War Averroes, 1126 in Cordoba geboren, nicht der schöpferischste Denker seiner Zeit, auch wenn ihn die katholische Kirche ein halbes Jahrhundert nach seinem Tod verurteilt hat? Man könnte sich auch fragen, wer dieser Avicenna war, dessen Namen ein Pariser Krankenhaus trägt, und worin die Bedeutung dieses Arztes und Philosophen bestand.

Aber gehen wir nicht zu weit! Die Toleranz, die Öffnung, die Kreativität vergangener Jahrhunderte gleichen die Intoleranzen und Verdummungen von heute nicht aus, wie intensiv auch der interreligiöse Dialog in letzter Zeit geführt wurde. Er leidet aber unter der Schwierigkeit, die islamische Identität zu definieren.

In unserer Umgangssprache sind falsche Gleichstellungen an der Tagesordnung. Ausdrücke wie „die Araber" und „die Muslime" werden als gleichwertig angesehen. Als ob nicht Millionen von Muslimen Pakistani oder Indonesier seien! Als ob die Berber in Algerien nicht Opfer der Arabisierung geworden seien! Ist es in Europa wirklich derselbe Islam jeweils für die Nordafrikaner in Frankreich, die Pakistani in Großbritannien, die Türken in Deutschland, die Surinamesen in den Niederlanden?[28]

Die Definition und das Selbstverständnis hängen von wenigstens zwei Faktoren ab, die dazu beitragen, die Identitäten zu präzisieren oder zu verändern: Stehen die Muslime, die

28 Vgl. B. Lewis/D. Schnapper (Hg.): Musulmans en Europe, 1992; darin besonders: D. Schnapper, Communautés, minorités ethniques et citoyens musulmans, 181–197.

sich in den Aufnahmeländern integrieren wollen (oder auch nicht), einer Gesellschaft gegenüber, die auf der Idee eines individuellen Staatsbürgertums begründet ist – was theoretisch in Frankreich der Fall ist – oder zwingt sie das Gemeinschaftsprinzip dazu, geschlossene islamische Einheiten zu bilden? In welchem Maß sind diese Einzelmenschen oder Gemeinschaften unabhängig von ihrem jeweiligen Ursprungsland oder inwieweit unterliegen sie einer Bestimmung von außerhalb? Die in Deutschland benutzten Schulbücher für den türkischen Geschichtsunterricht sind voll von Indoktrinierungen, aber nicht islamischen Inhalts sondern der chauvinistischen Verherrlichung der Türkei. Wer kann in Frankreich oder woanders den Einfluss des Islamismus Saudi-Arabiens an dem Geld messen, das in den Bau von Moscheen oder die Ausbildung von Imamen investiert wird?

In den Diskussionen zwischen Muslimen und Nicht-Muslimen, vor allem Christen, werden drei Fragen immer wieder angeschnitten: die Intoleranz, die Stellung der Frau und die Bildung. Für Millionen von Franzosen, Deutschen oder Briten ist der Islam von Natur aus intolerant. Und dann wird diese oder jene Sure des Korans – meistens falsch – zitiert. Wie viele Katholiken vergessen dabei allzu leicht, dass ihre Kirche sowohl die des Heiligen Franziskus als auch die der Inquisition ist? Neben dem intoleranten Islam gibt es auch einen toleranten Islam. Den zweiten mit dem ersten gleichzusetzen heißt, der Intoleranz zum Sieg zu verhelfen.

Aber ich nehme oft Anstoß an einer gewissen Naivität oder einer gewissen Selbstzensur bei den Protagonisten des christlich-islamischen Dialogs. Verlangt die logische und moralische Kohärenz nicht, dass man von den islamischen Ländern die gleiche Toleranz, den gleichen Geist der Pluralität erwartet, wie von seinen französischen oder deutschen Mitbürgern? Es geht nicht darum, zu sagen: „Keine Moschee bei uns, solange es keine Kirchen im Jemen gibt." Muss man nicht eher den islamischen Gesprächspartnern sagen, sie sollen sich öffentlich darum bemühen, von der unversöhnlichen, diskriminierenden Haltung in den islamischen Ländern abzurücken? Wenn nicht, würden sie unausgesprochen die gleiche Logik anwenden, auf die sich im 19. Jahrhundert der intolerante Katholik Léon Bloy ausdrücklich berief: „Ich verlange für mich die Freiheit im Namen eurer Prinzipien und verweigere sie euch, im Namen der meinigen." Eine Logik, die von Kommunisten und von allen Minderheitsgruppen angewandt wurde, die eine absolute Macht anstreben, besonders von den Kirchen.

Die Lage der Frauen in Pakistan und in Afghanistan ist erschreckend. Zwangsehen und ein verweigerter Zugang zum öffentlichen Leben dominieren weiterhin in Algerien und in Marokko, die keinen Staatspräsidenten wie Bourguiba in Tunesien hatten. Sollte man daher annehmen können, dass die Lage dieselbe ist wie im Islam Europas, wegen derselben Auslegung des Korans? Als Assia Djebar, eine französischsprachige algerische Schriftstellerin mit Lehramtsbefähigung für höhere Schulen, im Oktober 2000 in Frankfurt a. M. den Friedenspreis bekam, vertrat sie selbstverständlich nicht die Gesamtheit der muslimischen Frauen in Frankreich. Aber die staatsbürgerlichen, religiösen und sozialen Identitäten sind von einer solchen Vielfalt – mit stark unterschiedlichen Entwicklungen innerhalb der Generationen – dass eine Verallgemeinerung unmöglich ist, ob es sich um den Verlust des Glaubens oder die Rückkehr zum Religiösen, eine gewollte oder eine empfundene, weil von außen auferlegte, Eigenart handelt. Es gibt wohl mehrere Arten, das Zeugnis von Karina zu lesen, einer dreißigjährigen Krankenschwester algerischer Herkunft, das als Anhang in dem sehr lesenswerten Buch von Leila Babès *L'Islam positif. La religion des jeunes musulmans de France (Der positive Islam. Die Religion der jungen Muslime in Frankreich)* erschien, von dem ein Kapitel eben den Titel trägt: *Identität, Kultur, Pluralismus.*[29]

---

[29] L. Babès: L'Islam positif. La religion des jeunes musulmans de France, 1997, 206.

Die muslimische Religion, ich suche sie noch immer. Ich habe
die Tabus und die Verbote gelernt, wie alle Nordafrikanerin-
nen in Frankreich. Aber das ist es nicht, was ich behalten will
[...] Man kann seine Bildung nicht beiseite schieben. Das ist
eine Lebensart, eine Kodierung, die ich aber auf eine andere
Weise neu formulieren will [...] In der Religion gibt es mehr
als nur Verbote; die Heiterkeit zum Beispiel, die Annahme von
Heimsuchungen. Der Islam muss eine Reise nach innen sein,
und dazu muss man wieder bei Null anfangen. Das ist es, was
meinem Leben Sinn verleiht.

In dem Dialog zwischen Muslimen und Christen müssen die
Katholiken ausgeklammert werden. Wer wollte denn wirklich behaupten, dass die Rolle, die die römische Kirche den
Frauen zuweist, heute noch den Forderungen nach Gleichberechtigung entspricht? Und wann wird auf jüdischer Seite
endlich das Gebet verschwinden, in dem ein Mann Gott dafür danken kann, nicht als Frau geboren zu sein?

Auch mit dem Judentum muss der Islam verglichen werden, wenn es sich um Bildung und Ausbildung handelt. Ist
in den hebräischen Schulen Frankreichs nicht die gleiche
Gefahr gegeben wie in den islamischen Schulen, nämlich
das Gefühl heranzubilden, zu einer überlegenen Gemeinschaft zu gehören, eine so privilegierte Identität zu besitzen,
dass sie in einer Art von Abkapselung, von Selbstghettoisierung zu enden droht? Die katholische Schule kannte diese
Haltung und diese Gefahr, aber wir werden sehen, wie sehr
sie sich gewandelt hat. In der überspitzten Auseinandersetzung über das „Kopftuch" hat man zu leicht vergessen, dass
der Ausschluss aus der Schule einem Zurückstoßen in eine
Form von Ausbildung gleichkommt, die die Tendenz vermit-
telt, sich selbst auszuschließen.

Man muss hier allerdings unterscheiden zwischen einer
gleichzeitig stark religiös und modern-weltoffen geprägten
Bildung einerseits und andererseits einem Ausstoßen aus
dieser Welt im Namen eines exklusiven religiösen An-
spruchs. In Algerien und auch anderswo scheint die allen

offen stehende Volksschule sich mit dem Lernen des Korans
zu begnügen, während die Führungsschicht auf die intellektuelle und wissenschaftliche Ausbildung ihrer Kinder Wert
legt. In Israel werden die Menschen, die ihr Leben dem Studium der Bibel und des Talmud widmen, auch weiterhin als
vorbildliche Juden behandelt, vom Wehrdienst befreit und
von der Allgemeinheit ernährt. Von Zeit zu Zeit findet man
in christlichen Publikationen Beiträge voller Bewunderung
für die Juden oder Muslime, die ihr Leben dem Studium heiliger oder geheiligter Schriften widmen.[30] Die Bewunderung
von protestantischer Seite ist hier umso erstaunlicher, da sowohl Luther als auch Calvin die Unwissenheit in weltlichen
Dingen angeprangert haben, die auch manche Auffassungen
von Klosterleben geprägt hat.

Wie die christlichen Kirchen, so entwickelt sich auch der
Islam hinsichtlich der Öffnung zu den anderen und des Ver-
ständnisses für die anderen. Manchmal allerdings ist die Entwicklung eher simuliert als real. So etwa, als im Juli 2000 der
iranische Präsident Mohammed Chatami eine lange Rede in
Weimar hielt.[31] Er lobte die Freiheit und die Menschenwürde
und betonte: „Wir betrachten uns selbst aus einer gewissen
Distanz heraus. Sich selbst erkennen geht nicht ohne Selbst-
kritik." Man ist noch weit entfernt von den politischen, intellektuellen und religiösen Realitäten seines Landes. Wenn
man dagegen die Öffnung zu den anderen betrachtet, wie
sie in der Imam-Ali-Moschee in Hamburg praktiziert wird,
immerhin gegründet und geleitet vom Iran, kann man sagen, dass der Islam sich mit seinen Reichtümern darstellen
kann, ohne die Umwelt zu verurteilen und ohne sich davon
auszuschließen.

Der einfache Wunsch, zu kennen und zu verstehen, und
wenn auch noch so ungenügend, hat mich dazu geführt,

---

30 Vgl. B. Breidenbach: Das Lernen hört nimmer auf. Studien und
    Bildung prägen die jüdische Kultur, in: Evangelische Kommentare,
    November 1999.
31 Vollständiger Text auf zwei ganzen Seiten der Frankfurter Allgemei-
    nen Zeitung vom 11. Juli 2000.

den Islam – besonders in seinem Verhältnis zu anderen Religionen – näher zu betrachten. Vom gleichen Ausgangspunkt aus habe ich am Ende meiner Jugendzeit die Faszination Indiens erlebt. Zunächst durch Romain Rolland mit seinen Büchern *Das Leben des Ramakrishna* und *Das Leben des Vivekananda*, dem Jünger des Weisen und Mystikers, der von 1834 bis 1886 gelebt hat. Auch heute noch mache ich mir Formulierungen Vivekanandas zu eigen, wie „Es ist nicht der Inhalt eines Gedankens, der darüber entscheidet, ob er zur Religion gehört oder nicht, sondern es ist die Qualität dieses Gedankens." Ich hatte eine Mode übernommen (das war die Zeit einer großen Ausgabe der Zeitschrift *Cahiers du Sud* über Indien) und bin gleichzeitig dem Romanschriftsteller und Essayisten gefolgt, dessen Gedankengut mir ein Vorbild für Strenge, Weisheit und den Weg zur Verinnerlichung war. In dem Essay *Ends and Means (Das Ende und die Mittel)*, und in seinem Roman *Eyeless at Gaza (Geblendet in Gaza)* schließlich hat Aldous Huxley die Gewaltlosigkeit und die Meditation als einen Weg zum Frieden in sich und zum Frieden in der Welt verherrlicht. Erst viele Jahre später habe ich begriffen, dass Gandhi nur triumphieren konnte, weil Großbritannien, das sein Land besetzte und ihn ins Gefängnis steckte, dennoch empfindsam war für seine Moral und fähig, ihm gegenüber ein schlechtes Gewissen zu haben. Wenn er sich mit Hitler oder Stalin angelegt hätte, wäre er so schnell verschwunden, dass er kaum als Märtyrer in Erscheinung getreten wäre.

Heute geht der Modetrend eher zum Buddhismus, ohne dass es vielen Christen, die sich von ihm angezogen fühlen, auch bewusst wäre, womit sie dieser Lockung widerstehen sollten.[32] Man kann sich auch fragen, was in den beiden letzten Jahrzehnten der intensive Austausch zwischen europäischen Klöstern und japanischen Klöstern des Zen-Buddhismus zu bedeuten hat, der ja eine ganz andere Tragweite hat

---

32 Vgl. P. Magnin: Bouddhisme et christianisme, in: Etudes, September 2000.

als das abgewertete Wort „Zen" in unserer Alltagssprache. Eine Abwertung, die dem verfälschten Gebrauch der Idee von Meditation entspricht. Angesichts der Umwandlung katholischer Klöster in blühende Orte der Selbstrechtfertigung für die Mächtigen der Wirtschaft, kann man sagen, dass es auch einen schöpferischen Einfluss asiatischer Religionen gibt. Ich denke an einen ehemaligen deutschen Studenten und Kollegen, den seine tibetanische Ehe zu einem inneren Gleichgewicht gelangen ließ, das er zuvor nie hätte erreichen können. Seine junge Frau hat nicht lange gelebt. Die Todesanzeige lautete:

PHURBU DOLMA E . . .
Meine Frau, meine Mutter
Geboren am 15. Februar 1969 in Assam/Indien
Verheiratet am 15. April 1991 in Delhi/Indien
starb nach einem Tag mitfühlender Liebe am 27. Dezember 1997 in New York.
Wir haben sie am 2. Januar 1998 in W. bei Leipzig beigesetzt.
Gebetsstätten zum Schutz ihrer Seele waren New York, Rajpur Uttar Pradesh und W.
Shegu, das Fest ihrer glücklichen Wiedergeburt wurde in Manhattan gefeiert, wo sie die Kultur der Achtung und der Toleranz für Menschen verschiedener Herkunft schätzte.
Sie bleibt uns immer nahe in der heiteren Kraft und in der Gelassenheit, mit der sie ihre tödliche Krankheit ertrug.
Die geistige Unterstützung tibetanischer Mönche hat uns gestärkt.

Die Begriffe Heiterkeit und Gelassenheit gehören zur Sprache der rheinischen Mystiker, besonders Meister Eckhart. Der Vergleich mit ihm wird uns beschäftigen, wenn von der Besonderheit der christlichen Spiritualität die Rede sein wird.

3. KAPITEL

Verschiedene Formen des Christentums

Es geht natürlich nicht darum, zwei Jahrtausende Christentum zu betrachten, auch nicht, die verschiedenen Aspekte des Christentums von heute in ihrer Gesamtheit zu untersuchen. Man müsste die Kenntnisse und die Inspiration eines Hans Küng haben, um ein solches Unterfangen zu wagen.[33] Ich gestehe, dass meine Leidenschaft für zwei Haltungen des Christentums sehr begrenzt ist und ich mich bei Menschen nicht wohl fühle, die sich darauf berufen. Da ist zum einen die im Prinzip rein wissenschaftliche Auffassung, die Erforschung des Christentums durch eine „religiöse Soziologie", die den Glauben und das Verhalten erforscht, erfasst, interpretiert, ohne sich allzu sehr für die Menschen zu interessieren und das, wovon und wofür sie leben. Zum anderen sind da die Denker, die sich für Christen halten, die aber ihr Christentum in Klammern setzen, wenn sie zu philosophieren oder gar zu moralisieren anfangen. Hegel, Heidegger und Habermas als Rechtfertiger der ontologischen und ethischen Gedanken ohne Bezug zur heiligen Schrift. Nicht nur, weil ich kein Philosoph von Berufs wegen bin, empfinde ich ein Unbehagen. Ich begreife, dass es nicht ausreicht zu sagen, was nach der Überlieferung Origines und Augustinus verkündeten: „Die wirkliche Philosophie ist das Christentum." Muss man dafür aber zu der Feststellung kommen, dass „das Verhältnis von Philosophie und Theologie in ein neues Zeitalter eintritt, nämlich das der zwei unvereinbaren Haltungen des

---

33 Vgl. H. Küng: Das Christentum, 1999.

menschlichen Denkens"?[34] Der Autor, Dekan einer katholischen philosophischen Fakultät, fügt hinzu: „Der religiöse
Glaube kann angenommen werden wie eine spezifische Ener-
gie, die die Philosophie inspiriert." Ich fühle mich mit ihm –
leicht ironisch – einig, wenn er schreibt: „Der Bezug zur
christlichen Tradition begünstigt eine humanistische Inspiration, die paradoxerweise die dogmatischen Grundlagen des
Christentums in Frage stellen kann."

Nicht nur des Christentums und seines dreieinigen Gottes.
Mir bereitet allein die Vorstellung selbst von einem Gott bereits Schwierigkeiten. Vielleicht sehe ich überall zu sehr den
Anthropomorphismus, aber ich finde ständig menschliche
Gefühle, die auf eine Gottheit projiziert werden, vom Zorn bis
zum Mitleid, von der Güte bis zur Fähigkeit, zu richten. Der
Gott, der sieht und vorhersieht, der Intelligenz und Willen
hat. Ich kann gut damit umgehen, dass andere ihm ihren
Glauben schenken, von dem ich jedoch abseits stehe, dies
umso mehr, als das moralische Gesicht dieses Gottes – wie ich
es später noch aufzeigen werde – sich in dem Maße verändert,
wie sich auch die Moral der Menschen verändert hat.

Von jeher stellt mir die Position dieses Gottes in Zeit und
Raum Fragen. Der Begriff der Schöpfung ist mir fremd. Wenn
eine Inschrift im Ozean-Museum in Brest sagt, dass die Erde
sich seit vier Milliarden Jahren dreht, dass ein wirkliches Leben sich in den Ozeanen vor 800 bis 700 Millionen Jahren
herausgebildet hat und vor etwa 400 Millionen Jahren auf
das Festland gelangte, dann weiß ich nicht, wo ich in dieser
zeitlichen Unermesslichkeit eine Schöpfung aufgrund eines
göttlichen Willens ansiedeln soll, noch weniger den Menschen, Ebenbild Gottes und Herr der Natur. Natürlich ist der
biblische Bericht nicht wortwörtlich zu nehmen, denn über
Adam und Eva etwa schrieb ein Professor für Exegese: „Für
den Exegeten ist es ebenso unmöglich, zu sagen, sie haben
gelebt, wie es unmöglich ist, zu sagen, sie haben nicht gelebt.

---

34 P. Capelle: Exercice philosophique et pensée croyante, in: Etudes,
Juli 1999.

Aber, und das haben wir gesehen, dies ist nicht die eigentliche Frage des biblischen Textes."[35]

Ich verstehe auch die Zurückhaltungen eines Malebranche, der Mühe hatte, sich einen vollkommenen und gewissermaßen auch totalen Gott vorzustellen, der außerhalb von sich selbst eine Schöpfung projizieren könnte. Ein Gott, den man sich außerhalb der Zeit in seiner Ewigkeit denken soll, der aber gleichzeitig durch sein Eingreifen innerhalb der Zeit ist. Dass es sich hierbei um ein wirkliches intellektuelles Problem handelt, das zeigen auch die Auseinandersetzungen über die Prädestinationslehre vom heiligen Augustinus bis Calvin und bis Fénelon.

Dennoch, mein Leser möge mir abnehmen, dass ich ohne Ironie, aber mit tiefem Erstaunen in der Messe die Proklamation höre: „Es ist groß, das Geheimnis des Glaubens!" Aber ich gebe auch zu, manchmal versucht zu sein, wie Jean Barois in dem Roman von Martin du Gard gegenüber seiner Tochter zu reagieren und genau wie er, die Antwort, die sie ihrem Vater gab, kindlich aber unanfechtbar zu finden: „Ihr werdet mir nicht einreden wollen, dass die Mühe eines Lebens wie dem meinigen [...] an Eurem Kinderglauben scheitern kann. – Aber, Vater, wenn meine Gewissheit Zweifeln unterworfen wäre, dann wäre es keine Gewissheit mehr."

Oft genug stehe ich verwundert und fragend Männern und Frauen des Glaubens gegenüber. Um nur ein Beispiel herauszugreifen, nämlich das eines Freundes, des Jesuitenpaters François Varillon, der 1978 im Alter von dreiundsiebzig Jahren verstorben ist. Er konnte zu Recht sagen, dass er „in die Stimmigkeit verliebt" war, und sein Glaube, zugleich mit der Vernunft durchdacht und jenseits jeder Vernunft, verhinderte keineswegs die Öffnung zu anderen und die Fähigkeit zur Freiheit.

Und meine Fragen zum Verhalten der Christen gegenüber der heiligen Schrift hindern mich keineswegs daran, die Dar-

---

35 J. Bernard: Pour comprendre le récit de la Genèse, in: Les secrets de la Création, Panorama, Sondernummer, Juni 1997.

stellungen biblischer Persönlichkeiten durch einen anderen
Jesuiten, Professor für Theologie und Exegese,[36] schön und
intelligent zu finden oder die scharfsinnigen Auslegungen,
die eine theologisch ausgebildete Linguistin ihren Studenten
anbot, deren Interessen über den Inhalt ihres akademischen
Fachgebietes hinausgingen.[37]

Die Schrift, die Auferstehung und das Heil

Die Bibel und vor allem das Neue Testament im Mittelpunkt
des christlichen Glaubens: ist das so einfach? Auf protestantischer Seite konnte zu Anfang der Eindruck entstehen, dass
jeder Christ die Freiheit habe, seine eigene Auswahl aus der
Schrift zu treffen, und auch hinsichtlich der Auslegung seiner Lektüre frei sei. Aber schon Luther und mehr noch Calvin ließen es sich angelegen sein, die Glaubensinhalte festzulegen. Die Freiheit des Christenmenschen wurde
weiterhin bejaht, aber die 1973 verabschiedete Leuenberger
Konkordie, die in der Folgezeit von einer großen Mehrheit
protestantischer Kirchen in Europa angenommen wurde,
spricht von der „rechten Lehre", über die die Einigung erzielt
wurde.[38] Auf katholischer Seite konnte Kardinal Ratzinger im
Namen der Kongregation für die Glaubenslehre, dem ehemaligen Heiligen Offizium, mit der vom Papst „in sicherem
Wissen und mit seiner apostolischen Autorität" erteilten Zustimmung in *Dominus Jesus*, einem im September 2000 veröffentlichten Text von zwanzig Seiten, fünfmal den Passus
„ist fest zu glauben" gebrauchen und bestätigen, dass die Ka-

---

36 Vgl. P. Beauchamp: Cinquante portraits bibliques, 2000.
37 Vgl. A. M. Pelletier: Lectures bibliques. Aux sources de la culture
    occidentale, 1995.
38 Text der Erklärung der Leuenberger Konkordie vom 16. März 1973
    mit Anhang, in: Wachsende Gemeinschaft in Zeugnis und Dienst,
    Texte der 4. Vollversammlung der Leuenberger Kirchengemein-
    schaft in Wien 1994, 1995 (mit meinen Thesen: Politik und Ethik
    in und für Europa heute).

tholiken gehalten sind, diesen oder jenen Glauben zu bekennen.[39]

Aber Johannes Paul II. – dessen Definition der Glaubens-
wahrheit in seiner Enzyklika *Veritatis splendor* dargelegt ist –
hatte 1993 auch einen sehr langen und sehr sorgfältig ausge-
arbeiteten Text der päpstlichen Bibelkommission *Die Interpretation der Bibel in der Kirche*[40] genehmigt. Sicher, der bedeu-
tendste Durchbruch für die Liberalisierung der Exegese
erfolgte schon ein halbes Jahrhundert vorher durch Pius XII.
in seiner Enzyklika *Divino afflante*. Hier wurden bereits die
neuesten und sogar gewagtesten Methoden (semiotische
Analyse, soziologischer Zugang, Zugang über die kulturelle
Anthropologie, psychologische und psychoanalytische Zu-
gänge) gebilligt. Grenzen wurden festgelegt, die Interpretation der Bibel im Leben der Kirche sorgfältig definiert, aber die
deutlichste Warnung richtete sich an den fundamentalistischen Umgang mit der Bibel, der als „gefährlich" eingestuft
wird, da er „unausgesprochen zu einer Art von gedanklichem
Selbstmord" auffordert. Denn: „Er hat deshalb die Tendenz,
den biblischen Text so zu behandeln, als ob er vom Heiligen
Geist wortwörtlich diktiert worden wäre. Er sieht nicht, daß
das Wort Gottes in einer Sprache und in einem Stil formuliert
worden ist, die durch die jeweilige Epoche der Texte bedingt
sind. [. . .] Der Fundamentalismus betont über Gebühr die Irr-
tumslosigkeit in Einzelheiten der biblischen Texte, besonders
was historische Fakten oder so genannte wissenschaftliche
Wahrheiten betrifft. Oft fasst er als geschichtlich auf, was gar
nicht den Anspruch auf Historizität erhebt; denn für den Fundamentalismus ist alles geschichtlich, was in der Vergangen-
heitsform berichtet oder erzählt wird, ohne daß er auch nur
der Möglichkeit eines symbolischen oder figurativen Sinnes
die notwendige Beachtung schenkt." (Kap. F, 4. Abs.)

39 Kongregation für die Glaubenslehre: Erklärung „Dominus Jesus"
    über die Einzigkeit und die Heilsuniversalität Jesu Christi und der
    Kirche, 2000.
40 Päpstliche Bibelkommission: Die Interpretation der Bibel in der
    Kirche, 1993.

Von daher sehe ich einen gewaltigen Widerspruch. Wie kann man die Arbeit der Exegeten, auch wenn sie persönlich noch so gläubig sind, akzeptieren und gleichzeitig die Evangelientexte wortwörtlich nehmen? Wie sollte man nicht aufschrecken, wenn man nach der Epistel hört „Wort des lebendigen Gottes" und nach dem Evangelium vom Tag „Frohbotschaft unseres Herrn Jesus Christus", wo doch die neuesten und hoch gepriesenen Werke darlegen, dass keine der Jesus zugeschriebenen Formulierungen als völlig authentisch bewiesen ist?

Persönlich finde ich den *Jésus de Nazareth (Jesus von Nazareth)* des Straßburger Theologieprofessors Jacques Schlosser[41] durch seine Schärfe und seine Klarheit beeindruckender als das umfangreiche Werk des großen amerikanischen Exegeten Raymond E. Brown *Was wissen wir vom Neuen Testament*?[42] Aber nach gründlicher Analyse der Texte und der Quellen kommen beide zu unsicheren Schlussfolgerungen, die manche Gewissheit erschüttern dürften. Manches Mal könnte die Beachtung der Forschung zu positiveren Ergebnissen für Gerechtigkeit und Frieden führen. So etwa, wenn Brown schreibt: „Wir haben gesehen, dass bei Johannes der Gebrauch der Form ‚Die Juden' die Haltung widerspiegelt, die sich in der Geschichte der Johannes-Gemeinde entwickelt hatte." Die Exegese zeigt, dass die mörderische Verallgemeinerung, die noch bei Bach in der *Johannes-Passion* vorhanden ist, nicht von Gott diktiert wurde, sondern aus den Umständen um die Entstehung des Evangeliums lange Jahrzehnte nach Jesu Tod entstanden ist. Der Unterschied im Ton zwischen den Seligpreisungen, mild und mitleidig bei Matthäus und schrecklich in ihren radikalen Verurteilungen bei Lukas, wird abgemildert durch die Feststellung, dass „das Ideal des Lukas ein anderes ist als das der Gemeinde der Gläubigen in Jerusalem, die ihre Güter zusammengelegt hatten."

41 J. Schlosser: Jésus de Nazareth, 1999.
42 R. E. Brown: Que sait-on du Nouveau Testament?, 1997.

Wie die gesamte katholische Tradition besteht Kardinal Ratzingers Dokument *Dominus Jesus* auf dem „Du bist Petrus" des Matthäus-Evangeliums, das mit anderen, weniger direkten Passagen, rechtfertigt, dass man das Verharren der nicht katholischen Christen, die „die katholische Lehre vom Primat nicht annehmen, den der Bischof von Rom nach Gottes Willen objektiv innehat und über die ganze Kirche ausübt" (Ziffer 17,60) bedauert. Der Katholik Brown gelangt einfach zu der klugen Schlussfolgerung, wonach „für diejenigen, die den Papst ablehnen, der Nachweis schwierig sein wird, die Vorstellung eines Nachfolgers Petri stehe in Widerspruch zum Neuen Testament".[43] Die Feststellungen Schlossers darüber, was die Grundlage der Messe und auch der reformierten Liturgie ausmacht, sind noch radikaler. Auf das letzte Abendmahl anspielend, das Jesus mit seinen Jüngern einnahm, schreibt er:

> Die beiden literarischen Aufarbeitungen, vor allem die des Johannes, sind weit von den Ursprüngen entfernt angesiedelt und können kaum von den Historikern herangezogen werden, höchstens für einige Elemente [...] Die Einleitung des Berichts (bei Johannes), sehr überladen und geprägt von einer besonderen Sprache und der Theologie des Verfassers, kann uns auch für den Fall, dass wir die historische Wahrheit der Geste selbst in Betracht ziehen, nicht für eine wirkliche Verbindung zur Situation Jesu am Abend vor seinem Tod garantieren.[44]

In seinem einleitenden Kapitel „Wie sollen wir das Neue Testament lesen?" wirft Brown die „besonderen Probleme durch die Theorien der Inspiration und der Offenbarung"[45] auf. Er zitiert den Text *Dei verbum* des 2. Vatikanischen Konzils: „Die Bücher der Heiligen Schrift lehren klar, zuverlässig und ohne

---

43 Ebd., 413.
44 Ebd., 281–282.
45 Ebd., 262–263.

Irrtum die Wahrheit, von der Gott wollte, dass sie um unseres Heiles willen in der Schrift festgehalten würde."

Er fragt nach den Kriterien, wonach „festzulegen ist, was die Heilige Schrift mit Autorität lehrt".[46] Als guter Arbeiter für die Verständigung zwischen Katholiken und Protestanten beschränkt er sich auf diejenigen, die von beiden Seiten angewendet werden („Der Geist führt uns durch die Lehre der Kirche"), obgleich, wie schon gesagt wurde, die Formulierung „Der Geist führt jeden Leser der Bibel" kaum den reformatorischen kirchlichen Realitäten entspricht. In beiden Fällen ist das Führen durch den Heiligen Geist vorausgesetzt.

Für mich schließen sich die Exegeten in den gleichen logischen Kreis ein wie die übrigen Christen. Die in der Bibel verkündete Existenz des Geistes ist die Grundlage für die Auslegung ihres Inhalts. Mit anderen Worten, man akzeptiert die Schriften als wahr, weil in ihnen die Wahrheit gesagt ist, und man weiß, dass die Wahrheit gesagt ist, weil die Schriften wahr sind. Ist es anstößig, hierin einen Verstoß gegen die Logik zu sehen?

„Ist aber Christus nicht auferweckt worden, so ist damit auch unsere Predigt nichtig, und nichtig ist euer Glaube." (1Kor 15,14)

Dieser einzige Vers aus dem 1. Korintherbrief bildet in gewisser Weise den harten Kern des christlichen Glaubens. Die Auferstehung Christi ist eng verbunden mit der Auferweckung der Toten im Allgemeinen. Es ist hier gleichgültig, wann und wie diese Auferweckung geschehen wird. Wichtig ist die Bedeutung der Auferstehung Christi für das Heil der Menschen.

Aller Menschen? „Für uns Menschen und um unseres Heiles willen", heißt es in der Messe. Aber eben weil dieses so gesprochene Wort sich sowohl auf das Opfer Christi als auch auf die Gabe, die die Gläubigen mit diesem Opfer Gott dar-

---

46 Ebd., 68.

bringen, bezieht, muss die Frage nach den Wegen des Heils gestellt werden. Meiner Meinung nach gibt es eine seltsame Anhäufung der Heil-Verleihungen. Das Heil wird zunächst gebracht durch den Bund, den Gott mit Abraham schließt. Dann kommt „der neue und ewige Bund", der durch das Kreuz symbolisiert wird. Das zweite Heil wird ziemlich brutal offenbart in der Arie für Bass und Chor, die fast eine Schlussfolgerung der *Johannes-Passion* ist und die man boshafterweise so zusammenfassen könnte: „Bist du wirklich tot? (Seufzer der Erleichterung!) Dann sind wir ja erlöst!"

> *Mein teurer Heiland, lass dich fragen,*
> *da du nunmehr an's Kreuz geschlagen,*
> *und selbst gesaget: Es ist vollbracht!*
> *Bin ich vom Sterben frei gemacht?*
> *Kann ich durch deine Pein und Sterben*
> *das Himmelreich erwerben?*
> *Ist aller Welt Erlösung da?*
> *Du kannst vor Schmerzen zwar nichts sagen,*
> *doch neigest du das Haupt*
> *und sprichst stillschweigend: Ja!*

Eine der Präfationen geht in die gleiche Richtung: „In dem Ostermysterium hat er ein wunderbares Werk geschaffen: denn wir waren Sklaven des Todes und wir sind nun berufen, an seiner Herrlichkeit teilzuhaben [...] Du führst uns aus dem Dunkel in Dein wunderbares Licht."

Aber eine andere Präfation (Präfation für die Wochentage I, „Die Erneuerung der Welt durch Christus") lautet: „So wurde er für jene, die auf ihn hören, zum Urheber des ewigen Heiles." Das engt den Kreis der Erlösten ein und lässt die dritte Form des Heils außer Acht, nämlich die Taufe. Dieses Heil hat die katholische Kirche Jahrhunderte hindurch dazu geführt, eine grausame Unterscheidung zwischen getauften und nicht getauften tot geborenen Kindern zu treffen. Noch heute bitten Eltern um die Nottaufe für tote Frühgeburten.

Können nur die Getauften erlöst werden? Ja, aber nur die Glaubenden unter ihnen, antwortet sofort *Dominus Jesus* und stützt sich dabei auf den bereits zitierten Vers des Markus-Evangeliums: „Wer glaubt und sich taufen lässt, wird gerettet. Wer aber nicht glaubt, wird verdammt werden." (Mk 16,16) Zahlreiche Christen, Priester und Theologen eingeschlossen, beziehen sich lieber auf den Ersten Johannesbrief:

> Geliebte, wir wollen einander lieben, denn die Liebe ist aus Gott, und jeder, der liebt, ist aus Gott gezeugt und kennt Gott. Wer nicht liebt, hat Gott nicht erkannt, denn Gott ist die Liebe. (1 Joh 4,7–8)

Die Fortsetzung der Epistel besteht jedoch auf der Notwendigkeit, den Sohn zu bekennen.

Nicht alle Gläubigen haben automatisch Zugang zum Heil. Aber wie gelingt es ihnen dann, dahin zu gelangen? Kann man „sein Heil machen"? Eine starke Spaltung besteht unter den Christen wegen des veränderlichen Stellenwertes, der der göttlichen Gnade zugestanden wird. Es gab eine Annäherung mit einigen geistigen Vorbehalten zwischen der katholischen und der lutherischen Kirche in Bezug auf den absoluten Vorrang, der der Gnade vor den Werken eingeräumt werden muss, und über die Rolle der Gnade innerhalb des Glaubens. Dass die Gnade nicht verdient, sondern von Gott geschenkt wird, kann Anlass zu sehr unterschiedlichen Auslegungen geben, für die einen vertrauend und fröhlich, für die andern am Rand der Verzweiflung. Das ist der Fall bei Fénelon mit seiner Idee der „reinen Liebe", von der Michel Terestchenko[47] eine rigorosere Analyse geliefert hat als François Varillon.[48] Als Beleg der schreckliche Brief, den Terestchenko als Schlussfolgerung zitiert:

> Ich weiß, dass die Zahl derer, die nicht [zum Heil] bestimmt sind, ungleich größer ist als die der Auserwählten. [...] Man könnte hundert zu eins wetten, dass ich nicht in der kleinen

---

47 Vgl. M. Terestchenko: Amour et désespoir. De François de Sales à Fénelon, 2000.
48 Vgl. F. Varillon: Fénelon et le pur amour, 1957.

Zahl der Auserwählten bin. Die Ungewissheit muss genügen, um unerträgliche Qualen zu verursachen, wenn es sich um Entscheidungen wie die des Heils handelt. [. . .] Wovon kann ich leben, aufgehängt an einem Haar über dem Abgrund der Hölle? [. . .] Mein Friede kann nur von der Liebe kommen, die mich mit Gott verbindet, unabhängig von der Belohnung, obwohl ich sie begehre . . .

Man muss sich also selbst völlig aufgeben, sich in Gott verlieren und sein Urteil erwarten, das schon seit ewigen Zeiten gesprochen ist. Keine mystische Liebe ist so hoffnungslos wie diese. Aber dass es Erlöste und Verdammte gibt, haben die Kirchen immer wieder bestätigt und die großen Maler haben es gemalt. Sei es an der Decke der Sixtinischen Kapelle, sei es bei den Personen, die das mystische Lamm in Gent umgeben, die Auserwählten sind verherrlicht. Auserwählt warum? Es scheint mir, dass die Vorstellung vom Heil durch die guten Werke (und die Verdammung wegen der schlechten Werke) und die Rede von einem für jeden zugänglichen Heil wieder im Vordergrund stehen, und dass dies die christlichen Kirchen erschreckt. Der lutherisch-katholische Text, der die Gnade betont und ihr Verdienste zuerkennt, ist zweifellos weniger präsent im Denken der Christen von heute, einschließlich Pastoren und Pfarrer, als das „jeder nach seinen Werken" des Jüngsten Gerichts in der Offenbarung und ich glaube auch in der einen oder anderen Fassung der Bergpredigt. In diesem Sinne sage ich oft zu meinen gläubigen Freunden, ohne natürlich meine Behauptung allzu ernst zu nehmen: „Ihr seid alle Pelagianer!" Pelagius hatte zu Beginn des 5. Jahrhunderts für alle Menschen die Möglichkeit bejaht, sich allein durch den freien Willen zu retten, mit einem kleinen Anteil, der der Gnade zugestanden wurde für die Geburt und die Anwendung dieser Freiheit.

Ich bin nicht sicher, dass es sogar den evangelischen Pastoren gelingt, die Idee der möglichen Wahl im täglichen Leben der Gläubigen beiseite zu lassen, besonders der Wahl gemäß dem evangelischen Ideal. Im Brief an die Epheser heißt es:

> Denn durch die Gnade seid ihr gerettet auf Grund des Glau-
> bens; und das nicht aus euch selbst, nein, Gottes Geschenk
> ist es; nicht aus Werken, damit keiner sich rühme. Sind wir
> doch sein Gebilde, geschaffen in Christus Jesus zu guten Wer-
> ken, die Gott im voraus bereitgestellt hat, damit wir darin
> wandeln. (Eph 2,8–10)

Und wenn das Gute, das wir tun, nur eine Auswirkung der
Gnade ist, was ist dann mit dem Bösen, dessen Ursprung
keineswegs in Gott sein soll, sondern im Gebrauch, den der
Mensch von seiner Freiheit macht?

Hiob, die Theodizee und die Sünde

„Was immer auch der Atheist von heute sagen mag oder
auch noch in Zukunft sagen wird, er wird zu spät kommen.
Hiob hat es bereits vor dreitausend Jahren gesagt." Die Formulierung von Pastor Roland de Pury in seiner kurzen, aber
tiefgründigen Vorstellung des Buches Hiob[49] erscheint mir
übertrieben und meiner Ansicht nach wurde die Logik Epikurs noch nie wirklich erschüttert:

> Entweder Gott will das Übel verhindern und kann es nicht,
> oder er kann es und will es nicht, oder er will es nicht und
> kann es nicht, oder er will es und er kann es. Wenn er es will
> und nicht kann, ist er machtlos. Wenn er kann und es nicht
> will, ist er pervers. Wenn er es nicht kann und nicht will, ist er
> machtlos und pervers. Wenn er es kann und es will, warum
> tut er es nicht?

Es sei denn, man gibt sich mit der Antwort vieler Pfarrer und
Pastoren auf die Fragen der Gläubigen zufrieden: „Das Problem des Bösen? Alte Frage! Nächste Frage?" Bezieht der Gläubige nicht jedes Mal Stellung, wenn er das Vaterunser betet?
„Erlöse uns von dem Bösen" hat keinen Sinn, wenn es nicht

---

49   R. de Pury: Job ou l'Homme révolté, 1956, 38.

den Glauben an die Fähigkeit Gottes voraussetzt, diese Erlösung auch zu gewähren. Trotzdem, es gibt in der Bibel kaum ein Buch, das so beeindruckend ist, wie das Buch Hiob. Allein schon durch seinen Aufbau und seine Einwände: jeder junge Rechtsanwalt müsste anhand der Reden Hiobs und seiner Freunde studieren, wie man ein Plädoyer oder eine Anklagerede aufbaut. Es ist gleichzeitig auch wahr, dass ich nach der Lektüre des gesamten Buches immer unzufrieden, wenn nicht verärgert war, und zwar wegen zwei Punkten, von denen der erste fast immer vernachlässigt wird, als ob er keine Bedeutung hätte.

Um seinen treuen Diener Hiob in Versuchung zu führen, erlaubt Gott, dass Satan seine Frau, seine Kinder und seine Knechte vernichtet. Wenn am Ende Gott „die Situation Hiobs wiederherstellt", überschüttet er ihn mit Segnungen. Hiob wird noch einmal Vater von sieben Söhnen und drei Töchtern, aber es sind andere Söhne und andere Töchter. Der Tod der Geopferten ist endgültig. Sie wurden geopfert, um Hiob zu versuchen. Wie oft haben im Lauf der Jahrhunderte, einschließlich des unseren, die Christen, vor allem Beichtväter und geistliche Führer, Familienkatastrophen gedeutet, indem sie nicht von den Verschwundenen ausgingen, sondern von den Prüfungen, die ihr Verschwinden demjenigen auferlegt, den sie zu trösten suchten?

Das am schwächsten von der Logik geprägte Argument ist dabei dasjenige, das Gott in seiner Schlussantwort Hiob und seinen Freunden gibt. Er behandelt dabei das Thema: „Wer bist du, dass du über mich in meiner Herrlichkeit und meiner Allmacht urteilst?" Trotz der wunderbaren Lyrik der letzten drei Kapitel, besonders in den Abschnitten, die von den Tieren der Erde handeln, stellt die Weigerung zu erklären noch keine Erklärung dar, genauso wenig wie die Weigerung zu rechtfertigen eine Rechtfertigung ist. Der Glaubende fühlt sich zu der gleichen Antwort veranlasst, die Hiob seiner Frau gab, als sie ihn aufforderte, Gott zu verfluchen und zu sterben: „Wie eine törichte Frau spricht, so redest auch du. Wenn wir das Gute von Gott annehmen, warum nicht auch das Böse?" (Hiob 1,10) Reicht es wirklich aus, die Theodizee, die Rechtfertigung der Güte Gottes mit der Widerlegung der aus der Existenz des Bösen abgeleiteten Argumente zu begründen?

Die Frage nach dem Gehorsam gegenüber Gott und der Unterwerfung unter Gott ist hier nur zweitrangig, selbst wenn es der Mühe wert ist, die sehr unterschiedlichen Antworten hierauf näher zu untersuchen. Zum Beispiel der Gehorsam Abrahams, der bereit war, seinen Sohn zu töten: wie viele positive Kommentare wurden über diese berühmte Bibelstelle verfasst, einschließlich der Auslegung, dass den Menschenopfern ein Ende gesetzt ist. Für mich dagegen vertritt Abraham bei dieser Gelegenheit den Fanatismus der Abdankung vor dem Befehl, der ihm im Namen einer Sache erteilt wird! Zum Beispiel auch die Selbstrechtfertigung der Unterwerfung unter den vermuteten Willen Gottes: weniger das „Gott will es" der marodierenden Kreuzfahrer als vielmehr die Haltung von Pastor Spener, dem Begründer des Pietismus Ende des 17. Jahrhunderts; bei jeder vorgeschlagenen Beförderung befragte er den Herrn – der ihn immer aufgefordert hatte, seine Bescheidenheit, seine christliche Demut zu überwinden!

Das wichtige ist, dass „Hiob versucht, die Gerechtigkeit Gottes gegenüber dem Leidenden zu verstehen". Das führt zu Aussagen wie der von Gustavo Gutierrez, einem der Initiatoren der „Befreiungstheologie" in seinem Buch *Job. Parler de Dieu à partir de la souffrance de l'innocent (Hiob – Mit Gott sprechen aufgrund der Leiden eines Unschuldigen)*[50]: „Eine Theologie, die nicht durch die in der Welt vorhandenen unverständlichen Leiden beunruhigt ist, wird fragwürdig."

An dieser Stelle muss ich betonen, dass ich mir Fragen über christliche Auffassungen stelle, ohne persönlich davon betroffen zu sein. Ich bin sogar weit von Albert Camus entfernt, der in *Die Pest* den Doktor Rieux sagen lässt: „Bis zu

---

50 G. Gutierrez: Job. Parler de Dieu à partir de la souffrance de l'innocent, 1987, 53.

meinem Tod weigere ich mich, diese Schöpfung zu lieben, in der Kinder gequält werden." Er selbst sagte auch in einem Vortrag vor Dominikanern: „Ich teile mit Ihnen den Abscheu vor dem Bösen. Aber ich teile nicht Ihre Hoffnung und ich werde weiter gegen ein Universum kämpfen, in dem Kinder leiden und sterben." Die Begriffe „Schöpfung" und „Kampf gegen das Universum" sind mir in der Tat fremd. Ich verstehe die schöpferische Revolte gegen alles, was Leiden verursacht, und gegen die, die andern Leiden zufügen, nicht aber die metaphysische Revolte gegen das Leiden.

Die christliche Antwort, die gegenwärtig vorherrscht – und auf die wir später noch zu sprechen kommen – führt das Leiden der Unschuldigen vorrangig auf die jedem Menschen zugestandene Freiheit zurück. Manchmal führt diese Auslegung den Missbrauch der Formulierung aus dem Buch Hiob ad absurdum: „Der Herr hat's gegeben, der Herr hat's genommen. Der Name des Herrn sei gepriesen!" Als 1998 durch die Unvorsichtigkeit und vor allem durch den Machtmissbrauch von Abbé Cottard, einem fundamentalistischen Priester, junge Menschen im Meer ertranken, verschanzte er sich hinter dieser Formulierung, die als edle Resignation gilt. Damals konnte ein Prediger diese Einstellung zu Recht als Blasphemie brandmarken: Gott die Verantwortung für einen bewusst begangenen tödlichen Fehler zuzuschieben, ist eine offenkundige Beleidigung des Herrn! Es gibt viele Leiden, viele Schrecken, für die die menschliche Verantwortung unübersehbar ist.

Aber hatte Voltaire nicht Recht, das Erdbeben von Lissabon zum Anlass zu nehmen, um die Theodizee in Frage zu stellen? Genügt es, sich auf die unzureichenden Sicherheitsmaßnahmen zu berufen, um – wenn man Christ ist – die 150 Toten beim Brand im Bazar de la Charité 1897 zu verstehen? Es sei denn, man sieht in diesem Schrecken eine Strafe Gottes für die Frivolität, ebenso wie die Niederlage von 1940 als Strafe für den Rückgang der Religion im laizistischen Frankreich dargestellt wurde.

Für Gutierrez reichte in seinem Kampf gegen die Mächtigen, durch die die strukturelle Gewalt in Lateinamerika gefestigt wurde, die menschliche Freiheit als Erklärung zu Recht nicht aus. Die Formulierung des Jesuitenpaters Jacques Sommet, der Dachau überlebt hat, finde ich ehrlich, wenn er schreibt, nachdem er die Massengräber erwähnt hat: „Der einzig mögliche Weg [. . .] ist eben die Beziehung zu Gott, zu einem unverständlichen Gott. Die Hingabe in das Unverständliche bleibt unumschränkt möglich."[51] Läuft diese Haltung, die so sehr nahe jener ist, die Gott von Hiob erwartete, nicht darauf hinaus, eine Wahl zwischen einem bösartigen Gott und einem machtlosen Gott abzulehnen? Gutierrez geht in die gleiche Richtung, wenn er schließlich die Verzweiflung der unterdrückten Bevölkerung mit der Verlassenheit Jesu am Kreuz vergleicht: „Mein Gott, mein Gott, warum hast du mich verlassen?"

Aber ein anderes der „Sieben Worte Jesu am Kreuze", von Schütz und Haydn in zwei ergreifenden Musikstücken vertont, heißt: „In deine Hände empfehle ich meine Seele." Eine Seele, deren Auferstehung die Grundlage des Glaubens ist. „Ich bin die Auferstehung und das Leben", lesen wir im Evangelium. Hiob seinerseits proklamiert: „Ich weiß, dass mein Erlöser lebt." Man kann eine Rührung nicht unterdrücken, wenn Charles Panzera unter der Leitung von Charles Munch in *La danse des morts (Der Totentanz)* von Claudel/Honegger diesen Text von Hiob singt. Ein Text, der auf die Auferstehung aller zurückgreift, um das menschliche Leiden eher zu überwinden als abzuschaffen.

Sind die Leiden menschlichen Fehlern zuzuschreiben, einschließlich und vielleicht in erster Linie den Fehlern der Leidenden? Wir werden sehen, wie sehr heute die Christen, die in der Krankenhausdiakonie dienen, eine solche Auslegung ablehnen. Aber wie viele Jahrhunderte hindurch, um den Titel eines umfangreichen Werkes von Jean Delumeau auf-

---

51 J. Sommet: L'Honneur de la liberté, Gespräche mit Charles Ehlinger, 1987, 126–127.

zugreifen, waren Sünde und Angst durch die Erweckung von Schuldgefühlen der Christen miteinander verbunden! Delumeau, selbst Christ, schreibt am Ende seiner Einleitung:

> Mein Buch soll nicht verstanden werden als eine Ablehnung der Schuld und der notwendigen Bildung eines Sündenbewusstseins. Es wird vielmehr, glaube ich, das Vorhandensein einer „Überschuld" in der westlichen Geschichte zum Vorschein bringen. Unter „Überschuld" verstehe ich jede Rede, die darauf abzielt, das Ausmaß der Sünde im Verhältnis zur Vergebung zu vergrößern. Dieses Missverhältnis – und nur dieses – liefert den Stoff für diese Untersuchung.[52]

Von außen gesehen kann man sich nach dem Begriff der Sünde selber fragen, selbst wenn wir nicht mehr in einer Zeit leben, in der der Schrecken der Sünde mit dem ständigen Grauen der Verdammnis einhergeht. Es wurde die Wahl getroffen zwischen der unendlichen Güte Gottes und seiner Gerechtigkeit für Lohn und Strafe, die Angst vor Gott wich einer einfachen Furcht vor Gott, Beweis für die Ehrerbietung und nicht für beklemmende Angst.

Nochmals, von außen gesehen, verstehe ich leicht die Frage „Warum ist das Böse im Geist des Menschen?", denn ich berufe mich auf Werte, die eine Bewertungsskala schaffen, die effektiv von einem „Gut" zu einem „Böse" absteigt. In *Krebsstation* erzählt Solschenizyn von einem Besuch im Zoo. An einem leeren Käfig mit dem Schild „Makak-Rhesus" war ein Holzbrett angenagelt mit der eilig handgeschriebenen Erklärung:

> „Der hier lebende Affe erblindete aufgrund der grausamen Gedankenlosigkeit eines Besuchers. Dieser böse Mensch bewarf den Affen mit Tabak und traf seine Augen." [...] Von diesem unbekannten, unbehelligt Entkommenen hieß es nicht, dass er inhuman, nicht, dass er ein Agent des amerika-

---

52 J. Delumeau: Le Péché et la Peur. La culpabilisation en Occident XIIIe–XVIIIe siècle, 1983, 10.

nischen Imperialismus gewesen sei. Da stand einfach: ein *bö-ser* Mensch. Und was erschütterte, war, dass er nur so einfach *böse* war. (2. Buch, Kapitel 14)

In der prächtigen Zeichentrickgeschichte *Kirikou et la sorcière (Kirikou und die Hexe)* lässt Michel Ocelot seinen kleinen Helden mehrfach die gleiche Frage stellen: „Warum ist sie böse?" Die Antwort ist klar, denn, im Gegensatz zu dem Tabakwerfer im Zoo wurde die Hexe böse durch ein Leiden, das ihr die Menschen zugefügt hatten. Sie ist von dem Bösen befreit worden: nicht durch Gott, nicht weil sie der Sünde oder Satan entsagt hat, sondern durch eine befreiende menschliche Tat.

Wirklich verständlich ist mir der Begriff der Sünde nur losgelöst von seiner religiösen Konnotation, zumal sie immer mit einer zum wenigsten obskuren Idee verbunden ist. Was ist denn mit der „Erbsünde", wenn die Geschichte von Adam und Eva als Mythos betrachtet wird? Und ich nehme ständig Anstoß an dem Gedanken einer ununterbrochenen Vererbung dieser Sünde. Ja, die Genetik existiert, ja, Rousseau hatte Unrecht zu glauben, der Mensch sei natürlich von Geburt an gut und werde nur von der Gesellschaft verdorben. Aber von da bis zur der Annahme, ein moralischer Fehler laste auf jedem seit seiner Geburt, ein Fehler, von dem man erst erlöst werden muss, ist es ein großer Schritt. Es gibt glücklicherweise Bibeltexte wie Jeremia 31,29–30, in dem es heißt:

> In jenen Tagen sagt man nicht mehr: Die Väter haben saure Trauben gegessen, und den Söhnen werden die Zähne stumpf. Nein, jeder stirbt nur für seine eigene Schuld; nur dem, der die sauren Trauben isst, werden die Zähne stumpf.

Die Idee der seit der Geburt vorhandenen Sünde ist so fest in der katholischen Kirche verankert, dass sie zur Verkündung des Dogmas von der Unbefleckten Empfängnis führte. Da die Kirche übrigens seit jeher einen heiligen Abscheu vor der „Sünde des Fleisches" an den Tag legte, glaubt die Mehrheit der Katholiken, dass „unbefleckt" sich auf die Jungfrauengeburt Jesu bezieht, anders gesagt, dass der Geschlechtsakt für die Befleckung verantwortlich ist, während das Dogma bedeutet, dass nur Maria ohne die Erbsünde empfangen wurde. Und Jesus? Ich gestehe, dass mich die in der Messe gebrauchte Formel: „Er hat wie wir als Mensch gelebt, in allem uns gleich, außer der Sünde" ratlos macht. Was bedeutet denn „als Mensch" frei von jeder Sünde, wo doch die Sünde eine Art Wesensbestandteil der menschlichen Natur sein soll?

In dem Roman *Der Narr in Christo Emanuel Quint*, den Gerhart Hauptmann schrieb kurz bevor er den Literaturnobelpreis erhielt, begeht der Held, ein armer schlesischer Tischlergeselle, der sich nach und nach für den auferstandenen oder wiedergeborenen Christus hielt, ein Verbrechen, weil er glaubt, der sündigen menschlichen Natur nicht entgehen zu können oder weil das Verständnis für die Menschen nur möglich sei, wenn man das Erleben der schwächsten und schuldigsten unter ihnen geteilt hat.[53]

Protestantismen

Kann man über den christlichen Glauben nachdenken, ohne die vielfältigen Formen des Christentums zu betrachten und ohne sich zu fragen, was denn die zahlreichen christlichen Kirchen und Gemeinschaften voneinander trennt, da sie sich doch alle auf Ihn berufen? Die römische Kirche hält Abstand zum Ökumenischen Rat der Kirchen und die Pfingstgemeinden und einige evangelikale Gemeinschaften bleiben ihm ebenfalls fern. Bei seiner Gründung 1948 zählte der ÖRK immerhin 147 Mitgliedskirchen, heute sind es 336. Er bezeichnet sich als „eine brüderliche Gemeinschaft der Kirchen, die sich zum Herrn Jesus Christus

---

53 Vgl. A. Grosser: Le Fou en Christ de Gerhart Hauptmann, in: Les Langues modernes, Januar 1952 (Zusammenfassung meiner Diplomarbeit in Germanistik).

als Erlösergott gemäß der Schrift bekennen und die sich bemühen, ihre gemeinsame Berufung für die Herrlichkeit des
einzigen Gottes, Vater, Sohn und Geist zu verkünden". Die
Leuenberger Konkordie vereint vor allem die aus der Reformation des 16. Jahrhunderts hervorgegangenen europäischen Kirchen und bemüht sich um Annäherung an die
anglikanische Gemeinschaft und die Baptisten. Sie will beweisen, dass der Protestantismus mit einer Stimme sprechen kann, um zu sagen, dass er pluralistisch, vielfältig und
doch einheitlich ist.

Zwei große Strömungen sind mir fremd. Die wenigen anglikanischen Gottesdienste, denen ich bisher beigewohnt
habe, hatten eine große Ähnlichkeit mit dem katholischen
Ritus. Und je nach meiner Tageslaune amüsiere oder ärgere
ich mich über ein Verhalten Roms aus jüngster Zeit. Die immer noch strenge Ablehnung von Priesterehen hat es nicht
ausgeschlossen, verheiratete anglikanische Priester, die ihre
Kirche wegen der Zulassung von Frauen zum Priesteramt verlassen haben, als katholische Priester aufzunehmen!

Von der Orthodoxie kenne ich kaum mehr als den aggressiven nationalistischen Starrsinn der autokephalen Kirchen,
etwa Zyperns oder, im Gegensatz dazu, die große Humanität
des alten Archimandriten von Temesvar in Rumänien, der
seine schuldhafte Verbindung mit dem Terrorregime bekennt
und sich für orthodoxe Toleranz gegenüber der katholischen
Minderheit einsetzt. Sicher, es gibt die Pracht der Ikonen und
der volltönenden Bass-Stimmen, die Schönheit der byzanti-
nischen Kunst, die – zumindest scheinbare – ritualisierte Tro-
ckenheit der Zeremonien, das autoritäre Gehabe der Popen,
die Weigerung, die Vergangenheit in Frage zu stellen. Manchmal auch, wie beispielsweise in der Kirche Saint-Julien-le-Pau-
vre in Paris, die subtile Art und Weise der Trennung von Orthodoxen, Ostchristen und römischen Katholiken.

Wohler fühle ich mich bei den Kirchen der Reformation.
Ich hatte eine Dissertation über Pastor Philipp Jakob Spener
(1635–1705) vorbereitet, den Begründer des lutherischen
Pietismus. Über ihn schreibt die monumentale *Encyclopédie*

du protestantisme (Enzyklopädie des Protestantismus)[54]: „Man kann die Bedeutung Speners für das Christentum unserer Zeit nicht hoch genug einschätzen" und widmet ihm dabei eine Spalte, die Hälfte des Platzes, der Ernest Renan, immerhin einem Katholiken, zugestanden wird. Sein Nachfolger August-Hermann Francke (1663–1727) wird noch schlechter behandelt, obwohl auch heute noch die Ausstrahlung seiner in Halle gegründeten Stiftungen beträchtlich bleibt. Der Pastor, der Prediger, der Pädagoge, der sich vornehmlich um die Benachteiligten kümmert, der neugierig ist auf andere Religionen und andere Zivilisationen, der, von der neuen Technik begeistert, eine Druckerei betreibt, um die Bibel in der ganzen Welt und in verschiedenen Sprachen zu verbreiten, bleibt für mich ein besonders kreatives Element des europäischen Protestantismus.

Gegenwärtig habe ich größere Schwierigkeiten, mich in den Strukturen und Praktiken zurecht zu finden. Die protestantische Föderation Frankreichs umfasst 16 Kirchen oder Kirchenvereinigungen. Die Evangelische Kirche in Deutschland, EKD, geht weit über einen einfachen Zusammenschluss der regionalen Kirchen einerseits und der lutherischen, reformierten und unierten Kirchen andererseits hinaus. Ihre zentralen Organe haben wirkliche Funktionen in der globalen Vertretung und in sektoriellen Aktionen.

Es scheint mir auch schwierig, eine klare Abgrenzung zu ziehen zwischen dem, was man als Kirche wertet und dem, was man als Sekte abwertet. In Frankreich dreht sich die Debatte zentral um den Begriff der „geistigen Manipulation". Ich kenne kaum einen obskureren. In der Erklärung über die Religionsfreiheit *Dignitatis humanae* vom 7. Dezember 1965 verkündete das II. Vatikanische Konzil:

Man muß sich jedoch bei der Verbreitung des religiösen Glaubens und bei der Einführung von Gebräuchen allzeit jeder Art der Betätigung enthalten, die den Anschein erweckt,

---

54 P. Gisel (Hg.): Encyclopédie du protestantisme, 1995.

als handle es sich um Zwang oder um unehrenhafte oder ungehörige Überredung, besonders wenn es weniger Gebildete oder Arme betrifft. Eine solche Handlungsweise muß als Missbrauch des eigenen Rechtes und als Verletzung des Rechtes anderer betrachtet werden. (Kap. I,4)

Verurteilt es damit nicht den jahrhundertealten Brauch aller Kirchen, den Geist zu manipulieren? Ich gebe gern zu, dass die Scientology-Kirche, in den USA und Schweden noch als religiöse Gemeinschaft anerkannt, einfach darauf aus ist, den Geist zu vereinnahmen und einen finanziellen Nutzen aus der Ergebenheit, aus dem Verzicht zu ziehen. Aber der Glaube, der so viele Katholiken dazu trieb, einen „Ablass" zu bezahlen, um sich Tage, Jahre oder Jahrhunderte im Fegfeuer zu ersparen, war der wirklich anderer Natur? Die Scientology hat natürlich nicht die Künste erblühen lassen wie die Päpste der Renaissance, aber haben diese nicht auch ihr Vermögen eher auf der Gutgläubigkeit als auf dem Glauben aufgebaut?

Soll man einen Baum nach seinen Früchten beurteilen und diejenigen als gute Früchte bezeichnen, die mit der Moral von heute übereinstimmen – Toleranz, Achtung vor dem Mitmenschen, das Offensein für ihn, kurz, die Tugenden, die Paulus im Galaterbrief, Kapitel 5, aufzählt? Aber erwähnt nicht einer der kompetentesten Calvin-Biografen in seinem kürzlich erschienenen Buch mehrfach den „positiven Hass", den der Reformator gefordert und auch praktiziert hat, einen Hass, der lediglich ein pädagogisches Instrument der Liebe sei?[55] Vielleicht beschreibt aber auch gerade die Fähigkeit zum Hass noch am besten den sektiererischen Charakter der Ultras im französischen Katholizismus, ob sie nun aus der Kirche ausgeschlossen wurden, oder aufgrund ihnen zugestandener Konzessionen in der Kirche bleiben duften.

Die Hussiten wurden in fünf Kreuzzügen bekämpft, nachdem Jan Hus 1415 verbrannt wurde. Aus der hussitischen Bewegung, die ich nicht als Sekte bezeichnen kann, sind die

---

55 Vgl. D. Crouzet: Jean Calvin, 2000.

Herrenhuter Brüder hervorgegangen. Sie nennen sich heute Kirche. Ihre Hauptaufgabe besteht in der mehrsprachigen Verbreitung von *Worte und Text,* einer Sammlung von Bibelversen, deren erste Ausgabe 1731 erschien. Ist das eine sektiererische Tätigkeit? Und die Mormonen, Kirche oder Sekte? Und die Pfingstbewegung? Fast das gesamte Lateinamerika unterliegt heute den vernetzten Machenschaften der verschiedensten Sekten mit den unterschiedlichsten Zielsetzungen, von der Verbreitung eines ehrlichen Christentums bis zur oft von den Vereinigten Staaten kontrollierten Aneignung der wirtschaftlichen und politischen Macht.[56]

Wie soll man die Quäker einstufen? Fénelon und Madame Guyon haben sie geschätzt, die Philosophen des 18. Jahrhunderts haben sie bewundert. Sind sie nicht den etablierten Kirchen auf dem Weg der Toleranz, des Kampfes gegen die Sklaverei und der für alle zugänglichen Bildung vorausgegangen? Persönlich war ich sehr von ihrem friedensstiftenden Tun beeindruckt, als ich zweimal Seminare für Diplomaten aus West, Ost und Süd mit leiten durfte. Die veranstaltenden Quäker haben nicht versucht, zu werben oder zu überzeugen. Die einzige geistige Übung bestand in einer stillen Meditation am Morgen – manchmal gestört oder belebt, wenn ein Teilnehmer vom Geist ergriffen „in Zungen redete".

Die Toleranz, die Achtung vor der Freiheit der anderen, der vertrauende Glaube, sind das wirklich Kennzeichen des Protestantismus im Allgemeinen? Ich habe nie richtig verstanden, wie sich die so positiv lebenden Reformierten, die ich kenne, auf Johannes Calvin berufen können. Zweifellos habe ich ihn nicht genügend gelesen und studiert, aber für mich ist er eine Art Genfer Gegenstück zum Florentiner Savonarola, der ein halbes Jahrhundert vor ihm gelebt hat. Der Anspruch, allein Recht zu haben, die schikanierende und unterdrückende Überwachung des Glaubens und der Sitten, die Verfolgung

---

56 Vgl. A. Colonomos: Églises et réseaux, 2000.

der Abweichler – darin erkenne ich nicht den schöpferischen
Calvinismus des 19. und 20. Jahrhunderts. Die erstarrten und
repressiven Formen, die das Luthertum mit seinen verkniffe-
nen, griesgrämigen Gemeinden annehmen kann, glaubte ich
in meiner Jugend wahrzunehmen, als ich begeistert die Stü-
cke von Hendrik Ibsen las. Der Held des *Brand* ging sogar soweit, sein eigenes Kind seiner starren Überzeugung zu opfern.
Und die lutherischen Milieus, die der skandinavische Film
beschreibt, von Dreyers *Odet* bis hin zu Gabriel Axels *Babettes
Fest*, erschienen mir nicht sehr anziehend.

Luther selbst, ja. Weniger seine Texte, obwohl sie reich
sind und das Luthertum[57] begründet und belebt haben. Vielmehr die Persönlichkeit eines ehrlichen Mannes voller Widersprüche, kämpferisch und innerlich gesammelt. Sicher,
er hat zur grausamen Niederschlagung des Bauernaufstandes
aufgerufen, er hat allzu sehr die Macht der Fürsten zugelassen, aber welche schönen Momente in seinen Wandlungen
und welche Beständigkeit in seinen Inspirationen! Und
wenn ich Anstoß nehme, mich entrüste über den virulenten
Antisemitismus in seinen Schriften von 1543, dann will ich
mich auch an die zwanzig Jahre vorher erschienene Schrift
Dass Jesus-Christus ein geborner Jude sei erinnern, ein Text von
einer Klarheit, die man vier Jahrhunderte später weder bei
Pius XI. noch bei Johannes Paul II. wieder findet:

> Wenn die Apostel, die auch Juden waren, also hetten mit uns
> heyden gehandelt, wie wyr heyden mit den Juden, es were
> nie keyn Christen unter den heyden worden. [. . .] Und wenn
> wyr gleych hoch uns rhumen, so sind wyr dennoch heyden
> und die Juden von dem geblutt Christi, wyr sind schweger
> und frembdling, sie sind blut freund, vettern und bruder un-
> seres hern. [. . .] Aber nu wyr sie nur mit gewallt treyben und
> gehen mit lugen teydingen umb, geben yhn schuld, sie mus-
> sen Christen blutt haben, das sie nicht stincken, und weys

---

57   Vgl. A. Birmelet/M. Lienhard: La Foi des Églises luthériennes. Con-
     fessions et catéchismes, 1991.

nicht wes des narren wercks mehr ist, das man sie gleich fur hunde hellt, Was sollten wir guttis an yhn schaffen? Item das man yhn verbeutt, untter uns tzu erbeytten, hantieren und andere menschliche gemeynschafft tzu haben, da mit man sie tzu wuchern treybt, wie sollt sie das bessern? Will man yhn helffen, so mus man nicht des Bapsts, sonder Christlicher liebe gesetz an yhn uben.[58]

Dennoch sind es weder Luther noch Calvin, die für mich den Protestantismus verkörpern, sondern die vielen Männer und Frauen, deren menschlichen und geistigen Wert ich erfahren habe. Der Unterschied ist groß zwischen dem zahlenmäßig starken deutschen Protestantismus und dem französischen Protestantismus, der sich in einer Minderheit befindet. Die derzeitige Minderheit, mal erstarrt, mal lebhaft, scheint mir in dem begeisterten Buch von Jeanne-Hélène Kalbach *Être protestant en France aujourd'hui* (*Protestant sein im heutigen Frankreich*)[59] sehr gut dargestellt zu sein, bis hin zu von den Konfirmanden völlig falsch und sinnentstellend verstandenen Textstellen.

Die Autorin ist eine Frau wie France Quéré, Moraltheologin und eine der Personen, die ich sehr bewunderte. Nicht nur wegen ihrer Bücher und ihrer Vorträge. Sie war in einigen humanitären Vereinen tätig, darunter ihre Tätigkeit als Vorsitzende der Vereinigung „Ihre Schule daheim", eine Vereinigung, in der jedes Jahr viele Mitglieder sterben. Es sind Kinder und Jugendliche, die wegen ihrer schweren Krankheiten keine Schule besuchen können. Dass Religionen und Humanismus auf einander zugehen können, konnten alle erleben, die 1995 in der überfüllten Kirche von Saint-Etienne-du-Mont den Beisetzungsfeierlichkeiten für France Quéré beiwohnten.

Das wesentliche Merkmal, das die protestantischen Kirchen von heute von der katholischen Kirche unterscheidet, ist

---

58 D. Martin Luthers Werke, 1900, Band 11, 315–336.
59 J.-H. Kalbach: Etre protestant en France aujourd'hui, 1997.

eben der Platz, der endlich den Frauen zugestanden wird. Ich weiß sehr wohl, daß der Priester ein Amt ausübt, das ganz anderer Natur ist als die Funktionen des Pastors. Jahre hindurch habe ich versucht, den Unterschied aufgrund eines Romans und eines Films zu erklären. In *Die Macht und die Herrlichkeit* zeigt Graham Greene, wie sein Held, ein abtrünniger Priester, trotzdem *sacerdos in aeternum* bleibt. In *Dieu a besoin des hommes (Gott braucht die Menschen)* nach dem Roman von Henri Quéfellec, kann *Le Recteur de l'île de Sein (Der Rektor der Insel Sein)*, der Held, trotz seines Glaubens und seines Willens niemals Priester werden, weil er das Sakrament nicht empfangen hat. Aber es ist sehr erfreulich zu sehen, welche Bereicherung für den deutschen Protestantismus die Frauen als Bischöfinnen (oder die Bischöfinnen als Frauen) sind! Die Pastorin Margot Kässmann, bis dahin Generalsekretärin des *Evangelischen Kirchentages,* wurde 1999 Bischöfin der Evangelisch-Lutherischen Landeskirche Hannovers, die mehr als drei Millionen Mitglieder zählt. Im Alter von 41 Jahren von der Synode gewählt, überlässt sie häufig die Pflege ihrer vier Kinder ihrem Ehemann, ebenfalls Theologe, der bereit ist, die Rolle des „Hausmanns" zu spielen, damit seine Frau ihren verantwortungsschweren Verpflichtungen nachkommen kann.

In Frankreich bot die Zeitschrift *Réforme* von Mai bis August 2000 ihren – leider nicht sehr zahlreichen – Lesern vier Portrait-Interviews mit Pastorinnen. Hier beispielsweise Yousra Querradia, Seelsorgerin am Flughafen Orly: „Ich will die reformierte Kirche nicht idealisieren, aber ich weiß, dass ich in ihr meinen Glauben leben kann, sowohl als Frau als auch als Maghrebinin. Sie gibt mir die Freiheit und die Toleranz, die ich immer gesucht habe ..." Oder Agnes von Kirchbach, die sich für den Zölibat entschieden hat. In der Gemeinde Asnières bei Paris sagt sie:

Ja, ich bin eine glückliche Pastorin am Sonntag beim Gottesdienst, wenn die Tätigkeiten der vier Gruppen (Pfarrei, Zentrum 72, soziale Dienste, Jugendheim) zusammenfließen, wenn wir Brot und Wein teilen, erfüllt von unseren Sorgen, bereichert von unseren Freuden, und das alles zu Ehren dieses Gottes, der sich diskret im Dienst, in der Liebe und im Teilen offenbart.

Natürlich haben es Frauen mit einem solchen Amt nicht immer leicht, und wie viele Pastoren beklagen sich ihrerseits über die Kargheit ihres Lebens! Aber die katholische Kirche müsste sich fragen, warum sie an einem so stark betonten Ausschlussprinzip festhält.

Hat für die protestantischen Pastoren der Unterschied, der Gegensatz zwischen Lutheranern und Reformierten überhaupt noch einen tieferen Sinn? Selbst im Elsass sind die gegenseitigen Verbote im Schwinden begriffen. Als 1997 der Pastor Jean Tartier aus dem Raum Montbéliard – für kurze Zeit – der erste lutherische Präsident der protestantischen Föderation Frankreichs wurde, erklärte er: „Ich fühle mich nicht einer lutherischen Orthodoxie im engen Sinn zugehörig. Die Kirche von Montbéliard hat mehr Ähnlichkeit mit den Reformierten." Gleichen die Vermischungen innerhalb der Pfarreien als Folge der zeitgemäßen Mobilität die alten und neuen Unterschiede aus? Ein lutherischer Gottesdienst in der Pariser Kirche von Billettes hat mehr Ähnlichkeit mit einer katholischen Messe als mit einem reformierten Gottesdienst im Oratoire. Die Lutheraner haben allein einen theologischen Text mit Rom unterzeichnet. Müssen deshalb die Sonntagsgläubigen aufgrund konfessioneller Unterschiede definiert werden? In Deutschland ist die Zugehörigkeit zu einer Kirche weitgehend die Regel und zieht die nach dem Einkommen gestaffelte Zahlung einer Kirchensteuer nach sich. Die protestantische Glaubensüberzeugung wird immer undeutlicher. Das jedenfalls ergeben die regelmäßig durchgeführten EKD-Erhebungen.[60] Wenn man wirklich den Baum an seinen Früchten erkennen soll, dann müssen wir die zeitlichen Bindungen prüfen,

---

60 Vgl. Fremde, Heimat, Kirche. Die dritte EKD-Erhebung über Kirchenmitgliedschaft, 1997.

in denen die Protestanten aufgrund ihres Glaubens leben.
Wir werden diese im Zusammenhang mit denen der katholischen Christen behandeln.

Zum Ende des römischen Jubeljahres ist die Bilanz der inter-
konfessionellen Beziehungen unterschiedlich. Die ererbten
Vorurteile sind zerbröckelt, ohne jedoch gänzlich zu verschwinden. Wie viele Leserbriefe in der Zeitschrift *Réforme*
zeugen von einem tief verwurzelten Antikatholizismus! Auf
katholischer Seite steht man nicht mehr auf der Stufe der
berühmten kleinen Geschichte, die ein Scherz sein soll: Der
Sohn verkündet seinen Eltern, dass er heiraten will. Sie sind
empört. „Wir werden in der Kirche heiraten." – „Aber du hast
uns gesagt, dass sie Protestantin ist." – „Ihr habe mich falsch
verstanden. Ich sagte, sie sei Prostituierte." – „Ach so, dann
ist es ja gut." Man findet am Eingang des Kölner Doms nicht
mehr die kleine Broschüre, die vor Mischehen warnte. In
den sechziger Jahren lag sie noch da. Darin war zu erfahren,
dass man nicht von wirklichen Gebeten umgeben sei, wenn
man in seiner Schwiegerfamilie sterbe! Die römische Kirche
versäumt es heute leider, die Gläubigen beider Konfessionen
auf die schöne Formulierung im großen *Katechismus der katholischen Kirche* von 1992 aufmerksam zu machen: die Pas-
toral der Mischehe soll bei den künftigen Gatten „die Entfaltung der Gemeinsamkeiten im Glauben fördern und das
Trennende respektieren."

Die globale Idee, die Rom von den protestantischen Kirchen hat, ist im Wandel begriffen. Das Heilige Offizium veröffentlichte 1949 eine *Instruktion über die ökumenische Bewegung*. Diese ging eher in Richtung auf eine „Rückkehr" der
„Dissidenten" zur „einzigen Kirche Christi" und bat, von dem
Irrtum abzurücken, wonach „die katholische Kirche durch
die anderen Kirchen vollkommener werden könne." Im März
2000 veröffentlichte die Jesuiten-Zeitschrift *Etudes* den Artikel
Die lutherisch-katholische Erklärung über die Rechtfertigungslehre
eines Theologieprofessors der Universität Straßburg. Darin
heißt es:

Die Unterzeichnung dieser Erklärung setzt voraus, dass die katholische Kirche die Kirche des Augsburgischen Bekenntnisses in ihrer Ganzheit anerkennt. Anders gesagt, wenn die Katholiken behaupten, außerhalb der Kirche gebe es kein Heil, meinen sie nicht mehr ausschließlich die katholische Kirche.

Sechs Monate später erscheint *Dominus Jesus*. Gewiss, der Protestantismus wird dort nicht mit dem gleichen Imperialismus behandelt wie die nicht-christlichen Religionen, deren „heilige Bücher [...] vom Mysterium Christi ihre Elemente der Güte und der Gnade erhalten"! Aber: „Die kirchlichen Gemeinschaften hingegen, die den gültigen Episkopat und die ursprüngliche und vollständige Wirklichkeit des eucharistischen Mysteriums nicht bewahrt haben, sind nicht Kirchen im eigentlichen Sinn; die in diesen Gemeinschaften Getauften sind aber durch die Taufe Christus eingegliedert und stehen deshalb in einer gewissen, wenn auch nicht vollkommenen Gemeinschaft mit der Kirche." (IV 17,61–62)

Im Jubeljahr blühte auch der Begriff des Ablasses wieder auf, in Pilgerhandbüchern und in großen Ankündigungen vor allem am Eingang römischer Basiliken. Die Sprache ist jedoch nicht mehr ganz die gleiche, die den heiligen Zorn Martin Luthers hervorgerufen hatte. Aber man kann nicht sagen, dass das Versprechen, einen Ablass (im Singular) durch eine Beichte, die Teilnahme an der Eucharistie und das Hindurchgehen durch die geheiligte Türe einer dieser Basiliken zu erwerben, wirklich mit dem Gedanken, das Heil sei einzig durch die Gnade zu erlangen, in Einklang steht. Der Artikel 1471 des *Katechismus der Katholischen Kirche* ist nicht gerade von einer ins Auge springenden Klarheit:

Der Ablass ist Erlass einer zeitlichen Strafe vor Gott für Sünden, die hinsichtlich der Schuld schon getilgt sind. Ihn erlangt der Christgläubige, der recht bereitet ist, unter genau bestimmten Bedingungen durch die Hilfe der Kirche, die als Dienerin der Erlösung den Schatz der Genugtuungen Christi und der Heiligen autoritativ austeilt und anwendet.

Und dennoch, es ist eben dieser Durchgang durch die *Porta sancta* von Sankt-Paul-vor-den-Mauern, den der Präsident des Lutherischen Weltbundes im Januar 2000 pries. Christian Krause, Bischof von Braunschweig, rechtfertigte seine Teilnahme an der gemeinsamen Feierlichkeit, zu der Johannes Paul II. die Vertreter von 21 Kirchen und kirchlichen Gemeinschaften einlud. Gemeinsam mit dem lutherischen Präsidenten, dem Oberhaupt der anglikanischen Kirche und der Vorsitzenden des methodistischen Weltbundes berief er sich auf die breiteste Auslegung von Jesu Worten nach Johannes: „Ich bin die Tür [...] Wer durch die Tür eingeht, ist der Hirt der Schafe."[61] Die Teilnehmer an dieser Zeremonie waren wohl alle Hirten der christlichen Herde.

Die gemeinsamen Texte hatten sich übrigens 1999 vervielfacht. Nicht nur mit der römischen Kirche. Mit der Erklärung von Reuilly vollzogen am 17. November britische Anglikaner einerseits und französische Lutheraner und Reformierte andererseits die volle gegenseitige Anerkennung ihrer Kirchen „als zur einigen, heiligen, katholischen und apostolischen Kirche Jesu Christi zugehörig und wirklich teilnehmend an der apostolischen Mission des gesamten Gottesvolkes". Aber Lutheraner und Reformierte bleiben dennoch getrennt durch die Bedeutung, die dem Abendmahl beigemessen wird, und nur die Lutheraner allein haben am 29. Oktober 1999 in Augsburg feierlich den gemeinsamen Text mit der katholischen Kirche über die Rechtfertigung durch den Glauben und die Rolle der Gnade unterzeichnet. Trotz lebhafter Proteste von zahlreichen deutschen lutherischen Theologen kommt dem Text eine große symbolische Bedeutung für die Einheit der Christen zu, und sei es nur wegen der Wahl von Ort und Zeit. Am 31. Oktober 1517 hatte Luther seine 95 Thesen in Wittenberg angeschlagen. Das Augsburgische Bekenntnis von 1530 ist der grundlegende Bezugstext der Kirchen der Reformation und des Augsburger Religionsfriedens 1555 geblieben und

---

61 Frankfurter Allgemeine Zeitung, 19. Januar 2000.

hat der schrecklichen Zeit der Religionskriege ein Ende gesetzt.

Die gemeinsame Erklärung ist kompliziert und wird unterschiedlich interpretiert.[62] Aber in ihrem Geist liegt sie auf der Linie eines Ereignisses, das zwei Jahrzehnte zuvor stattgefunden hat. Am 17. November 1980 hat Papst Johannes Paul II. bei seinem ersten Deutschlandbesuch die Vertreter des Rates der EKD empfangen und in einer langen Ansprache vor allem gesagt:

> Ich erinnere mich in dieser Stunde daran, dass Martin Luther 1510/11 als Pilger, aber auch als Suchender und Fragender zu den Gräbern der Apostelfürsten in Rom kam. Heute komme ich zu Ihnen, zu den geistlichen Erben Martin Luthers; ich komme als Pilger [...] Es gibt kein christliches Leben ohne Buße [...] Wir wollen uns nicht gegenseitig richten. (Röm 14,3) Wir wollen aber einander unsere Schuld eingestehen. Auch hinsichtlich der Gnade der Einheit gilt: „Alle haben gesündigt." (Röm 3,23)[63]

Gegenseitige Achtung und Zusammenarbeit vor Ort sind das tägliche Brot der Beziehungen zwischen Protestanten und Katholiken geworden. Was mag wohl Kardinal Ratzinger gesagt haben, als er am 2. Oktober 2000 im Fernsehen die religiöse Feier in der größten Kirche Dresdens aus Anlass des zehnten Jahrestages der Wiedervereinigung gesehen hat? Der katholische Bischof und der protestantische Bischof haben gemeinsam und gleichberechtigt in ökumenischer Brüderlichkeit diesen Gottesdienst geleitet! Mir scheint, für die in ihrem Glauben am meisten engagierten Christen gilt das Wort eines katholischen Krankenhausgeistlichen über seine tägliche Zusammenarbeit mit seinem protestantischen Amtskollegen: „Wir sind da, um die eine Liebe zu bezeugen.

---

62 Vgl. D. Roure: Un accord historique, in: Croire aujourd'hui, 15. Januar 2000.

63 Sekretariat der Deutschen Bischofskonferenz (Hg.): Papst Johannes Paul II. in Deutschland, 1980.

Der Rest ist Sache der Theologen und der Wunden aus der
Geschichte."

Die katholische Kirche, ihre Theologen,
ihre Sakramente, ihre Priester
und ihr Papst

Soll man die katholischen Theologen bedauern? Im Gegensatz zu den Protestanten unterliegen sie Instanzen, die die
Wahrheit haben und verkünden, und die über eine große
Sanktionsmacht verfügen. Die protestantischen Kirchen haben auch das Recht, die Lehrbefugnis zu entziehen, und zwar
von der Fakultät bis hin zur Grundschule, wo das Prinzip der
Laizität noch nicht den Vorrang hat. Aber die Interventionen Roms haben eine andere Tragweite, ein anderes Ausmaß, ohne jedoch unbedingt in ihren Auswirkungen nach-
haltiger zu sein. Hans Küng konnte nach seinem Ausschluss
aus der theologischen Fakultät Tübingen weiterhin lehren,
weil die philosophische Fakultät derselben Universität einen
Lehrstuhl eigens für ihn geschaffen hatte. Es bestand auch
noch keine Aussicht auf eine Rückkehr in Gnade, als er 1993
emeritiert wurde. Auch 2000 war sein Ausschluss noch nicht
wieder rückgängig gemacht. Dagegen hatten drei große französische Teilnehmer am Vatikanum II, nämlich die Dominikaner Marie-Dominique Chenu und Yves Congar und der
Jesuit Henri de Lubac vorher, in den fünfziger Jahren, erfahren, was es heißt, in Ungnade zu fallen. Wenngleich damit
auch intellektuell und religiös schwer zu leben war, so war
diese Ungnade doch im täglichen Leben eher zu ertragen als
das Verbot, mit dem die Arbeiterpriester belegt wurden. Georges Gilson, der damals mit der Arbeitermission beauftragte
Koadjutor des Erzbischofs von Paris und jetzt Erzbischof von
Sens, berichtet von einem Abend im Dezember 1965 als Paul
VI. die Wiederaufnahme des Experiments Arbeiterpriester er-
laubte: „Ich wurde Zeuge einer außergewöhnlichen Freude
der Priester, die in der Heimlichkeit und der Demut durch

die Nacht gegangen waren, ohne je die Hoffnung zu verlieren."[64]

In der Enzyklika *Fides et ratio* empfiehlt Johannes Paul II. den Theologen, Philosophie zu studieren, aber die Philosophen beeilen sich kaum, die Trennung zu überwinden, die die Modernität nach Ansicht des Papstes zwischen den beiden Disziplinen bewirkt habe. Von außen betrachtet, erscheint mir, die Theologie müsse für die Glaubenden grundlegendere Fragen stellen, in dem Maße nämlich, wie „der Glaube eine Forderung ist, die die gesamte Existenz beansprucht". Das scheint auch die Theological Society of America (die Theologische Gesellschaft Amerikas) mit ihren 1.400 Mitgliedern zu denken. In Italien und in Lateinamerika haben im Sommer 2000 die Theologen bei ihrem Treffen Themen behandelt wie „Inkulturation und Katholizität", „Erfahrung und Theologie", „Theologie und Geschichte" oder auch „Bewertung der dreißig Jahre Befreiungstheologie".[65] Natürlich sind die Persönlichkeit und die Empfindsamkeit, die der Theologe in seine persönliche Arbeit einbringt, Bestandteil einer kollektiven Bemühung. Wenn aber „eine wirkliche theologische Arbeit in einer realen intellektuellen Freiheit geleistet werden kann [...] ist das theologische Handeln dennoch nicht willkürlich. Es gibt ein Lastenheft und es gibt Verpflichtungen".[66] Daraus resultieren eine unvermeidliche Tendenz zur Selbstzensur und ein Konflikt mit der Zensur von außen, die entweder in Ergebenheit oder in einem revoltierenden *non possumus* erlebt werden, sobald die intellektuelle Reflexion und/oder die spirituelle Erfahrung des Theologen zu sehr in Frage gestellt werden.

Johannes Paul II. ging noch weiter als seine Vorgänger in der Behauptung, dass der Papst der letztinstanzliche Verwalter der Wahrheit sei. Die Enzyklika *Veritatis splendor* vom Au-

---

64 G. Gilson: Les Prêtres. La vie au quotidien, 1990, 37.
65 Vgl. B. Chenu: Le rôle des associations de théologiens, in: La Croix, 4. Oktober 2000.
66 Katholische Universität Lyon, Theologische Fakultät: Guide pratique de réflexion théologique, 1993, 128f.

gust 1993 ist für mich ein seltsames Dokument. Das lange
erste Kapitel besteht aus einer tiefgreifenden Analyse der
„Moralfrage", die Jesus im Matthäusevangelium von dem
reichen jungen Mann gestellt wird: „Meister, was muss ich
Gutes tun?" Dann bestätigt der Papst, gestützt auf fragliche
historische Aussagen („Die Kirche hat stets die Worte beachtet, die Jesus an sie gerichtet hat."), dass „[das Lehramt] verpflichtet [ist], die Unvereinbarkeit gewisser Richtungen des
theologischen Denkens oder mancher philosophischer Aussagen mit der geoffenbarten Wahrheit kundzutun". (II,
29,49) Er wendet diese Aussage hauptsächlich auf die Moral-
lehre der Kirche an, denn sie „schlägt auch heute noch die
Antwort des Meisters vor: Diese besitzt ein Licht und eine
Kraft, die fähig sind, auch die umstrittensten und kompli-
ziertesten Fragen zu lösen". (II, 30,51) Für ihn hat die Theologie die Funktion der Rechtfertigung und Verkündigung der
Wahrheit, die das Lehramt besitzt und umschreibt:

> Die Moraltheologen sind aufgerufen, unbeschadet der mög-
> lichen Grenzen menschlicher, vom Lehramt vorgelegter Be-
> weisführungen die Argumentation seiner Verlautbarungen zu
> vertiefen, die Berechtigung seiner Vorschriften und ihren ver-
> pflichtenden Charakter zu erläutern, indem sie deren gegen-
> seitigen Zusammenhang und ihre Beziehung zum Endziel
> des Menschen aufzeigen. Den Moraltheologen fällt die Auf-
> gabe zu, die Lehre der Kirche darzulegen und bei der Aus-
> übung ihres Amtes das Beispiel einer loyalen, inneren und
> äußeren Zustimmung zur Lehre des Lehramtes sowohl auf
> dem Gebiet des Dogmas wie auf dem der Moral zu geben.
> (III, 110, 174–175)

Die Kirche und das Lehramt, das ist der Papst und zwar heute
vielleicht mehr noch als bei der Verkündung der päpstlichen
Unfehlbarkeit durch das I. Vatikanische Konzil. *(Die Lehre über die Unfehlbarkeit der Kirche. Kapitel 1,4)* im Jahre 1870:

> Wenn der Römische Bischof *ex cathedra* spricht, das heißt,
> wenn er in Ausübung seines Amtes als Hirte und Lehrer aller

Christen kraft seiner höchsten Apostolischen Autorität entscheidet, daß eine Glaubens- oder Sittenlehre von der gesamten Kirche festzuhalten ist, dann besitzt er mittels des ihm im seligen Petrus verheißenen göttlichen Beistands jene Unfehlbarkeit, mit der der göttliche Erlöser seine Kirche bei der Definition der Glaubens- oder Sittenlehre ausgestattet sehen wollte; und daher sind solche Definitionen des Römischen Bischofs aus sich, nicht aber aufgrund der Zustimmung der Kirche unabänderlich.

Neben und manchmal auch über der rationalisierten Darstellung der Wahrheit geizt die katholische Kirche nicht mit feierlichen und massiven Demonstrationen eines kollektiven Glaubens. Und mit einem Ritual, das den tieferen Sinn eines wesentlichen christlichen Elementes, nämlich der Sakramente, einhüllt und manchmal auch versteckt.

Man darf für sich das Recht in Anspruch nehmen, keine Massenkundgebungen zu mögen und die Ritualisierung abzulehnen. Aber den jungen und weniger jungen Anhängern von „Demos", den ehemaligen Teilnehmern an den großen kommunistischen Liturgien, auch allen Freimaurern, deren Ritual erfunden wurde als Ersatz für das Ritual der Kirche, spreche ich dieses Recht ab. Und die schlimmsten Antiklerikalen unter den Kritikern der Massen, die Johannes Paul II. um sich versammelt, müssen zugeben, dass diese Männer und Frauen, jung und alt, freiwillig gekommen sind, während in Moskau und Peking – und natürlich auch in Nürnberg – sich die Teilnehmer nicht der Disziplin und der befohlenen Begeisterung zu entziehen vermochten. In Rom, aus Anlass des Jubeljahres, wie auch schon zuvor in Paris, waren die Hunderttausende von Teilnehmern an den Weltjugendtagen eher herzlich als untertänig, eher gesammelt als voll Bewunderung für den Chef. Dank Johannes XXIII. und Paul VI. wurde die majestätische Feierlichkeit bei der Anwesenheit des Papstes vereinfacht – noch in Wroclaw in Polen aber hatte man es 1999 für gut gehalten, ein neues Kreuz aufzurichten mit einem Christus, der nicht etwa die Dornenkrone trägt, sondern die Tiara, die die Päpste selbst nicht mehr tragen.

Mit dem Vatikanum II hat sich auch der Rahmen der Messe gewandelt. In den weiträumigen Kirchen und Kathedralen sind die imposanten Altäre verlassen und sehr einfache Holztische oder künstlerisch bearbeitete Metallblöcke nehmen Kelch und Ziborium auf, und neuerdings auch wieder Weihrauch. Die Katholiken, abtrünnig oder nicht, die an dem „Ritus des Hl. Pius VI." festhalten, diesem Papst aus dem 16. Jahrhundert, vergessen allzu leicht, dass er dem Ritus der Urkirche weniger entsprach als die Messe von heute. Ich vergleiche dies gern mit den orthodoxen Juden, die so tun, als ob ihre Kleidung, ihr Bart und ihre Haare, die so wenig zum Klima des Mittelmeerraumes passen, auf die Tradition der Kleidung Abrahams zurückgehen und nicht auf die bei jüdischen Gemeinschaften Zentral- und Osteuropas üblichen, viele Jahrhunderte nach dem Patriarchen. Und wenn die Beibehaltung der lateinischen Sprache gefordert wird, dann wird dabei übersehen, dass sie sich als Volkssprache ausgebreitet hatte gegenüber dem Griechisch der Eliten.

Dennoch verlangt glücklicherweise niemand, den gregorianischen Choral mit französischen, englischen oder spanischen Wörtern aufzuputzen, selbst wenn man manchmal den Eindruck gewinnt, das Credo werde nur deshalb in lateinischer Sprache gebetet, um den Abstand zu seinem wirklichen Inhalt zu verstecken. Allerdings erscheint es mir störend, dass der Zelebrant mit dem Rücken zu den Gläubigen steht, und dies aus einem gar nicht so unwesentlichen Grund: mit dem Rücken zu den Gläubigen spricht er eher in ihrem Namen, er bringt das Opfer dar als geweihter Sprecher der Gemeinde. Aber er ist weit von ihr entfernt. Seine Worte und sogar seine Gesten entgehen ihr.

An Orten, die sich kaum gleichen, hat auch die Messe nicht das gleiche Erscheinungsbild, und die Geschmäcker der Gläubigen sind verschieden. Ich verstehe deshalb nur sehr schwer die Menschen, die sich für den Petersdom in Rom begeistern, mit seiner unermesslichen Größe im Vergleich zu anderen Kathedralen, mit dem erdrückenden Baldachin, mit einer Prachtentfaltung, die kaum mit der Idee von einer dienenden und armen Kirche zu vereinbaren ist. In der Volksmenge der Basiliken hat jeder, der es wünscht, Zugang zur Eucharistie. Dennoch müssten einige davon zurückgehalten werden und andere sich selbst zurückhalten.

Der Fall der wieder verheirateten Geschiedenen schien auf dem Weg einer stillschweigenden Entwicklung zu sein, als im Juli 2000 der päpstliche Rat für die Auslegung von Gesetzestexten daran erinnerte, dass nach dem kanonischen Recht die Exkommunizierten und die, die „hartnäckig in der schweren und offenkundigen Sünde verharren, nicht zur heiligen Kommunion zugelassen sind". Auch wenn es sich um sehr gläubige Eheleute handelt, von denen einer geschieden ist, weil er die antireligiösen Aggressionen seines Partners nicht mehr ertrug. Von den Pfarrern wurde lediglich verlangt, die „öffentliche Ablehnung" zu vermeiden. Im Jubeljahr, in dem Barmherzigkeit und Offenheit ständig im Vordergrund standen, hat diese Unnachgiebigkeit sehr für Empörung gesorgt. Man hätte die Gelegenheit nutzen sollen, einmal diejenigen aufzulisten, die immer Zugang zur Eucharistie hatten, angefangen von mordenden katholischen Staatschefs wie die Generäle Franco und Pinochet, oder wie die Mitglieder der folternden und mordenden französischen Milice unter der deutschen Besatzung. Und als wenige Monate vor diesem strengen Ordnungsruf des Vatikans ein pädophiler Priester vor Gericht angeklagt war, konnte man erfahren, dass sein Bischof über wenigstens einen Teil seiner Handlung informiert war und ihm nicht den Zugang zur Kommunion verwehrt hat, ihm sogar erlaubt hat, sein Amt weiter auszuüben und die Wandlungsworte zu sprechen.

Auf einer anderen Ebene bleibe ich bei der ironischen Bemerkung, die ich Noël Copin gegenüber in dem 1977 erschienenen Interviewbuch *La passion de comprendre (Die Leidenschaft, zu verstehen)* über das französische Episkopat gemacht habe. Im Jahr 1972 haben die in Lourdes versammelten französischen Bischöfe eine Erklärung *Pour une pra-*

tique chrétienne de la politique (Für eine christliche Praxis der Politik) angenommen. Das war die Zeit, als die Zusammenstöße zwischen Katholiken besonders heftig und intolerant waren. Die Bischöfe stellten sich allen Ernstes die Frage: „Ist die Eucharistie unter Gegnern möglich?" Christi Wort aus dem Matthäusevangelium (Mt 5,23–24) war wohl in Vergessenheit geraten:

> Wenn du deine Gaben zum Altar bringst und dich dort erinnerst, dass dein Bruder etwas gegen dich hat, dann lass deine Gabe auf dem Altar und gehe zuerst hin und versöhne dich mit deinem Bruder. Dann komm und opfere deine Gaben.

Kürzlich erzählte mir der Hausgeistliche einer psychiatrischen Klinik von einem Kranken, der gewohnt war, zur Messe zu gehen. Eines Tages verließ er die Kapelle vor der Wandlung und kam erst zum Ende des Gottesdienstes zurück und bat, die Kommunion empfangen zu können: „Ich habe mich daran erinnert, dass ich heute morgen einen Wortwechsel mit einer Krankenschwester hatte. Also bin ich zuerst zu ihr, um mich mit ihr zu versöhnen." Ich kenne „gute Christen", die das Evangelium weniger genau nehmen als dieser „Geistesgestörte".

Ich bin nicht qualifiziert, um in der grundsätzlichen Diskussion über die Gegensätze zwischen der katholischen Kirche, den lutherischen und den reformierten Kirchen über das Wesen der Eucharistie mitzureden. Aber im Gegensatz zu vielen Katholiken verstehe ich die deutliche Zurückhaltung Roms hinsichtlich der Interkommunion. Ich hätte den Eindruck, ein Sakrileg zu begehen, wenn ich in einer Messe zur Kommunion ginge. Als ich Anfang der siebziger Jahre in Lesneven in der Bretagne Vorträge bei Weiterbildungen von Priestern hielt, stand ich mit den Teilnehmern im Kreis um den Altar. Ich trat einfach nur einen Schritt zurück, als bei der Kommunion Brot und Wein gereicht wurden. Der verantwortliche Priester, der seitdem Bischof geworden ist, verstand meine Haltung sehr gut.

Der Grad der Spiritualität in den Gottesdiensten ist, wie

später noch ausgeführt wird, sehr unterschiedlich. Es gibt allerdings Formeln, die ich nur schwer verstehen kann. Nicht nur das „demütig und arm", das sehr seltsam klingt, wenn ein glänzender Prälat von einer reichen Kirche, etwa der deutschen, dem Gottesdienst vorsteht. Aber mehr noch stört mich das Autoritätsverhältnis, das in den eucharistischen Gebeten zum Ausdruck kommt. Der Zelebrant betet im Namen aller „für alle, die zum Dienst in deiner Kirche bestellt sind" oder, schlimmer noch, „für alle, die Sorge tragen für den rechten katholischen und apostolischen Glauben". Zweifellos gibt es eine Art von Unvereinbarkeit zwischen der römischen Kirche und der Gleichheit, die den Mitgliedern des Gottesvolkes zugestanden wird, außer wenn dieses beschrieben wird, wie es Kardinal Marty, Erzbischof von Paris, getan hat, als er am 30. Mai 1980 Johannes Paul II. bei seiner ersten Pastoralreise nach Frankreich auf dem Vorplatz von Notre-Dame begrüßte:[67]

> Das Volk Gottes, hier ist es. Zusammen mit den Verantwortlichen des Gemeinwohls haben Sie vor sich die Vertreter der katholischen Gemeinschaften aus den acht Diözesen von Paris und der Region. Es sind verantwortungsbewusste Christen; sie sind im Dienst des Evangeliums engagiert. Sie wollen sich für Gerechtigkeit und Frieden einsetzen. Sie nehmen mit den Priestern und Diakonen am Amt der Kirche teil, diese mutigen Menschen, die die Freunde und engen Mitarbeiter der Bischöfe sind. Weiter weg sind die andern, alle andern, meine Brüder und Schwestern in Christus. Sie sind verstreut in den Straßen der Stadt, sie sind hinter den Fernsehgeräten versteckt. Es ist ein anonymes Volk, dem Sie begegnen. Die Kranken, die Unglücklichen, die Jungen, die Alten, die Gefangenen, die Zurückgestoßenen, die Immigranten, die Ausländer. Sie sehen Sie an. Sie lauern auf Ihr Lächeln. Sie erwarten das Evangelium der Seligpreisungen. Hier ist das Volk. Die

---

67 Johannes Paul II.: France, que fais-tu de ton baptême? (alle Texte des Pastoralbesuches, hg. von der Französischen Bischofskonferenz) 1980, 42.

> Kirche ist Volk Gottes, zusammengerufen durch das Wort des
> Evangeliums und für die Eucharistie. Hier ist das Volk. Ich stelle
> es Ihnen vor.

Ein Wort, das in den Messtexten sehr häufig vorkommt, ist
„Gloria", Herrlichkeit. Ich kann es nicht immer recht begreifen, angefangen mit dem *Gloria*. „Verherrlichen", ist das dasselbe wie die Präexistenz der „unermesslichen Herrlichkeit"
anzuerkennen, für die man Gott dankt? Oder auch die in die
Zukunft projizierte Herrlichkeit: „Wir erwarten dein Kommen in Herrlichkeit"? Weil der Tod überwunden sein wird?
Das jedenfalls scheint der Gesang auszudrücken, der unab-
lässig in den reformierten Gottesdiensten ertönt: „Dir die
Herrlichkeit, o Auferstandener, dir der Sieg in Ewigkeit!" In
dem *Ad majorem Dei gloriam* der Jesuiten sehe ich eher das
Prestige, das Ansehen Gottes, das durch die missionarische
Tätigkeit besser auf Erden bekannt geworden ist.

In dem von den Protestanten übernommenen Nachsatz
zum Vaterunser „denn dein ist das Reich und die Macht und
die Herrlichkeit" macht mir das letzte Wort weniger zu schaffen als das erste. Proklamiert das Grundgebet der Christen
nicht einen enormen Widerspruch in direkter Verbindung
zur Theodizee? Man betet „Dein Reich komme, dein Wille
geschehe!" Das Böse ist auf der Erde, weil das Reich noch
nicht gekommen ist, weil sich der göttliche Wille noch nicht
durchgesetzt hat. Und gleichzeitig ist das Reich schon da,
seit jeher und für immer.

Trotz der Zurückhaltung vieler Ordensleute, die die Texte
des Messbuches in ihrer Alltäglichkeit hohl und monoton
finden, bin ich beeindruckt durch die Universalität der Texte
der Ordo missae. Die Tatsache, dass dieselben Gebete mit
den gleichen Formeln auf allen Kontinenten gesprochen
werden, ist für mich ein sehr starkes Zeichen der Einheit.
Manchmal stellen Kürzungen oder Ergänzungen die ausge-
feilte Bedeutung des Rituals in Frage. Aber manchmal bin
ich dagegen sehr angetan von einer solchen Ergänzung,
wenn sie den Umständen angepasst ist. Im Oktober 2000

war die Messe in der Kapelle des Hl. Thomas von Aquin in der Katholischen Akademie Berlin Bestandteil eines Tages der Brüderlichkeit mit Immigranten und Asylbewerbern. Der Chor bestand aus Afrikanern, von denen wohl die meisten keine gültigen Papiere besaßen. Von den hinzugefügten Gebeten wurde eines während der Wandlung, zwischen der Erhebung des Brotes und der Erhebung des Weines gesprochen. Es lautete:

> Wir wiederholen unablässig „Danke", gütiger Vater, denn wir wissen, dass es nicht selbstverständlich ist, in einem friedlichen Land zu leben, frei unsere Meinung sagen zu können, ohne Angst vor Bespitzelung und Folter. Für unsere Ferien können wir zwischen der Türkei und Norwegen, zwischen Bali und Afrika wählen. Wir wissen nicht, warum wir so sehr privilegiert sind.
>
> Aber wir möchten noch einige Dinge lernen: brüderlich miteinander leben ohne Scheu vor Kontakten; in der Gastlichkeit unserer Häuser leben, mit offenen Türen, wo jeder willkommen ist. Wir möchten von Jesus lernen, das Brot dieser Erde mit denen zu teilen, die Hunger haben und gemeinsam den Kelch der Leiden und der Freuden trinken . . .

In der Messe kommt nur ein geringer Teil der Getauften zusammen. Und diese bilden einen ständig abnehmenden Anteil an der französischen Gesellschaft. 92 % der Kinder wurden 1980 getauft, 54 % im Jahr 1997. Oft, zweifellos meistens, handelt es sich für die Eltern lediglich darum, einen gesellschaftlichen Ritus zu vollziehen. Aber, wie bei der Heirat, haben diejenigen, die das Sakrament erbitten – und das sind die wenigsten –, sich darauf vorbereitet, seine Bedeutung zu verstehen. Besonders, wenn es sich um die Taufe von Erwachsenen oder Jugendlichen handelt, die eine zweijährige Vorbereitung durchlaufen haben. In der Osternacht des Jahres 2000 wurden 2.500 Erwachsene in Frankreich getauft. Die Priester haben ihnen zuvor erklärt, was den Eltern der Täuflinge im Säuglingsalter zu begreifen schwer fällt, dass nämlich das Sakrament den Durchgang durch den Tod symbolisiert, damit der Getaufte ein neues Leben führen kann. Wie soll man vom Tod sprechen, wenn man noch voll Freude ist über die Geburt des Kindes, das jetzt getauft wird?

Die grundlegende Idee ist die, mit der ich mich vertraut gemacht habe, als ich den Pietismus studierte, nämlich die Idee einer zweiten Geburt, einer Wiedergeburt, durch die ein Getaufter ein Wiedergeborener wird. Diese zweite Geburt ist nicht notwendigerweise geprägt durch die Taufe (außer bei den Wiedertäufern), sondern ein getauftes Kind erlebt in der Jugend oder im Erwachsenenalter eine Hinwendung zum wirklichen Glauben. Damit beides zusammenkommt, ist es eben erforderlich, dass die Taufe erst nach Erreichen des Bewusstseins für Glaube und Handeln gespendet wird. Viele protestantische Sekten sind in diese Richtung gegangen. Der ständige Ruf der katholischen Kirche nach „Bekehrung" beruht ebenfalls auf der Idee von einer Taufe als einer notwendigen aber unzureichenden Etappe.

Jugendliche und Erwachsene sind auch eher in der Lage, die Tragweite dessen zu erkennen, was man Beichte nennt. Die Idee und das Wort tauchen bei Beginn sowohl der Messe, als auch des reformierten Gottesdienstes auf. Das *Confiteor* ist ein kollektives Sündenbekenntnis, einschließlich der Sünden durch Unterlassung, die zweifellos auf dem Gebiet der zwischenmenschlichen Beziehungen und im sozialen Verhalten viel zahlreicher sind! Ich denke, es handelt sich um ein wunderbares Sakrament, sobald man es bei seinem richtigen Namen nennt, nämlich das Sakrament der Versöhnung. Die Zeiten sind vorbei, da der Beichtvater einem Kind ständig einen erschreckenden Sexualkundeunterricht erteilte, indem er Fragen stellte, die seiner eigenen Besessenheit oder der der Kirche entsprangen. Die Reinheit, auf die sich die Fragebogen beziehen, die heute zur Vorbereitung auf die Beichte in einigen Kirchen ausliegen, ist von einer anderen Natur. Es geht in erster Linie darum, zu fragen, welche Fehler im Umgang mit den Mitmenschen begangen wurden. Man muss versuchen, zu reparieren, was reparierbar ist. Für das Unreparierbare erlaubt die Absolution von den Gewissensbissen zu einem Selbstvertrauen überzugehen, um ein anderer zu werden oder wirklich derjenige zu sein, der man sein möchte. Vivekananda drückte das so aus: „Man darf nicht sagen ‚Ich bin Sünder, ich bin Sünder', sondern ‚ich bin nicht abhängig'." Was die Gläubigen mit „sich mit Gott versöhnen" bezeichnen, bedeutet für mich, Gewissensbisse und fruchtloses Bedauern zurückzuweisen zugunsten des wieder gefundenen Vertrauens in sich selbst und des Freiwerdens für schöpferisches Tun. Die Erinnerung an die Verfehlungen trägt somit zur vollen Entfaltung bei, statt lähmend und sterilisierend zu sein.

Die Sakramente werden von Priestern gespendet. Sie selber kamen zum Priesteramt durch ein eigenes Sakrament. Im Prinzip wurden sie sozusagen von Gott rekrutiert, der sie berufen hat. Eines der schönsten Bilder von Michelangelo Caravaggio *Die Berufung des heiligen Matthäus* stellt Jesus dar, wie er mit dem Finger auf diesen biederen Steuereinnehmer zeigt. Und dieser zeigt mit dem Finger auf sich selbst und sein Gesicht drückt Erstaunen aus über diese Berufung. Jede Diözese hat eine Abteilung für die Berufung zum Dienst in der Kirche. Mit im allgemeinen enttäuschenden Ergebnissen. In einem freimütigen Buch sagt Kardinal Albert Decourtray, in meinen Augen der bemerkenswerteste unter den französischen Prälaten meiner Zeit:

> Ich bin sicher, dass das Ansteigen der Berufungen zum Priestertum zu einem großen Teil davon abhängt, wie das Volk Gottes den unersetzlichen Glanz des Priesteramtes wieder erfahren wird. Sie sind berufen und befähigt, die Sakramente der Eucharistie und der Versöhnung zu spenden, um die Zuverlässigkeit des Bekenntnisses der Christen, ob einzeln oder in Gruppen, zu gewährleisten und jeder Gruppe die Öffnung der gesamten Kirche zuzusichern. Eine dreifache Funktion, die auf der ständigen mysteriösen Gestalt von Christus, dem Hirten, beruht.[68]

---

68 A. Decourtray: Vingt-deux entretiens avec André Sève, 1982, 245.

In den europäischen Ländern ist dies kaum noch erfahrbar und die Zahl der Priester geht rapide zurück. Im Vatikan regt man sich nicht allzu sehr darüber auf, denn die Berufungen in Afrika, in Asien und in Lateinamerika nehmen zu. Aber die Frage sei erlaubt, ob der göttliche Ruf nicht leichter gehört wird, wenn der Zugang zum Priesteramt mit einem sozialen Aufstieg verbunden ist, so wie es in den europäischen Ländern in den vergangenen Jahrhunderten auch der Fall war. Oder gar der einfache Zugang zu einem gesicherten Einkommen, das man in der Not mit seiner Familie teilen kann, wie es beispielsweise heute in Polen der Fall ist. In Frankreich müsste der junge Priester nicht mehr das Gelübde der Armut ablegen: Er weiß, dass er arm sein wird. Nachdem Georges Gilson, Weihbischof von Paris, 1981 Bischof von Le Mans geworden war, hat er die Armut in den ländlichen Pfarreien erkannt und ihr bedeutsame Passagen in seinem Buch *Les prêtres. La vie au quotidien (Die Priester. Das alltägliche Leben)*[69] gewidmet. Solche Passagen fehlen in der ziemlich strengen Ermutigung *Dekret über Dienst und Leben der Priester*, herausgeben von der Kongregation für den Klerus und „von Seiner Heiligkeit Johannes Paul II. am 31. Januar 1994 gebilligt."[70]

Unter den Hindernissen zur Berufung wird meistens der Zölibat genannt. Es gibt immerhin Argumente, die für ihn sprechen, auch außerhalb der Evangelien. In dem Drama *Un homme de Dieu (Ein Gottesmann)* zeigt Gabriel Marcel einen evangelischen Pastor im Spannungsfeld zwischen der Verfügbarkeit für die Familie und der Offenheit für alle Probleme seiner Gemeindeglieder. In meiner Jugend wollte ich Lehrer werden, und ich war der Ansicht, dass eine Heirat meine Verfügbarkeit für den Beruf einschränke. Wahrscheinlich ist das der Grund, weshalb ich erst mit vierunddreißig heiratete – um zur Erkenntnis zu gelangen, dass das Eheleben ein zusätzliches Stimulans zur Öffnung für andere sein kann.

---

69 G. Gilson: Les Prêtres. La vie au quotidien, 1990.
70 Kongregation für den Klerus: Dekret über Dienst und Leben der Priester „Presbyterorum ordinis", 1994.

Der Zölibat verlangt nicht nur den Verzicht auf das Eheleben. Er bedeutet auch den Verzicht auf die tiefen Freuden der Vaterschaft. Im Jahr 1884 hat Maupassant die Novelle *Le Baptême (Die Taufe)* veröffentlicht. Am Rande des ziemlich würdelosen Festessens der Bauern nimmt der Priester das Kind in die Arme. „Eine der Großmütter fragt von weitem: Heh, Pfarrer, tut's dir nicht doch leid, dass du keine solchen haben kannst?" Und die Novelle endet mit dem Bild „des Priesters, der schluchzend neben der Wiege kniet, die Stirn auf dem Kissen, auf dem der Kopf des Kindes ruht".

In Frankreich ist die Rekrutierung von Weltpriestern auch noch durch eine neue Forderung erschwert, nämlich der nach einer persönlichen Reflexion, eine verlängerte Bemühung um Selbstfindung. Eine solche Selbstreflexion wurde schon seit langem von den jungen Männern verlangt, die in den Jesuiten- oder Dominikanerorden eintreten wollten und wird immer mehr auch von anderen klösterlichen Gemeinschaften vor der Aufnahme gefordert. Das war zum mindesten bis vor kurzem der Fall: aber manch ein Bischof, der mit Zahlen glänzen will, wird versuchen, diesen Prozess zu beschleunigen.

Die Einsamkeit des Weltpriesters, eine ständige Bedrohung für sein persönliches Gleichgewicht, wird durch die Veränderungen der kirchlichen Realitäten sowohl verstärkt als auch erleichtert. Der zunehmende Priestermangel führt zu einem Zusammenschluss der Pfarreien, die weit verstreut sind und deren einzelne Gemeinden oft weit voneinander entfernt liegen. Die Gefahr besteht, dass der Priester nirgendwo präsent und noch weniger integriert ist. Aber gleichzeitig sind diese Gemeinden oft lebendiger und besser strukturiert als früher, weil die Laien sich umso mehr einbringen, je mehr der Priester seinen Hochmut und seinen Autoritarismus verloren hat.

Die soziale Herkunft ist verschiedenartig. Zahlreiche Bischöfe kommen aus bäuerlichen Familien. Aber die Priester, die sich den Benachteiligten der Industriegesellschaft widmen, sind sicher nicht alle „auf das Volk zugegangen" wie Hugo, der Held aus Sartres Drama *Les mains sales (Die schmut-*

zigen Hände). Durch die angewiderte Ablehnung seiner spieß-
bürgerlichen Familie kam Hugo zu dem Proletariat, das die
kommunistische Partei in seinen Augen verkörperte. Johannes Paul II. erzählte, wie er während seiner Studien in Rom
durch belgische Kommilitonen auf das Problem der Arbeiterpriester und auf die Katholische Arbeiterjugend aufmerksam
wurde. „Ich begriff, dass ich das, was für die Kirche und das
Priestertum im Westen so wichtig geworden war – nämlich
der Kontakt mit der Welt der Arbeit – bereits in meine Lebens-
erfahrung eingebracht hatte."[71] Er hatte ja selbst in einem
Steinbruch und dann in einer Kläranlage gearbeitet. Pater Joseph Wresinski erfuhr schon als Kind, was Entbehrung, Hunger und Verachtung bedeuten und setzte sich deshalb gegen
das Elend in der „Vierten Welt" ein. Gleichzeitig nehmen die
Spätberufungen unter den Absolventen der Elite-Hochschulen zu, allerdings mehr für die Orden als für den weltlichen
Klerus. Obwohl der Zugang zum Priesteramt zahlenmäßig abnimmt, gewinnt es doch an gesellschaftlicher Breite und ganz
gewiss an intellektueller Qualifikation.

Und wie viele Pfarrer und Vikare, obwohl tief vergeistigt,
betätigen sich als Moderatoren für verschiedenste Gruppen
innerhalb und außerhalb ihrer Pfarrei. Die Besonnensten
und Gebildetesten – auch theologisch – unter ihnen können
manchmal den Eindruck haben, von den anerkannten Intellektuellen, wie etwa den Jesuiten oder Dominikanern,
nicht gerade sehr hoch geachtet zu werden. Diese, ihrerseits,
leiden darunter, dass sie so oft von Rom oder den französischen Prälaten verdächtigt werden, zu wagemutig zu sein
und zu viele Fragen zu stellen, die ein Priester nicht stellen
sollte. Daher rührt das Bemühen, z. B. das des Kardinal-Erzbischofs von Paris, die künftigen Priester ihrem unheilvollen
Einfluss zu entziehen.

Seit einigen Jahren führt der Mangel an Priestern zu einer
Erneuerung und Entwicklung eines Standes geweihter Män-

---

71 Johannes Paul II.: Geschenk und Geheimnis – Mein Weg zum
Priester Gottes, 1997, 31.

ner, nämlich der Diakone. Sie dürfen verheiratet sein, denn, obwohl sie gewisse priesterliche Funktionen erfüllen, sind sie keineswegs Priester. Das Amt des ständigen Diakons wurde durch das Konzil neu geschaffen und in Frankreich 1968 eingeführt. In Deutschland wird die Diskussion über den möglichen Zugang von Frauen zum Diakonat noch lebhafter geführt als in Frankreich. Die Bewegung „Wir sind die Kirche" hat 1997 eine Petition verfasst und 1,8 Millionen Unterschriften gesammelt. Im Mai 2000 hat der Verband katholischer Frauen, KFD, der 750.000 Laien in sechstausend Pfarreien zählt, die sofortige Wiedereinführung des weiblichen Diakonats gefordert. Wiedereinführung, denn im Lauf der ersten Jahrhunderte wurden Frauen, die ein Amt ausübten, das dem des Diakons entspricht (Fürsorge, Katechese, Taufe . . .), Diakonissen genannt, eine Bezeichnung, die in den evangelischen Kirchen üblich ist. Aber der Vatikan hat sich immer wieder darauf versteift, dass jegliches Weiheamt für Frauen unzugänglich ist. Nun, die Diakone sind geweiht und ihre Weihe ist für Priesteramtskandidaten die letzte Stufe vor der Priesterweihe.

Obwohl die Präsenz von Frauen in der Messe immer deutlicher sichtbar ist, ob es sich um die beiden Lesungen oder die Kommunionspende handelt, klagen die weiblichen Ordensgemeinschaften über zunehmenden Nachwuchsmangel. „Es gibt drei Dinge, die selbst Gott nicht weiß: Was ein Dominikaner predigen wird, was ein Jesuit denkt – und wie viele weibliche Ordensgemeinschaften es gibt." Gut, für die Anzahl kann der Scherz bleiben, aber die Überalterung ist noch deutlicher spürbar als im Priesteramt oder bei den männlichen Ordensgemeinschaften. Weniger in den USA und in Deutschland, führt in Frankreich der Rückgang der Priesterberufe dazu, zahlreiche Einrichtungen mit pädagogischen oder sozialen Aufgaben in Altersheime zu verwandeln. Und die Neuzugänge stammen oft aus anderen Kontinenten. Manche Kongregationen haben die Nachwuchswerbung ganz eingestellt. Andere nehmen die Verantwortung auf sich, die Novizen auf den Eintritt in eine Gemeinschaft

mit ungleichgewichtiger Altersstruktur vorzubereiten. Die
internen Haltungen sind sehr unterschiedlich. Es gibt Gemeinschaften, die durch Überalterung geschrumpft sind
oder auch durch den Autoritätsanspruch der Oberen, die
sich umso mehr an ihre Vorrechte klammern, je kleiner die
Zahl derer wird, über die sie Autorität ausüben. Aber wie viele
schöpferische Aktivitäten, welch ein reicher Erfahrungs-
schatz, der sich in fruchtbaren Initiativen niederschlägt, welche Vielfalt des Engagements der Ordensfrauen jeglichen Alters in der Sorge für die Menschen, die an Körper oder Geist
krank sind, in der Erziehung von Schülern, in der Hilfe für
junge und weniger junge Menschen, dass sie ihre geistige
Zukunft finden! Genau das ist es, diese Vielfalt und Ernst-
haftigkeit des Engagements, was die jungen Priester, vor allem der Pariser Region, nicht verstehen, die erneut dazu ausgebildet werden, sich für die privilegierten Verwalter der
Autorität, der Wahrheit, wenn nicht gar der göttlichen Gnade zu halten.

Weltpriester und Ordensleute sind zum Gehorsam verpflichtet, denn sie haben ihn gelobt. Die Praxis ist nicht immer
von gleicher Art. In der Gesellschaft Jesu führen die Oberen
zuerst ein Gespräch, bevor sie Gehorsam verlangen. Die Autorität kann also ohne demütigende Unterwerfung gelebt
werden. So sagt Albert Decourtray in seinem (oben erwähnten) Buch „Ich habe immer gehorcht [. . .] Aber da man mir
immer nur interessante Dinge befohlen hat, habe ich kein
Verdienst." Wie groß war aber das Verdienst von André De-
pierre, einem der „verbotenen" Arbeiterpriester, der in einer
Gedenkmesse zum Todestag von Emmanuel Mounier über
den Gehorsam predigte. Es war eine der schönsten Predigten, die ich gehört habe!
   Wer Gehorsam sagt, sagt Hierarchie. Wer Hierarchie sagt,
sagt Institution. Eine der beste Formeln, die Jean Monnet
über Europa gebrauchte, war: „Nichts entsteht ohne die
Menschen. Nichts ist dauerhaft ohne die Institutionen." Die
römische Kirche ist dauerhaft. Beweis für das Wirken des Hei-

ligen Geistes? Vielleicht im Sinn eines bekannten Geschicht-
chens. Ein Protestant und ein Katholik versuchen, sich gegenseitig zu bekehren. Um nun ganz sicher zu gehen, be-
schließt der Protestant, einige Monate in Rom zu verbringen.
Reaktion des Katholiken: „Verdammt, dann habe ich verloren!" Aber unser Reisender kommt als Mitglied der katholischen Kirche zurück: „Was ich im Vatikan gesehen habe, ist
so haarsträubend, dass ich mir gesagt habe, wenn sie damit
zweitausend Jahre durchgehalten haben, dann müssen sie ja
die Wahrheit haben!"
    Die gewöhnliche Autorität wird von den Bischöfen aus-
geübt. Aber sie bedienen sich ihrer nicht in gleicher Weise.
Die Beziehungen zu den aktiven Gläubigen können als eine
freundschaftliche Zusammenarbeit gestaltet sein, aber nicht
als Gleichmacherei. In Frankreich fanden richtige Mobilisie-
rungen statt, um die Diözesan-Synoden vorzubereiten. Die
erste, die zu einem grundlegenden Text kam, war die von Le
Mans. 650 Synodalgruppen haben Vorschläge erarbeitet. 14
„Synodalgesetze" wurden von einer Synodalversammlung
verabschiedet und vom Bischof an Pfingsten 1988 verkündet. In Clermont-Ferrand wurden an Pfingsten 2000 116 Sy-
nodalvorschläge verkündet, nach drei Jahren der Überlegungen und der Diskussionen, die mit 10.000 Menschen in
1.350 Arbeitsgruppen geführt wurden. Im Oktober 2000 umfasste in Saint-Denis das „Evangelium der Stadt" 51 Vorschläge, Anträge oder Resolutionen. Die brennenden Themen werden mal beiseite gelassen, mal an den Vatikan
weiter geleitet. In Clermont wurden Fragen wie die Heirat
von Priestern, das Priesteramt für verheiratete Männer oder
Frauen und der Fall der wieder verheirateten Geschiedenen
ausgeklammert, weil dafür die Diözese nicht zuständig sei.
Der Bischof von Saint-Denis hat sich dagegen dazu verpflichtet, den Instanzen in Rom die Wünsche zu diesen gleichen
Themen vorzulegen, ebenso die Frage nach der ethischen
Haltung der Kirche gegenüber den aktuellen Fortschritten in
der medizinischen Wissenschaft. Ich glaube nicht, dass diese
schüchternen Ansätze Anlass zu Begeisterung geben kön-

nen, vor allem, wenn ich sie mit den intensiven Debatten vergleiche, die derzeit unter den deutschen Katholiken geführt werden. So hat sich das mächtige Zentralkomitee der deutschen Katholiken mit Rom und mit der deutschen Hierarchie angelegt wegen der vom Gesetz vorgeschriebenen Beratungen, die im Vergleich zu Frankreich den Schwangerschaftsabbruch restriktiv regeln.

Es gab eine Zeit, da Frankreich „die älteste Tochter der Kirche" sehr aufmüpfig war, denn es galt, eine Besonderheit zu verteidigen. Heute ist der Gallikanismus nur noch eine alte Geschichte. Die Aktion der französischen Prälaten, die von Anfang an versucht haben, das 2. Vatikanische Konzil zu kippen, erfüllt vielleicht heute noch ihre Nachfolger mit Stolz, aber der Geist der Autonomie, die Vorliebe für das kollektive starke Wort, das ist nicht das, was den französischen Episkopat von heute auszeichnet! Dennoch hat das Konzil die Idee der Kollegialität betont, und man hatte glauben können, die nationalen Bischofskonferenzen würden ein Ort wirklicher Macht.

Der mächtige Wunsch, Konflikten aus dem Weg zu gehen, führte zu einer Praxis der ehrerbietigen Unterwürfigkeit. Es schien und scheint unbedingt erforderlich, dass auch potenzielle Konflikte nicht an die Öffentlichkeit gelangen. Das gilt in erster Linie für die Meinungsverschiedenheiten innerhalb des französischen Episkopats. Wer als erster öffentlich und am lautesten spricht, hat gewonnen, denn diejenigen, die anders denken, werden es nicht offen sagen, wenn zum Beispiel einer, nämlich Kardinal Lustiger, gegen die Meinung seiner Amtsbrüder einen staatlichen katholischen Fernsehkanal gründet oder vom Papst direkt die Erlaubnis für ein eigenes System der Priesterausbildung erhält. Manchmal ist der Konflikt allerdings auch spürbar, ohne dass er an die Öffentlichkeit kommt. So kann man feststellen, dass die Anzahl der von Radio Fourvière in Lyon koordinierten Rundfunkanstalten, die in der RCF (katholische Rundfunkanstalten Frankreichs) zusammengeschlossen sind, größer ist als die Zahl der Sender, die den Pariser Leitlinien von Radio Notre-Dame folgen.

Die Personifizierung der Macht in der Kirche durch den Papst wertet oft die komplexe Realität der römischen Kurie ab, im Prinzip die Gesamtheit der Mitarbeiter des obersten Pontifex. In Wirklichkeit aber ist sie eine schwergängige Maschine mit komplizierten Strukturen. Ihre glänzende Kraft war umso realer, als Johannes Paul II., physisch angeschlagen, trotzdem immer noch ein großer Reisender ist. So kann er kaum für die Verwaltung des Alltäglichen zur Verfügung stehen. Zu einem Apparat gehören, ganz gleich wie er heißt, fördert nie den kritischen Geist und die Kreativität. Die großen Konzilstexte[72] wären nie entstanden, wenn die Versammlung bereit gewesen wäre, auf der Grundlage der von der Kurie vorbereiteten Dokumente zu arbeiten. Unter denen, die durchgesetzt haben, dass diese Papiere beiseite gelassen werden, erscheint der Kölner Kardinal-Erzbischof Joseph Frings. Als Mitglied des Zentralkomitees zur Vorbereitung des Konzils erhielt er die „Schemata", die den Konzilsvätern vorgelegt werden sollten. Regelmäßig verlangte er von seinem theologischen Berater Joseph Ratzinger Kommentare und Anregungen. Fünfunddreißig Jahre später, als dieser zur zentralen Persönlichkeit des Vatikans aufgestiegen ist, schrieb er vorsichtig: „Selbstverständlich hatte ich manches auszusetzen, aber zu einer radikalen Ablehnung, wie sie dann im Konzil von vielen gefordert und auch durchgesetzt wurde, fand ich keinen Grund."[73]

Man spottet oft über das Alter der Präfekten der neun Kongregationen und der Präsidenten der elf päpstlichen Räte – die man mit den Ministerien oder den Ämtern von Staatssekretären der nationalen Regierungen vergleichen kann –, aber das Durchschnittsalter der französischen Priester liegt bei 65 Jahren, hier ist also keine sehr klare Besonderheit erkennbar. Die Kardinäle, die für die östlichen Kirchen oder für die Evangelisierung der Völker zuständig sind, waren zu Beginn des Jahres 2000 76 Jahre alt, aber die an der Spitze der Kongregation für

72 Vgl. Konzilskompendium Vatikanum II, 1966.
73 J. Ratzinger: Aus meinem Leben (1927–1977), 1998, 101.

katholische Erziehung oder des päpstlichen Rates für die Familien waren nur 60 und 64 Jahre alt. Muss man nicht eher in doppelter Hinsicht auf den Lebensstil derer hinweisen, die die römische Kirche regieren? Sind sie nicht von den menschlichen Realitäten der Gläubigen abgeschnitten? Treffen sie sich mit den „Pfarrern der Basis", um sich mit ihnen über die vielfältigen Schwierigkeiten ihrer Pfarrkinder zu unterhalten? Haben sie Gelegenheit gehabt, sich mit der Lage der Frauen zu beschäftigen, die zum xten Mal schwanger werden durch das Machoverhalten oder die Gewissenlosigkeit ihrer Ehemänner? Oder den Eltern in ihrem Entsetzen beizustehen, wenn sie vom Arzt das tragische Ergebnis der ersten Ultraschalluntersuchung erfahren? Im übrigen glaube ich zu wissen, dass die römischen Prälaten kein Gemeinschaftsleben führen, das sie durch Diskussionen oder auch durch Konflikte anregen könnte. Die Einsamkeit der Entscheidungsträger fördert kaum die informierte Weisheit ihrer Entscheidungen.

Die Kardinäle wählen den Papst. So jedenfalls war es, bis die über Achtzigjährigen vom Konklave ausgeschlossen wurden. Die Bischöfe ihrerseits müssen mit 75 Jahren auf ihr Amt verzichten. Aber für den Papst selber gibt es keine Altersbegrenzung. Auch im Jubeljahr blieb Johannes Paul II., obwohl in seiner physischen Autonomie eingeschränkt, fest bei seinem Willen zur fast universellen Präsenz. Paul VI. hat das Beispiel für Papstreisen außerhalb von Rom gegeben, während vorher die Päpste auf die *Urbs* begrenzt waren, deren Bischof sie waren. Johannes Paul II. geht in die Geschichte ein als ein ständiger Pilger, dessen Reisen jedes Mal riesige Menschenmassen anzogen. Von allen Vorwürfen, die man ihm machte, erschien mir der, er födere eine Art Personenkult, am wenigsten gerechtfertigt. Gerade diejenigen, die sich für die Menschenansammlungen bei Gewerkschaftsveranstaltungen, bei Sportereignissen oder beim Auftritt eines Sängers begeistern können, rümpfen die Nase über Hunderttausende von Gläubigen, die zu den Messen zusammenströmen, die ein gebrechlicher Greis unter freiem Himmel feiert und dabei noch sehr lange Texte verliest. Und wenn es eben diese Gebrechlichkeit wäre, die zum großen Teil die herzliche Begeisterung der Teilnehmer an den Weltjugendtagen erklärt?

Die Diskussionen um Pius XII. bleiben lebhaft, vor allem wegen seiner Haltung gegenüber dem schrecklichen Los der Juden unter dem Nationalsozialismus. Seitdem ich 1964 das Nachwort zu Saul Friedländers Buch *Pius XII. und das III. Reich* geschrieben habe, halte ich an der Idee fest, dass ein Papst gleichzeitig Antigone und Kreon sein muss, der der Gefahr die Stirn bieten muss in seinem Protest im Namen seiner geheiligten Prinzipien und gleichzeitig Chef einer Institution, für deren Ordnung und Schutz er verantwortlich ist. Pius XII. war Kreon und vergaß zu oft die Rolle der Antigone. Pius XI. hat mehr Glück. Man erinnert sich an die Enzyklika *Mit brennender Sorge* und vergisst dabei, dass die Diktaturen von ihm eine Vorzugsbehandlung erfuhren. Mussolini und später Hitler erreichten Konkordate, durch die die Mehrheit der politischen Parteien wissentlich geopfert wurde und die zum Tod der demokratischen Parteien führten, die sich auf den Katholizismus beriefen. Es ist leicht, Johannes XXIII. günstig zu beurteilen, der als Mann von großer Schlichtheit und als friedliebender Revolutionär das Konzil in Gang brachte. Aber man vergisst allzu leicht, die Verdienste Pauls VI. um die großen Konzilstexte anzuerkennen, denn er lebte seine Funktion diskreter, seinen Glauben mit weniger klaren Umrissen und mit einer deutlicher sichtbaren Unruhe für die Zukunft der Kirche und der Menschheit als dies bei Johannes Paul II. zu beobachten war.

Mit Gelassenheit von dem Mann sprechen, der seit 1978 die Kirche lenkt und zur Welt spricht, ist besonders schwierig, weil er für wahrscheinlich unüberwindliche Widersprüche einstehen muss. Meine persönliche Einstellung lässt mich negativ reagieren und ich gehe deutlicher darauf ein bei dem, was mir als eine Besessenheit hinsichtlich des Privatlebens und der biologischen Realitäten erscheint. Ich werde mich aber ausführlicher und mit einer fast vorbehaltlosen Bewunderung ausbreiten über das soziale Engagement, das sich in den Enzykliken wie *Laborem exercens, Sollicitudo rei socialis* und *Centesimus annus* widerspiegelt.

Es gibt allerdings eine fundamentalere Dimension. Kein Papst ging so weit in der Bejahung der gleichen Würde aller Menschen. Er hat nicht die Aufsehen erregenden Erklärungen von *Gaudium et spes* abgewartet, um zu einer sehr persönlichen Vision von Gesellschaft hingezogen zu sein, die sich vor allem in seiner Bewunderung für Max Scheler ausdrückt. Diese Vision hat er in einem Buch dargelegt, das 1980 auf Polnisch und Englisch erschien. Die von ihm selbst durchgesehene französische Übersetzung wurde 1983 unter dem Titel *Personne et acte (Person und Tat)* veröffentlicht. Darin ist zu lesen:

> Der Begriff „Nächster" verlangt von uns, im Menschen nicht nur anzuerkennen, sondern auch zu schätzen, was unabhängig von Zugehörigkeit zu irgendwelcher Gemeinschaft ist [...] Der Begriff des Nächsten berücksichtigt alleine die Menschlichkeit des Menschen, die Menschlichkeit, die jedem anderen außer mir zukommt. Der Begriff des Nächsten schafft die breiteste Grundlage, die weiter reicht als irgendeine Andersheit und die sich auch aus der Zugehörigkeit zu verschiedenen menschlichen Gemeinschaften ergibt. [...] Die menschliche Gemeinschaft ist also die Basis für jede andere Gemeinschaft. Wenn eine wie auch immer geartete Gemeinschaft von dieser fundamentalen Gemeinschaft abgerissen ist, verliert sie ihren „humanen" Charakter... Der Mensch als Person ist nicht nur in der Lage, an dieser Gemeinschaft teilzuhaben, die „gemeinsam mit anderen" existiert und wirkt, sondern er ist auch fähig zur Teilhabe an der Humanität „anderer"...[74]

Eine der Konsequenzen aus diesem, in meinen Augen als atheistischer Humanist, so wunderbaren Text, ist die Öff-

---

74 Johannes Paul II.: Person und Tat, 1981, 330.

nung auf andere religiöse Gemeinschaften hin. Schon in *Nostra aetate*, der Erklärung über das Verhältnis der Kirche zu den nicht-christlichen Religionen betonte „Paul, bischöflicher Diener der Diener Gottes, gemeinsam mit den Vätern des Heiligen Konzils" am 28. Oktober 1965 (Kapitel 2):

> Alle Völker sind ja eine einzige Gemeinschaft [. . .] Die katholische Kirche lehnt nichts von alledem ab, was in diesen Religionen wahr und heilig ist. Mit aufrichtigem Ernst betrachtet sie jene Handlungs- und Lebensweisen, jene Vorschriften und Lehren, die zwar in manchem von dem abweichen, was sie selbst für wahr hält und lehrt, doch nicht selten einen Strahl jener Wahrheit erkennen lassen, die alle Menschen erleuchtet.

Die Begegnung in Assisi am 27. Oktober 1986 stellte eine viel spektakulärere Geste dar, so dass sie sogar besonders hasserfüllte Reaktionen hervorrief. Ein Blatt mit einem Bild von „Marcel Lefèbvre, emeritierter Erzbischof von Tulle", das vor den Kirchen verteilt wurde, zeigte auf der Vorderseite unter der großen Überschrift „Der Schwindel von Assisi" eine Zeichnung, wie Johannes Paul II. Jesus und Maria trotz der Anwesenheit von Gott Vater und der Taube des Heiligen Geistes über ihnen, den Zugang zur Kirche verwehrte, in die die Teilnehmer des internationalen Kongresses der Religionen strömten. In einer Sprechblase sagte der Papst: „Nein! Nein! Wir können euch hier nicht einlassen, ihr seid keine Ökumenisten!" Auf der Rückseite, unter der Überschrift „Abtrünnig ...?" erscheint der Papst vor der Himmelstür und sagt: „Ich bin Johannes Paul II., der ökumenischste Papst." Christus verweigert ihm den Zutritt. Seine Sprechblase sagt: „Tut mir Leid! Aber hier gibt es nur eine einzige Religion. Versuch es woanders!" Im unteren Teil der Zeichnung empfängt ihn Satan mit offenen Armen: „Hierher, mein Freund, alle Ökumenisten hierher – *omnes dii gentium Daemonia*, Ps 95." Und eine Fußnote erklärt das Zitat: „Alle Götter derer, die nicht den rechten Glauben haben, sind Dämonen."

Immerhin hat Johannes Paul II. in seiner Eröffnungsansprache erklärt, dass es sich nicht um eine „interreligiöse

Friedenskonferenz" handelt, noch um eine „Erörterung unserer Glaubensüberzeugungen", sondern um einen „Tag, der dem Gebet gewidmet ist und allem, was zum Beten gehört: Stille, Pilgern und Fasten". Das Thema der brüderlichen Öffnung für die anderen Religionen wurde später beibehalten. In einer Homilie an die Teilnehmer des Weltjugendtages in Paris ging Johannes Paul II. vom Gleichnis des Samariters aus, um darzulegen, dass der verletzte Wanderer von einem Priester seiner eigenen Religion nicht beachtet wurde, aber dass ihm ein Anhänger einer anderen Religion geholfen hat.

Es ist aber auch derselbe Papst, der nachdrücklich darauf beharrt, dass die katholische Kirche die allein seligmachende sei und dass die anderen sich zu ihr bekehren müssen. Natürlich kann er nicht anders sprechen oder denken, ohne seine Funktion und den römischen Katholizismus in Frage zu stellen. Aber muss man nicht verblüfft sein über die Widersprüche, die die im Mai 1995 herausgegebene Enzyklika *Ut unum sint (Damit sie alle eins seien)* kennzeichnet? Einerseits hat „der ökumenische Dialog den Charakter einer gemeinsamen Suche nach der Wahrheit, insbesondere hinsichtlich der Kirche". Andererseits die Behauptung, „die von Gott gewollte Einheit kann nur durch die gemeinsame Zustimmung zur Gesamtheit dessen, was als Glaubensinhalt erkannt wurde, verwirklicht werden." Der Artikel 79 nennt die „Themen, die zu vertiefen sind, um zu einem wirklichen Konsens im Glauben zu gelangen":

1) Die Beziehung zwischen Heiliger Schrift als oberster Autorität in Sachen des Glaubens und der heiligen Tradition als unerlässlicher Interpretation des Wortes Gottes; 2) die Eucharistie, Sakrament des Leibes und Blutes Christi, dargebracht zum Lob des Vaters, Gedächtnis des Opfers und Realpräsenz Christi, heiligmachende Ausgießung des Heiligen Geistes; 3) die Weihe als Sakrament zum Dienstamt in seinen drei Stufen: Bischofsamt, Priestertum und Diakonat; 4) das Lehramt der Kirche, dem Papst und den in Gemeinschaft mit ihm stehenden Bischöfen anvertraut, verstanden als Verantwortung und

Autorität im Namen Christi für die Unterweisung im Glauben und seine Bewahrung; 5) die Jungfrau Maria, Gottesmutter und Ikone der Kirche, geistliche Mutter, die für die Jünger Christi und für die ganze Menschheit Fürbitte leistet.

In den letzten Jahren hat sich der Spagat zwischen den widersprüchlichen Haltungen noch verdeutlicht und griff auch auf andere Gebiete über. Im Jubeljahr führte das zu einem seltsamen Nebeneinander: die gleichzeitige Seligsprechung von Johannes XXIII. und Pius IX., sowie die beiden Reisen nach Jerusalem und Fatima.

Der „gute Papst Johannes" selig gesprochen: eine schöne Hommage an das Vatikanum II und vielleicht auch besonders für *Gaudium et spes* „Die Kirche in der Welt von heute". Die Seligsprechung von Pius IX.: eine unvermeidliche posthume Absegnung des *Syllabus* von 1864, in dem klar, sogar brutal, die zu verurteilenden Zeitirrtümer aufgelistet sind. Der letzte Irrtum bestand darin, zu sagen: „Der römische Pontifex kann und muss sich mit dem Fortschritt, dem [politischen] Liberalismus und der modernen Zivilisation aussöhnen und abfinden."

Dass das Oberhaupt der Kirche, die so lange Verfolgerin war, dann aber gegenüber anderen Verfolgern zu gleichmütig war, reumütig an die Klagemauer kam, hat Emotionen und Zustimmung hervorgerufen. War es dann wirklich notwendig, direkt anschließend noch nach Fatima zu reisen – wo die Kugel, die Johannes Paul II. beinahe getötet hätte, wie eine Reliquie in das Diadem der Jungfrau eingearbeitet wurde – um das letzte Geheimnis zu verkünden, das sie den Seherkindern bei ihrer Erscheinung anvertraut haben soll? In den fünfziger Jahren habe ich den Dominikaner Jean Cordonnel politisch überspannt empfunden. Am 3. Juni 2000 fand ich es aber nicht schockierend, dass er in *Le Monde* unter der Überschrift „Das falsche dritte Geheimnis von Fatima" schrieb:

Ein italienischer Laientheologe legt unbestreitbar den Finger auf die Wunde: „Ein Gott, der daran denkt, 1917 den Chris-

ten anzukündigen, dass sie verfolgt werden, aber nichts von
der Shoah und den sechs Millionen Juden sagt, ist kein glaub-
würdiger Gott." [. . .] Es ist mir unerträglich zu hören, dass die
Heilige Gottesmutter die Kugel ablenkte, die den Papst töten
sollte, aber nicht den kleinen Finger gehoben hat, um der
Vernichtung der Juden und der Versklavung von Millionen
von Schwarzen Einhalt zu gebieten [. . .] In den stereotyp wiederholten Bußaufrufen unserer Lieben Frau von Fatima [. . .]
mit ihrem Sohn, der so schwer auf ihrem Arm ruht, dass sie
es fast nicht mehr verhindern kann, die arme Welt zu zerdrü-
cken, während es ihr leicht gefallen ist, die Ermordung des
Papstes zu verhindern, erkenne ich niemals den Stil oder die
Wesensart des heiligen jungen Mädchens, das die Mutter
Gottes wurde.

Eine solche Vehemenz müsste zu zwei Gruppen von Reflexionen führen. Die einen (meiner Ansicht nach von untergeordneter Bedeutung, obwohl sie zu verächtlicher Ablehn-
nung von Seiten der Nichtkatholiken führen) beziehen sich
auf das gesamte Sortiment von Erscheinungen und Wundern, auf die die Kirche immer noch stolz ist. Man muss aber
auch sagen, dass die selbstgestrickten Wunder und das aber-
gläubische Verhalten in zunehmendem Maße angeprangert
werden. Beweis dafür ist das umfangreiche Buch von Joa-
chim Bouflet, Berater der Antragsteller bei der Kongregation
für die Heiligsprechung *Faussaires de Dieu (Gottes Fälscher)*,
das keineswegs heterodox ist, denn es erschien mit einem
nihil obstat und einem *Imprimatur*.[75]

Die andere Reflexion bezieht sich auf Maria. Ausgehend
von ihrer Stellung im Christentum möchte ich über das Gebet nachdenken, über die Mystik, kurz über die Spiritualität,
die weder die Christen noch die Religionen im Allgemeinen
für sich pachten sollten.

75 J. Bouflet: Faussaires de Dieu, 2000.

4. KAPITEL

Die vertikale Dimension: Die Spiritualität mit und ohne Gott

Die beiden Dimensionen

Wir leben alle in zwei Dimensionen, oder sollten in zwei Dimensionen leben. Die eine, die horizontale, betrifft unser Da-Sein unter den anderen, ob es sich um die Familie oder den Beruf, das politische Leben oder jede andere Art von sozialem Engagement handelt. Die andere, die vertikale, betrifft unsere Gegenwart für uns selbst. Christen binden dieses Sein an ein anderes Sein durch ein Hinausgehen aus sich selbst. Wer weder die Realität noch das Bedürfnis einer göttlichen Transzendenz empfindet, taucht in sich selbst hinein, um die Horizontalität des Alltäglichen zu überwinden.

Meiner Ansicht nach ist der Christ zwei Versuchungen ausgesetzt: entweder nur in der horizontalen Dimension und im Dienst am Nächsten engagiert zu leben, oder wegen seiner Beziehung zu Gott mit der Realität der Gesellschaft zu brechen. Eingliederung, in der man sich verliert – Ausgliederung, in der man die andern verliert. Die erste kam als Übertreibung besonders um das Jahr 1968 zu Ehren. Das war die Zeit, als die katholische Wochenzeitung *Témoignage chrétien* mit der aus der Résistance stammenden Losung „Wahrheit und Gerechtigkeit – was es auch kosten mag" die Kulturhäuser als die „modernen Kathedralen" bezeichnete, in denen „der Glaube auf der Straße gelebt" wurde. Das war auch die Zeit, in der bei einer Tagung des Instituts für Politische Wissenschaften über die Ursachen und Gründe der „Mai-Ereignisse" der sanftmütige Protestant François Goguel

von dem Jesuiten Michel de Certeau wie ein Schuljunge he-
runtergeputzt wurde, weil er schüchtern zu bedenken gab,
dass es unter anderem vielleicht auch spirituelle Ursachen
geben könne.

Diese Zuspitzungen wurden seinerzeit auch in einem
ebenfalls überspitzten aber sehr schlagenden Buch eines Dominikaners und ausgezeichneten Soziologen[76] kräftig ver-
spottet: „Gestern noch war die Reduzierung der Welt auf das
Religiöse hassenswert. Heute glauben sie, sich geändert zu
haben, weil sie sich in dem Eifer überbieten, die Welt auf das
Ökonomische und Politische zu reduzieren." Diese Begrenzung ließ die spirituelle Dimension vergessen, die keineswegs nur den religiös Gläubigen vorbehalten ist. Man könnte dies allerdings annehmen, wenn man den Modetrend
beobachtet, sich (wenn auch nur vorübergehend) in die
Wüste der Stille zurückzuziehen, dem Ruf nach „Erneuerung" zu folgen, kurzum einer Umkehr, wenn nicht zu Gott,
dann doch zu einer Religiosität, die von Gurus aller Art angeregt wird. Sich verlieren, um sich zu finden: das tiefe Ziel
der christlichen Innerlichkeit ist in Gefahr, zu einer klägli-
chen Banalität zu verkommen.

Das Gegenstück zum Glauben ist nicht ein stets von
Christen gebrandmarkter Materialismus. Wenn Menschen
Blicke tauschen, dann gehört das schon zur Spiritualität,
wenn es als Austauschen wahrgenommen wird. Das umge-
kehrte Erleben kann ebenso wenig mit der Optik und der
Mechanik der Netzhaut erklärt werden. Für Jean-Paul Sartre
war, wohl weil er sich als hässlich empfand, der Blick des
anderen weit davon entfernt, eine Anregung zu sein. Er „ver-
sachlichte". Er erklärt das in *L'Être et le Néant (Das Sein und
das Nichts)*. Diese Einstellung findet sich auch in seinen Ro-
manen, in denen ich nur ein einziges Beispiel für einen be-
lebenden Blickkontakt gefunden habe. Es handelt sich in *Les
Chemins de la liberté (Die Wege der Freiheit)* um das flüchtige

---

76 S. Bonnet: À hue et à dia. Les avatars du cléricalisme sous la Ve
   République, 1973.

Erscheinen eines jungen Pärchens auf einem Bahnsteig des
Pariser Ostbahnhofs zur Zeit der Mobilmachung, die durch
das Münchener Abkommen überflüssig wurde.

Mit der Überwindung der Animalität kann man in beiden
Dimensionen leben. Sicher, es gibt eine christliche Tradition
des Rückzugs aus der Welt, um nur noch eine Beziehung zu
Gott zu haben. Der Wille, in dieser Welt, aber nicht von dieser Welt zu sein, ist gar nicht mehr so selten, einschließlich
bei den Ordensleuten. Nicht nur den katholischen. Es gibt
ein protestantisches Klosterwesen, das vor allem die Diakonissen von Reuilly in Paris verkörpern. Ein hoch geschätztes
Krankenhaus, Altenheime, ein Wohnheim für junge Arbeiter, Zentren für behinderte Kinder – an Engagements in der
horizontalen Dimension fehlt es nicht, und diese werden oft
pionierhaft ausgeübt, wie etwa der Beitrag der Diakonissen
zur Humanisierung des Sterbens durch palliative Pflege. Das
alles aber schließt eine liturgische Praxis nicht aus: vier Gottesdienste am Tag, Stille und Meditation. Und das mit einer
konstanten monastischen Identifikation, wie es den katholischen Ordensleuten der Jerusalemer Bruderschaft eigen ist,
die mitten in Paris ein klösterliches Leben mit echten sozialen Engagements führen, allerdings begrenzt durch eine besonders intensive und weitgehend traditionelle religiöse Praxis. Ihre öffentlichen Gottesdienste füllen regelmäßig die
Kirche Saint-Gervais mit Gläubigen unterschiedlichster Mo-
tivation und Kirchenbindung, aber alle zutiefst besorgt um
die Vertikalität.

Diese Ordensleute leben sozusagen als Antipoden zu jenen, die ihr Leben dem Dienst am Nächsten widmen, beseelt
von einer Innerlichkeit, von einem ebenso intensiven, aber
diskreteren, weniger sichtbaren Glauben. Wir werden später
noch die Effizienz ihres Engagements sehen. Im Augenblick
handelt es sich nur darum aufzuzeigen, dass die Verflechtung der beiden Dimensionen auf verschiedene Art der doppelten christlichen Forderung, nämlich der Gottes- und der
Nächstenliebe, entsprechen kann.

Das spirituelle Leben, was ist das? Für jemanden wie mich

ist es eine Realität, über die ich noch berichten werde. Für
viele Menschen ist es eine zu vernachlässigende oder gar zu
leugnende Größe ihrer Existenz. In einer Umfrage, 1997 unter Jugendlichen zwischen 15 und 25 Jahren durchgeführt,
wurden als Elemente, die „für ein glückliches Leben unerläss-
lich oder sehr wichtig" sind, genannt: „ein glückliches Familienleben" (91 %), „einen interessanten Beruf haben" (91 %),
„von treuen Freunden umgeben sein" (84 %), während „ein
spirituelles Leben führen" nur von 24 % der Befragten geschätzt wurde. Sie waren sich offensichtlich der spirituellen
Dimension in der Eltern- oder Kinderliebe und in der Freundschaft nicht bewusst. Manchmal bin ich überrascht, dass die
Spiritualität von einer Zeit geleugnet wird, die alles im Namen
der Liebe rechtfertigt, die die Liebe bei gleichgeschlechtlichen
Paaren voraussetzt und auch in ihrem Namen den Bruch von
eingegangenen Verpflichtungen rechtfertigt.

Für den Christen ist das spirituelle Leben untrennbar mit
dem Gebet verbunden. Für den Katholiken scheint mir, dass
dies wenigstens die Frage nach Maria und ihrem Platz im
Bereich des Glaubens und der Frömmigkeit berührt.

Maria

Unsere Liebe Frau von Paris, Unsere Liebe Frau von Chartres,
Mariae Verkündigung am 25. März, Mariae Heimsuchung
am 31. Mai, Aufnahme Mariens in den Himmel am 15. August, Mariae Geburt am 8. September, die Unbefleckte Empfängnis am 8. Dezember, um schließlich das Fest der Gottesmutter am 1. Januar zu feiern. Lourdes, La Salette, Fatima:
Maria ist wirklich allgegenwärtig im Katholizismus! Vier
Dogmen wurden ihr im Lauf der Jahrhunderte gewidmet:
theotokos, die Mutter Gottes, beim Konzil von Ephesus 431,
die Jungfräulichkeit wurde endgültig 649 proklamiert, die
Unbefleckte Empfängnis wurde 1854 durch Pius IX. zum
Dogma, Pius XII. verkündete 1950 das Dogma von der Aufnahme in den Himmel und 1964 bestätigte Paul VI. sie als

„Mutter der Kirche". In der Enzyklika *Redemptoris mater* über die „selige Jungfrau Maria im Leben der Kirche unterwegs" bestätigte Johannes Paul II. 1987, dass es diese „lebhafte Teilnahme Marias am Glauben ist, die ihre besondere Gegenwart in der Pilgerreise der Kirche als neues Volk Gottes auf der ganzen Erde" bestimmt. „So weit war das Konzil nicht gegangen", bemerkte Pater Congar bei seiner Vorstellung der Enzyklika.[77] Am 8. Oktober 2000 haben die Bischöfe in Rom zum Abschluss des „Jubiläums der Bischöfe" ein „Weihegebet an die Heiligste Gottesmutter Maria" formuliert:

> Durch die Stimme des Nachfolgers Petri im Verein mit den Stimmen der Bischöfe, die aus allen Teilen der Welt hier zusammengekommen sind, sucht die Kirche heute bei dir Zuflucht. Sie stellt sich unter deinen mütterlichen Schutz. Sie bittet vertrauensvoll um deine Fürsprache angesichts der Herausforderungen der Zukunft. [...] Mutter, du kennst die Leiden und Hoffnungen der Kirche und der Welt. Steh deinen Söhnen und Töchtern in den Prüfungen bei, die der Lebensalltag für jeden bereithält. Gib, daß dank des gemeinsamen Bemühens aller die Finsternis nicht über das Licht siegt.

Getreu der Lehre und auch aus Sorge um den christlichen Ökumenismus waren die Formulierungen so gewählt, dass die „Königin des Himmels" nicht als Miterlöserin in Erscheinung trat:

> Du bist der Glanz, der das Licht Christi nicht mindert, denn du lebst in ihm und durch Ihn. [...] Dir, Morgenröte der Erlösung, vertrauen wir unseren Weg ins neue Jahrtausend an, damit alle Menschen unter deiner Führung Christus finden, das Licht der Welt und den einzigen Erlöser.

An der letzten Aussage hätte auch schon Melanchthon Anstoß genommen, der in der *Apologie zur Augsburger Konfession* sagte:

---

77 La Mère du Rédempteur, Einführung von Y. Congar, 1987, 8; Vgl. auch M. Leplay: Le Protestantisme et Marie, 2000.

Ob nu gleich Maria die Mutter Gottes für die Kirchen bittet,
so ist doch das zu viel, daß sie sollt den Tod überwinden, daß
sie für der großen Gewalt des Satans uns behüten sollt. Denn
was wäre Christus not, wenn Maria das vermöchte? [...] Nun
ist dies öffentlich am Tage, daß durch solche falsche Lehre
Maria an Christus Statt ist kommen; dieselbige haben sie angerufen, auf der(en) Güte haben sie vertrauet, durch die haben sie wollt Christus versühnen, gleich als sei er nicht ein
Versühner, sondern allein ein schrecklicher, rachgieriger Richter.[78]

In der *Encyclopédie du protestantisme (Enzyklopädie des Protestantismus)* schreibt Pastor André Birmelé:

Der Protestantismus und Maria gelten im allgemeinen als unvereinbar. Dieses Missverständnis müssen wir klarstellen. Der
Protestantismus widersetzt sich einer gewissen Mariologie
der römisch-katholischen Kirche, die noch im 20. Jahrhundert
ausgeweitet wurde und die sich in einer intensiven Volksfröm-
migkeit ausdrückt.

Bevor ich über die Art der Fürsprache nachdenke, stellt sich
mir die Frage, was über Maria in den Evangelien steht. Meine
Art zu lesen entspricht nicht dem der meisten christlichen,
vor allem katholischen, Kommentare, die ich in die Hand
bekam. Ich übergehe die Jungfrauengeburt, die wie viele andere Passagen als die Erfüllung einer Weissagung in den
Evangelien erscheint: „Dies geschah, damit in Erfüllung gehe ..." Hier handelt es sich um Jesaja (Jes 7,14): „Siehe, die
Jungfrau wird empfangen und einen Sohn gebären." Ich
möchte meine christlichen Leser nicht schockieren, aber ich
denke an den Mythos der Geburt des Herkules, Sohn von
Jupiter und Alkmene.
Wichtiger ist für mich die Diskussion um den Platz Ma-

---

78 P. Melanchthon: Vom Anrufen der Heiligen (XXI), zitiert nach: Die
    Bekenntnisschriften der Evangelisch-lutherischen Kirche, 1967,
    322.

riens im Leben Jesu. Ich neige dazu, die Stelle im Vierten Evangelium, wo der gekreuzigte Jesus seine Mutter dem Apostel Johannes anvertraut, nicht als marianisch anzusehen. „Frau, da ist dein Sohn – Da ist deine Mutter" (Joh 19,26–27). Diese Worte, die nochmals im Akt des Vertrauens der Bischöfe aufgegriffen sind, müssen im Zusammenhang mit Johannes gelesen werden und dem Platz, den dieses Evangelium dem „Jünger, den Jesus liebte" zugewiesen hat. Ein Platz, den später die meisten Maler anerkannt haben, die die Kreuzigung darstellten und fast alle, die das Abendmahl gemalt haben. Schließlich zeigt man in Ephesus das Haus, in dem Maria von Johannes aufgenommen worden sei. Bei den anderen Evangelisten wird die Gegenwart Mariens als Mutter Jesu nicht erwähnt.

Und vor allem, Maria wird von ihrem Sohn nicht mit Respekt und Bewunderung behandelt. Er reißt seinen Eltern aus und geht zum Tempel, ohne ihnen Bescheid zu sagen. In Kana kommt er – nach Johannes – nicht gerade mit Begeisterung der eindringlichen Bitte seiner Mutter um Wein für die Hochzeitsgäste nach. Das Wesentliche in meinen Augen, weil folgenschwer für das christliche Leben, ist die bei den vier Evangelisten erwähnte Ablehnung der Mutter und der Geschwister. Die harte Formulierung bei Lukas:

> „Wenn jemand zu mir kommt und nicht Vater und Mutter und Weib und Kinder und Brüder und Schwestern und dazu auch sein eigenes Leben haßt, kann er nicht mein Jünger sein. Wer nicht sein Kreuz trägt und mir nachgeht, kann nicht mein Jünger sein." (Lk 14,26–27)

Das „einzig Notwendige" ist die Liebe Christi, des Erlösers. Wie viele Christen wurden im Laufe der Jahrhunderte von ihren Familien getrennt oder haben sich selbst freiwillig von ihnen getrennt oder sie verstoßen, um sich Gott zu weihen!

Molière hat darin einfach eine Scheinheiligkeit gesehen und lässt den durch Tartüffe behexten Orgon sagen:

Wer seinen Lehren folgt, der hat den Frieden,
Wie eitel Nichts betrachtet er die Welt,
Ich ward ein andrer Mensch durch seinen Umgang,
Von jeder Neigung hat er mich bekehrt,
Vor jeder Freundschaft stählte er mein Herz;
Und stürbe Bruder, Mutter, Frau und Kind mir,
Ich würde mich darum gewiss nicht grämen.

Worauf der vernünftige Schwager Cléante zu Recht antwortet: „Fürwahr, das sind humane Gefühle, Schwager!" Heute sind auch die strengen Seminare und Klöster weit davon entfernt, die Zurückweisung der Familie zu fordern und bemühen sich sogar darum, eine Zurückweisung von Seiten einer verständnislosen Familie zu vermeiden. Aber das Problem bleibt, auch für die Nicht-Glaubenden: wie viel Zerrissenheit, wenn es darum geht, sein Leben für eine Sache zu riskieren, zum Beispiel im Widerstand, wo der wahrscheinliche Tod Witwe und Waisen hinterlassen wird! Aber kommen wir vom Höhenflug zurück: wie viel Unaufrichtigkeit bei vielen Revolutionären ohne Risiko, wie etwa im Mai 1968, denen die „Sache" die Ausrede lieferte, sich nicht um die bettlägerige Großmutter kümmern zu müssen!

Heilige Maria, Mutter Gottes, bitte für uns,
jetzt und in der Stunde unseres Todes.

Es handelt sich hier doch um einen Anruf um Fürsprache, aber wie falsch wird er oft verstanden! Auf zahllosen Ex-Voto-Tafeln in Kirchen und in den ausgelegten Heften für die Gebetsanliegen der Gläubigen findet man vielfältige Dankesbezeigungen für die Wohltaten, die Maria nicht nur erwirkt, sondern direkt erwiesen hat, von der Rettung aus Seenot bis zum bestandenen Examen. Die Prozessionen, das Umhertragen von Statuen durch ganz Frankreich (worüber sich Pater Varillon so erregt hatte), die Menschenmassen in Lourdes und in Fatima: handelt es sich wirklich nur darum, Maria um Fürsprache bei ihrem Sohn zu bitten – oder die Gebete eigenmächtig zu erhören? Danach wäre sie als neue Eva dazu berufen, die Schlange der Sünde zu zertreten. In gewissem Sinn umgekehrt ist die Darstellung auf einem Bild von Michelangelo Caravaggio, das theologisch korrekter ist: auf den Fuß von Maria, der auf dem Kopf der Schlange steht, drückt der Fuß des Jesuskindes, das ausnahmsweise mal als richtiges Kind dargestellt ist und nicht als ein pausbäckiges Baby.

Ich verstehe die negativen Reaktionen, manchmal diskret empört, von Priestern und engagierten Laien, für die diese Anbetungskundgebungen nicht so sehr aus der Verehrung als vielmehr aus dem heidnischen Kult der Muttergöttin herrühren. Aber ich habe zwei Gründe, ihre Empörung nicht zu teilen. Der erste bezieht sich auf eine aggressive und zu brutale Formulierung von Serge Bonnet:

> Gutbürgerliche Kreise Voltaire'scher Prägung erklärten: „Wir haben keine Religion, aber die Religion ist gut für das Volk." Ihre Urgroßneffen denken: „Wir haben die Religion des erwachsenen Glaubens. Sie ist zu gut für das Volk."

Ich respektiere zutiefst, ja ich bewundere die alten Frauen, deren Gesichter von einem harten Leben gezeichnet sind, und die mit Überzeugung, Glaube und Dankbarkeit Perle um Perle des Rosenkranzes zwischen die Finger nehmen, oder die nicht einer Folklore wegen an einer Prozession in der Bretagne teilnehmen. Eines der schönsten Gedichte der französischen Sprache ist für mich die *Ballade pour prier Nostre Dame (Ballade, um zur Gottesmutter zu beten)*, in der François Villon (1431–1463) seine Mutter sagen lässt:

> *Herrin des Himmels, Herrscherin über die Erde,*
> *Kaiserin über die Abgründe der Hölle,*
> *Nehmt mich auf, Eure demütige Christin,*
> *Damit ich zu Euren Auserwählten gezählt werde,*
> *Obgleich ich nie etwas wert war.*
> *[...]*
> *Ihr trugt, würdige Jungfrau, Fürstin,*
> *Jesus, dessen Herrschaft nie ende,*
> *Den Allmächtigen, der unsere Schwäche auf sich nahm,*

Der den Himmel verließ und uns zu Hilfe kam,
Der dem Tod seine teure Jugend hingab;
Das ist unser Herr, so, wie ich ihn bekenne.
In diesem Glauben will ich leben und sterben.

Und dieses durch das in Armut verbrachte Leben vorzeitig gealterte Ehepaar, das auf dem Bild *Die Madonna der Pilger* voll Vertrauen, glücklich und betend die Augen zur Jungfrau und dem Jesuskind erhebt, um ein drittes und letztes Mal Caravaggio zu erwähnen!

Der zweite Grund ist mit all den positiven Emotionen verbunden, die ich Maria verdanke. Künstlerische Emotionen, die aber, so scheint mir, über eine einfache Reaktion auf ein Gemälde, eine Ikone, eine Statue, einen Gesang hinausgehen. Sie sind ein Teil von meinem inneren Leben, das ständig zu vertiefen und zu entwickeln ist. Die Reinheit hat einen Sinn für mich. Und die Mutterschaft. Und der Schmerz. Maria hat also einen Sinn für mich. Ich weiß, dass die Reinheit heutzutage eine schlechte Presse hat. Aber als Dona Prouhèze der Jungfrau ihren seidenen Schuh opfert, zum Schutz vor Ehebruch, macht Claudel – der Ysé in *Partage de Midi (Mittagswende)* eine andere Wahl treffen ließ . . . – aus Maria wirklich das verkörperte Symbol der heiteren Reinheit. Die Reinheit ist auch ein Kennzeichen für die nicht resignierte, sondern strahlende Annahme einer erstaunlichen Mutterschaft. Die schönsten Verkündigungen drückt der erste Teil des *Magnificat* aus, in dessen zweitem Teil mich „Der Gott der Heere" allerdings stört. Die Pietà, die Verkörperung des Schmerzes aller Mütter, die ihren Sohn durch Gewalt verloren haben, kommt in vielen Skulpturen und Gemälden zum Ausdruck. Ohne dass es in meinen Augen einen Widerspruch zu dem gibt, was ich über das Vierte Evangelium gesagt habe, kommt die Emotion mit dem *Stabat Mater* auf, besonders in der Fassung von Pergolesi, aber auch fast ebenso gut in der von Francis Poulenc.

Die vielen übersteigerten Eigenschaften, die Maria zugesprochen werden, besonders wenn sie an eine Statue gerichtet sind, wie etwa die *Litanies à la Vierge noire de Rocamadour*

(*Litanei zur schwarzen Madonna von Rocamadour*) vom gleichen Poulenc, müssten mich irritieren. Aber dem ist nicht
so. Und wie sollte man nicht gerührt sein von den beiden
Gebeten, die hauptsächlich an Maria gerichtet sind. Das
„Gegrüßet seist du", besonders wenn Monteverdi in der *Ves-
per an die Jungfrau* fast acht lange Minuten hindurch beharr-
lich die einfachen Worte wiederholt *Sancta Maria, ora pro no-
bis.* Noch stärker verspüre ich die spirituelle Ausstrahlung,
die aus dem *Salve Regina* herrühren kann (wo das *advocata
nostra* sehr gut die einfache Idee der Fürsprache ausdrückt).
Vielleicht ist die Emotion zum ersten Mal am Ende des Films
von Giraudoux und Bresson *Les Anges du péché (Die Engel der
Sünde)* über die Schwestern von Bethanien entstanden. Neu
belebt wurde sie durch den Gesang der Nonnen auf dem Weg
zum Schafott in *Le Dialogue des carmélites (Die begnadete
Angst)* von Georges Bernanos, aber mir genügt ein „Salve Regina" in einem einfachen gregorianischen Choral, auch
wenn es schlecht gesungen ist.

Das Gebet

Das Gebet ist der Kern des gläubigen Lebens. Bevor ich sage,
welche Bedeutung es für mich haben kann, möchte ich versuchen, einige Antworten – wenn auch unzureichend und
nur annähernd – auf klärende Fragen zu geben. Wer betet?
Der einzelne Christ, eine Gemeinschaft, eine Menge? Wo betet man? Was ist die Spiritualität eines Ortes? An wen richtet
sich das Gebet? Was ist dem Wesen nach die Anrufung der
Heiligen im Katholizismus? Worum bittet man Gott? Sind
Anbetung und Lobpreis Gebete ohne Bitte? Verschafft das
Gebet mit oder ohne Bitte einen Zugang zu Gott, ersetzt es
die Nächstenliebe, wandelt es den immanenten Zugang zu
sich selbst in einen transzendenten Zugang zu Gott?
   Das Evangelium nach Matthäus lobt nicht gerade das gemeinschaftliche Beten:

Wenn ihr betet, macht es nicht wie die Heuchler. Sie stellen sich beim Gebet gern in die Synagogen und an die Straßenecken, damit sie von den Leuten gesehen werden. Amen, das sage ich euch: Sie haben ihren Lohn bereits erhalten. Du aber geh in deine Kammer, wenn du betest, und schließ die Tür zu; dann bete zu deinem Vater, der im Verborgenen ist. Dein Vater, der auch das Verborgene sieht, wird es dir vergelten. (Mt 6,5–6)

Es handelt sich darum, die Unaufrichtigkeit, das Zurschaustellen anzuprangern, das Molière in einer Szene des *Tartüff* karikiert hat:

> *Die heiße Glut, mit der er betete,*
> *Ließ aller Blicke nur auf ihn sich richten;*
> *Und laute schwere Seufzer stieß er aus,*
> *In tiefer Demut küsste er die Erde.*

Ich sage nicht, daß ich bei mancher Rührung nie an diese Stelle des Evangeliums oder an Molière gedacht habe, aber wenn das Gebet wirklich das Alleinsein voraussetzte, gäbe es weder Messe noch Gottesdienst. Man kann auf verschiedene Art viele sein. Von den vielen Briefen, die mich als Autor erreichten, habe ich mich besonders über einen Brief von Benediktinermönchen gefreut, die mir berichteten, dass sie einen Abschnitt aus meinem *In wessen Namen?*[79] ausgehängt haben. Ich sagte darin: „Was bedeutet es, in der Mehrzahl zu sein?" „Die Mehrzahl ist nicht gut für den Menschen", singt Georges Brassens. „Dieses Urteil ist zu kategorisch. Menge sein, erniedrigt, Gemeinschaft sein, erhöht [...] Wo liegt der Unterschied? In der Zahl? Im gemeinsamen Ziel? Oder vielmehr, was für eine zwischenmenschliche Beziehung entsteht? Das Hochgefühl ist nicht immer von gleicher Art. Menge sein, heißt, vor sich selbst zu fliehen. In Gemeinschaft sein, heißt, eher zu sich selbst zu finden, heißt, den andern gerade durch die zwischenmenschliche Beziehung

---

79 A. Grosser: In wessen Namen? 1973, 305–306.

die Möglichkeit geben, ebenfalls leichter zu sich selbst zu finden. In der Menge gehen die Menschen unter und die gegenseitige Beziehung stirbt ab".

Dreißig Jahre später habe ich zunehmend Schwierigkeiten, diese Unterscheidungen auf die Realität der christlichen Versammlungen und Zusammenkünfte anzuwenden. Der Ort ist sicher wichtig. Die spirituelle Dichte empfinde ich in einer romanischen Kirche größer als in einer barocken Kirche. Sogar außerhalb des Gottesdienstes und ohne die Anwesenheit von Betern erfüllt uns ein Augenblick in der Kirche von Orcival oder in Saint-Philibert in Tournus mit Glück, dank eines Klimas, einer spirituellen Atmosphäre. In Passau in Bayern konnte ich in einer schrecklich barocken Kathedrale neben dem Bischof einem Konzert beiwohnen. Ich fragte ihn, ob er – in Widerspruch zu den Anweisungen aus Rom – auch nicht direkt religiöse Musik aufführen ließe. Mit einer weitläufigen Geste deutete er auf all die Putten und den Stuck im Kirchenschiff und im Chorraum: „Wenn ich aus dieser Kirche alles entfernte, was nicht religiös ist, was bliebe dann noch übrig?"

Es gibt zweifellos mehr kollektive Sammlung in der Abtei von Bec-Hellouin als in Notre-Dame in Paris. Die Abteien gleichen sich dennoch nicht alle. Wenn ich die spirituelle Dichte in Saint-Benoît-sur-Loire stärker wahrgenommen habe als in Solesmes, dann mag das daher rühren, dass in der ersten Abtei jedermann, Pfarrangehörige oder gelegentliche Besucher, in die Gemeinschaft aufgenommen ist, während in der zweiten das Verhalten der Mönche elitärer und der Ausschluss der Nicht-Mönche viel deutlicher ist. Wer aber wollte die innere Sammlung der 15.000 orthodoxen, katholischen und protestantischen Christen leugnen, die im September 1998 im Pariser Stadion Charléty zusammenkamen, um „die Spiritualität in der Einheit zu erleben"? Muss man aber das Gemeinschaftliche auf eine gleiche Ebene mit dem stellen, was ich das Fusionale, das Verschmelzende, nennen möchte? Ich verstehe sehr wohl, dass in der katholischen Kirche Frankreichs eine Spannung vorhanden sein könnte,

ja tatsächlich vorhanden ist, hinsichtlich der „Charismati-
ker". Ist die Art, den Heiligen Geist zu verstehen und zu empfangen, bei jungen Priestern, die durch die Emmanuel-Ge-
meinschaft gingen, die gleiche wie bei den anderen?

Ich fühle mich ständig versucht, auch wenn ich dazu nicht
qualifiziert bin, Unterschiede zwischen den Spiritualitäten
festzustellen. Ich war nur ein einziges Mal in Lourdes, zu Beginn der fünfziger Jahre, und das nur flüchtig. Wenn ich von
den „Tempelhändlern" angewidert war, dann wohl deshalb,
weil ich am Tag zuvor in Barèges in den Pyrenäen an einer
Messe unter freiem Himmel teilgenommen hatte. Sie war der
Abschluss einer deutsch-französischen Jugendbegegnung,
die der Jesuitenpater Xavier Léon-Dufour veranstaltet hatte.
Das war mutig zu dieser Zeit. Dem französischen Zelebranten
assistierten Deutsche. Der Ort und der Anlass förderten eine
innere Sammlung in Gemeinschaft. Ebenso war es mit meinem ersten Besuch in Sankt Peter in Rom und meiner negativen Reaktion darauf nach einem Tag, den ich in Assisi ver-
bracht hatte. Dieses Mal ohne Begegnung, aber nach einer
Berührung mit der Doppelkirche, die für mich ein Zentrum
der europäischen Spiritualität geblieben ist. In Paray-le-Mo-
nial ergreift mich die romanische Kathedrale, aber die Kirche, die der Heiligen Marguerite-Marie Alacoque gewidmet
ist, irritiert mich, weil der Kult des Heiligsten Herzens Jesu
mir nicht eine zu verbreitende Form der katholischen Spiritualität zu sein scheint.

Das Wiederaufleben von Wallfahrten ist ein Kennzeichen
des zeitgenössischen Katholizismus. Sie gleichen sich nicht
unbedingt in ihrer Inspiration und in ihrem Ablauf. Als Beweis dienen die beiden jährlichen Pilgerfahrten Paris-Char-
tres und Chartres-Paris, die erste veranstaltet von eher „kon-
ziliaren" Studenten, die andere von „Traditionalisten". Ich
bin sicher, dass bei der Ankunft in Lourdes viele Pilgergrup-
pen eher in Gemeinschaft beten als in der geteilten Erwartung eines Wunders. Aber Lourdes verwirrt mich in meiner
Sympathie für den katholischen Glauben. Einerseits weil mir

die Geschichte der Bernadette Soubirous wirklich nicht nahe geht, auch, und vielleicht besonders, wenn sie für den Religionsunterricht in der kleinen, im Allgemeinen lebhaften und mutigen Schrift *Points de repère (Anhaltspunkte)* dargestellt wird. Die Jungfrau erschien dem Hirtenmädchen zu einer Zeit, in der „man dachte, die revolutionären Ideen zerstören die Religion" und als „die Katholiken sich von Napoleon III. beschützt fühl[t]en". „Auf Anraten des Pfarrers fragt Bernadette die Dame nach ihrem Namen. Sie antwortet im Dialekt mit geheimnisvollen Worten, die Bernadette nicht versteht. Sie wiederholt sie dem Pfarrer: ‚Ich bin die Unbefleckte Empfängnis.' Für ihn besteht kein Zweifel: Bernadette hat die Jungfrau Maria gesehen! Wie hätte sie denn raten können, was der Papst gerade verkündet hat?" Der Pfarrer aber wusste, dass das Dogma vier Jahre vor der Erscheinung verkündet wurde. Andererseits sind da all die Bitten um Heilung, oft wunderbar in ihrem vertrauensvollen Glauben, so nah an der Haltung, die in den Evangelien als beispielhaft bezeichnet wird. Ich reagiere allerdings im Sinne der Theodizee. Wenn Gott auf die Bitte der Jungfrau hin, oder die Jungfrau selbst, heilen kann, dann hatten sie doch auch die Macht, das Entstehen von Krankheiten und Gebrechen zu verhindern. Soweit zu den Wundern.

In Lourdes stoßen wir wieder auf die Frage der Fürsprache. Sie stellt sich nicht nur für Maria. Sie findet sich in den Gebeten, die an alle Heiligen, haben sie nun wirklich gelebt oder auch nicht, gerichtet werden. So gesehen gehört der *Dictionnaire hagiographique (Hagiographisches Lexikon)* der Benediktiner von Ramsgate in die Hände jedes Priesters, der weiterhin mythische Personen[80] anruft. „Man weiß wenig über das Leben des Heiligen Nikolaus. Sein posthumes Leben ist reichhaltiger", vermerken die Autoren mit Humor. Die Verehrung der Heiligen Barbara wurde 1969 abgeschafft. „Die Legende ist offensichtlich falsch. Die Heilige hat nie

---

80 Vgl. Dix mille saints. Dictionnaire hagiographique, 1991.

gelebt." Man rief sie an gegen Blitzschlag, Feuer, plötzlichen Tod und Unbußfertigkeit. Auch das etwas schüchterne *Livre des saints (Heiligenbuch)*[81], das dem liturgischen Kalender folgt, weckt nicht immer Begeisterung für den Heiligen des Tages. Wenn der Heilige Laurentius enthauptet wurde – was ihn schon zum Martyrer machte – wurde er nicht auch noch geröstet (was ihn nicht daran hindert, makabererweise Schutzpatron der Bratereien und Grillrestaurants zu sein!).

In meiner Jugend in Saint-Germain-en-Laye ging ich oft am Kloster der Augustinerinnen vorbei und staunte über die Plakette, die am Eingang verkündete: „Die Heilige Rita, Fürsprecherin in hoffnungslosen Fällen, wird in diesem Haus angerufen." Mein Erstaunen bleibt angesichts des Begriffs der Anrufung. Die Verehrung kann ich leicht verstehen. Dass die Mönche der schönen Abtei von Landévennec den Heiligen Guénolé verehren, kann ich leicht einsehen. Es ist eine Anhänglichkeit an ihren Gründer im 6. Jahrhundert. Aber die Anrufung um Fürsprache stört mich, so wie sie schon Melanchthon gestört hat. Müssen der unendlichen Barmherzigkeit Gottes, der Fähigkeit Gottes, zu verstehen und zu vergeben, Grenzen gesetzt werden, so dass der Christ den Beistand Marias und der anderen Heiligen braucht, damit sie ihre Gebete denen des reumütigen Sünders hinzufügen? In der Messe wird zu Beginn des Schuldbekenntnisses gebetet: „Darum bitte ich die selige Jungfrau Maria, alle Engel und Heiligen und euch, Brüder und Schwestern, für mich zu beten bei Gott, unserm Herrn." Und vor der Kommunion werden die Jungfrau Maria und alle Heiligen erwähnt, „die nicht aufhören, für uns zu beten".

Die logische und intellektuelle Kritik steht jedoch keineswegs der Rührung, der spirituellen Anteilnahme, entgegen, wenn bei der Weihe eines Diakons oder eines Priesters die lange „Allerheiligenlitanei" gesungen wird – in der ich innerlich, quasi im Vorbeigehen, meine Lieblingsheiligen grü-

---

81 Vgl. M.-H. Congourdeau/J. Fournier: Le Livre des saints. Calendrier et sanctorial de l'Église universelle, 1995.

ße, etwa die Kirchenväter Basilius, Gregor von Nazianz oder Gregor von Nyssa oder Franz von Assisi und Franz Xaver. Der eindringliche Refrain „Bitte für uns" lässt mich den Grund der Fürsprache vergessen.

Die jedenfalls scheint mir von untergeordneter Bedeutung im Verhältnis zum Problem des bittenden Gebetes. Die Evangelien scheinen dessen Praxis zu begünstigen. „Bittet und ihr werdet empfangen." Wenn ich beiseite lasse, was nicht direkt Bitte ist und eher in den Bereich der Mystik, der Kontemplation, der Anbetung gehört, bleibt der in gewissem Sinn eigennützige Teil des Gebetes. Wenn zwei feindliche Lager jeweils um den Sieg über die anderen, besonders über andere Christen beten, dann frage ich mich, welche Vorstellung die Zelebranten von Gott haben. Auf einer anderen Ebene: kann man um Regen beten? Die Antworten sind nicht immer eindeutig. Ein Rabbiner berichtete: „Einige Dutzend bärtige Männer, mit *Schofaren* versehen, bestiegen ein eigens zu diesem Zweck gechartertes Flugzeug" und „bliesen die Jerichoposaunen, damit es regnen solle". Aber er fügte hinzu, dass „diese Weise der Zurschaustellung völlig im Widerspruch zu der Art steht, mit der die Meister des Talmud sich bei Gott einsetzten, damit er seiner Erde Regen gewähre".[82] Ein Dominikaner predigte in einer im Fernsehen übertragenen Messe:

> Betet um Regen, um Gesundheit, um Erfolg, aber mit Humor und Weisheit [...] Wenn ich die göttliche Vorsehung dafür preise, dass sie mein Gebet erhört und für unser Familienfest schönes Wetter gesandt hat, dann muss ich sie auch verfluchen, wenn trotz meines Gebetes das Wetter scheußlich ist. [...] Man muss Wohltaten erbitten, erflehen, fordern [...] In Wirklichkeit bitten wir Gott nicht, damit er handele, sondern weil er handelt. Es geht nicht darum, Gottes Willen unserem Willen anzupassen, sondern unsern Willen nach Seinem auszurichten.[83]

82 L'Arche, Februar 2000.
83 J.-P. Lintanf: Prier pour la pluie, in: Prier, Juni 2000.

Ich gestehe, dass ich ein wenig schwimme. Ich bevorzuge die Formulierung, die die Zuschauer des Films von Claude Berri *Manon des sources (Manon von den Quellen)* nicht sehen konnten, die – obwohl sie im Roman von Marcel Pagnol vorhanden ist – aus dem Film herausgeschnitten wurde, höchstwahrscheinlich, um den Priester völlig lächerlich zu machen. Das Wasser fließt wieder aus dem städtischen Brunnen, weil Manon die Steine weggenommen hat, die die Quelle verstopften. Der Priester verkündet wohl dem Volk, das über die Wirkung der Prozession staunt, dass der Heilige Dominikus ein Wunder gewirkt hat, aber – sich an Manon wendend – segnet er sie und sagt: „Die wirklichen Wunder wirkt Gott in den Seelen."

Ich kann einfach nicht einsehen, dass sich dieser allmächtige und allgegenwärtige Gott fast überall in der Welt damit beschäftigt, die zahllosen, überwiegend egozentrischen Wünsche zu erfüllen, oder auch nicht. Glücklicherweise hat das Gebet des Christen zwei Dimensionen. In der ersten stellt das Gebet eine Bitte dar, aber Gott wird lediglich darum ersucht, den Betenden zu stärken, damit dieser zu dem gewünschten inneren Zustand gelangt. Für mich handelt es sich ebenso gut um eine Forderung, die man an sich selbst richten kann. So kann ich auch das „Gebet des Handwerkers" verstehen und mir zu eigen machen, das ich 1989 in der Zeitschrift *Prier (Beten)* gefunden habe und das ich seither ständig rezitiere, denn es verdient, von jedem Arbeiter, auch Kopfarbeiter, meditiert zu werden. Es soll sich um einen „alten Text in der Tradition der wandernden Handwerksburschen" handeln:

> *Lehre mich, Herr,*
> *Meine Zeit gut zu nutzen,*
> *Die Du mir zum Arbeiten gibst,*
> *Und sie gut zu gebrauchen, und nichts davon zu verlieren.*
> *Lehre mich,*
> *Aus den Fehlern der Vergangenheit zu lernen,*
> *Ohne in Gewissensbisse zu verfallen.*
> *Lehre mich planen,*

Ohne mich zu quälen,
Mir das Werk vorzustellen, ohne mich zu grämen,
Wenn es anders ausfällt.
Lehre mich, Eile und Langsamkeit zu vereinen,
Die Gelassenheit und die Begeisterung, den Eifer und den
Frieden.
[...]
Erhalte in mir die Hoffnung auf Vollkommenheit,
Weil ich sonst den Mut verliere.
Halte mich im Unvermögen der Vollkommenheit,
Weil ich mich sonst im Hochmut verliere.
[...]
Herr, lass mich nie vergessen,
Dass alles Wissen vergebens ist,
Außer da, wo Arbeit ist,
Und dass alle Arbeit leer ist,
Außer da, wo Liebe ist.
[...]
Dass, wenn ich nur aus Gewinnstreben handele,
Ich wie eine vergessene Frucht
Im Herbst verfaule.
Dass, wenn ich nur anderen zu gefallen suche,
Ich wie eine Blume des Feldes
Am Abend welke.
Aber wenn ich aus Liebe zum Guten handele,
Ich im Guten bleibe.

Die andere Dimension, die in diesem „Gebet des Handwerkers" vorhanden ist, ist eben die Liebe. Diese Liebe ersetzt manchmal die menschliche Liebe, die der Glaubende nicht genießt oder die er fürchtet. In den Papieren seines verstorbenen Vaters findet Antoine Thibault zugleich den Beweis für den Willen zur „Verhärtung" der autoritären, intoleranten Persönlichkeit, aber auch den Satz: „Das Gebet ist dem Menschen gegeben, um ihm täglich einen Liebesschrei zu erlauben, für den er nicht zu erröten braucht." In einem Gebet des Heiligen Anselmus, also Ende des 11. Jahrhunderts, heißt es: „Möge ich Dich in meiner Liebe finden und wenn ich Dich finde, Dich lieben." Der erste Teil der Formulierung ist die empfundene Liebe. Innerlich empfunden wie eine Erhöhung. Die gläubigen Katholiken singen: „Herr, höre uns, Herr, erhöre uns." Ich denke an eine Formulierung, die Pater Varillon gebrauchte: „Ich werde erhört, indem ich erhöht werde." In dem Maße wie ich glaube, dass es menschliche Zustände gibt, die höher sind als andere, finde ich diese Formulierung wunderbar.

Mystik und Musik

Mir scheint, es gibt mehrere Wege zur Erhöhung. Ich kann den Weg der Moral nicht vom Weg der Vernunft trennen. Darauf komme ich noch zurück. Die Gerechtigkeit kann nicht fortschreiten ohne vergleichende Prüfung der Situationen, ebenso wenig kann die Freiheit fortschreiten, ohne die Abhängigkeiten und die Zwänge vernünftig in Frage zu stellen. Aber es ist möglich, dass der Weg der Vernunft den Weg der Erhöhung behindert, die durch die Aufgabe der inneren Distanzierung bewirkt wird, also durch die vollzogene spirituelle Einheit. Dieses Versenken in sich selbst ist für die Gläubigen gleichzeitig ein erhöhendes Aus-sich-Heraustreten, eine transzendente Kommunikation mit Gott.

Die menschliche Größe ist für mich zunächst die kartesianische Möglichkeit, sich seiner eigenen Gedanken bewusst zu werden. Mit der Gefahr geistiger Sterilisierung. In seinem Buch von 1902 *Les Variétés de l'expérience réligieuse (Die Vielfalt religiöser Erfahrung)* – das ich zu früh gelesen habe, als Jugendlicher – zitiert William James Alphonse Daudet mit den Worten: „Oh! Dieses schreckliche zweite Ich, das immer sitzt, während das andere steht, handelt, leidet, sich quält. Dieses zweite Ich, das ich nie weder verachten noch einschläfern konnte." Der „nagende Wurm", der die Toten verschont und die reine Freude unter der Sonne des Mittelmeers verdirbt, ist – nach Paul Valéry in seinem großen Gedicht *Le Cimetière marin (Der Friedhof am Meer)* – das eigene

Gewissen, Stachel und Zügel zugleich. In *Mon Faust (Mein Faust)* lässt er seinen Helden zu Satan sagen: „Du bist in der Ewigkeit, mein armer Teufel, du hast also keine Gedanken. Du kannst weder zweifeln noch forschen. Im Grunde bist du unendlich einfach." Eine der Grundlagen für meinen Atheismus ist gerade, dass für mich ein denkender Gott kein vollkommener und ewiger Gott sein kann – und ein nicht denkender Gott wirklich nicht von großem Interesse für die Menschen wäre.

Die innere Distanzierung hat auch noch einen weiteren Nachteil: sie verleitet dazu, sich ständig die Frage nach der Aufrichtigkeit zu stellen. In *Ce que je crois (Was ich glaube)* schreibt François Mauriac, an Gott gewandt:

> Die ersten Zeichen, die Du mir gegeben hast, ich habe sie nicht verstanden als Zeichen, mich loszulösen und auf Dich zuzugehen. Ich bin regungslos geblieben, gekettet an meine genießenden Gewohnheiten, auf neue Tröstungen wartend. [...] Ich setzte mich auf einen Grenzstein, entschlossen nicht weiter zu gehen, überladen mit tausend unnützen Dingen, mit allem Gepäck, das ich mit mir schleppe.
> Mein Gott, finde ich nicht noch Genugtuung, sogar in diesem Geständnis? [...] Bin ich nicht in diesem Augenblick und während ich diese Zeilen schreibe, ein Heuchler? An diesem Bild von mir, das ich unter Deinen Blicken male, und das erdrückend sein soll, finde ich in Wahrheit Gefallen ...[84]

Selbst wenn dieser Blick auf sich selbst zerstörend ist, ist er nicht doch noch wertvoller als eine blinde innere Einheit? Eine Einheit, die man dennoch zu erreichen versuchen muss, wenn man zur Versenkung in sich selbst gelangen will, oder zu dem, was die Gläubigen Kontemplation nennen.

Sobald es Kontemplation ist, wird auch das Wort Mystik gebraucht – und das passt zu jeder Gelegenheit. Der ursprüngliche Sinn, „sich auf die Mysterien beziehend", ist

---

84 F. Mauriac: Ce que je crois, 1962, 169.

ziemlich verloren gegangen. Der allgemeine Gebrauch ist nicht neu. Nach der Premiere des *Cid* 1952 im staatlichen Volkstheater (TNP) schrieb Robert Kemp in *Le Monde* über Gérard Philipe: „Das ist eine Facette der Mystik: Mystik der Idee von Monarchie, Mystik des Kriegers, Mystik des perfekten Liebhabers." Viele Christen haben erkannt, dass die religiöse Mystik kein Erbhof des Christentums ist. Die jüdische Mystik, die Mystik des Islam, die Mystik des Hinduismus haben sich eingebürgert. Aber wer kennt schon die sehr reichhaltige Geschichte der christlichen Mystik? Ich gestehe, dass ich die vier Bände von Kurt Ruh[85] mit insgesamt 1.800 Seiten nicht gelesen habe, die derzeit mit der holländischen Mystik des 16. Jahrhunderts enden!

In die christliche Mystik wurde ich eingeführt durch meinen ersten Beruf als Germanist, das heißt durch Meister Eckhart und Novalis, durch die Verbindung zwischen Tauler und dem Quietismus von Madame Guyon und Fénelon. Eine gewissermaßen intimere Lektüre, halb lächelnd, halb rührend, war die *Nachfolge Christi,* die endgültig Thomas von Kempen[86] zugeschrieben wird. Der intellektuelle Zugang kam mit William James und mit der großen Abhandlung über Johannes vom Kreuz von diesem anderen Ungläubigen, Jean Baruzi.[87]

Um die Definition und den Inhalt der christlichen Mystik einzugrenzen, denke ich, dass einige gültige Aussagen möglich sind. Die erste ist, dass jede mystische Erfahrung persönlich ist und somit die etablierten Kirchen beunruhigt, besonders die katholische, die als einzige Mittlerin zwischen Gott und den Menschen gelten will. Die zweite steht im Bezug zur Zeit. Die mystische Erfahrung geschieht, wenn die Zeit angehalten, die Dauer abgeschafft, die geschichtliche Identität des Menschen abgelegt wird. Als Drittes enthält sie eine Art direkter Teilnahme am Leben Gottes. Eine Teilnahme,

---

85 Vgl. K. Ruh: Geschichte der abendländischen Mystik, 1990–1999.
86 Neue Ausgabe mit einem Vorwort von S. De Sacy erschienen 1860.
87 Vgl. E. Poulat: L'Université devant la mystique, 1999.

die als Gegenpart das Empfinden der Abwesenheit, die schmerzhafte Erfahrung der „Nacht" hat. *Ich habe dich empfunden,* sagt Novalis in seinen *spirituellen Hymnen.*[88] Schließlich stoßen wir auf pathologische Aspekte gewisser Formen von Mystik. Formen, die mir oft Mitleid, manchmal sogar Abscheu einflößen, eher als Bewunderung. „Die Grenze zwischen dem gesunden und dem pathologischen Mystizismus hängt meistens vom Krankenhaus ab", schreibt Pater Philippe Dechamps in einem schönen Artikel der christlichen Zeitschrift *Souffles.*[89] Nicht nur im Krankenhaus. Sind wir nicht schon im Bereich des Pathologischen, wenn Fräulein von Klettenberg, Goethes Modell der „schönen Seele", die Wunden Christi so innig betrachtet, dass sie ein geistiges Bad im Blut des Erlösers nimmt?[90] Oder wenn Novalis die Hymnen an die Nacht mit einem fast homosexuell anmutenden Aufruf beendet:

Hinunter zur der süßen Braut,
zu Jesus, dem Geliebten.

Und auch wenn Teresa von Avila für ihr Verhältnis zu Jesus das *Hohelied* zitiert, besonders den Vers „Dass er mit seines Mundes Küssen mich küsste!" (Hhld 1,2)[91]

Ich kann mir vorstellen, dass die Psychoanalyse hier von Verdrängung, Übertragung, Sublimierung spricht. Aber die mystische Erfahrung ist etwas ganz anderes, einschließlich bei Teresa von Avila. Es wird angenommen, dass sie sich von den spirituellen Beziehungen zu den Menschen unterscheidet. Dennoch, wenn Meister Eckhart schreibt: „Im ärmsten,

---

88 Vgl. R. Voyat (Hg.): Hymnes à la nuit. Cantiques spirituels, 1990; besonders als Einführung in die Mystik J.-P. Jossua: Seul avec Dieu. L'aventure mystique, 1996.

89 Vgl. P. Deschamps in: Souffles Nr. 143, Oktober 1996 (Neuauflage 1998). G. Canguilhem: Le Normal et le Pathologique.

90 Vgl. A. Grosser: Le jeune Goethe et le piétisme, in: Études germaniques, Sondernummer über Goethe, 1949.

91 Vgl. A.-M. Pelletier: Lectures du „Cantique des cantiques",, 1989, 372–373.

im verachtetesten Menschen ist die Menschheit ebenso vollkommen wie im Papst oder im Kaiser, denn die Menschheit
an sich ist mir teurer als der Mensch, den ich in mir trage",
so spricht er nicht nur von einer abstrakten Menschheit. Er
bringt eine Identifizierung mit jedem anderen zur Sprache
durch eine Art geistigen Weg zu ihm. Seine Absorbierung des
anderen – oder durch andere – beschreibt er mit den Worten:
„Alle Vollkommenheit und Glückseligkeit des heiligen Petrus und des heiligen Paulus trage ich ebenso vollständig in
mir wie sie selber, und ich werde mich ewig daran erfreuen,
als ob ihre Taten meine eigenen wären."[92] Ich denke nicht,
dass dieses Heraustreten aus sich selbst wirklich einem geistigen Austausch zwischen Personen entspricht. Ein solcher
Austausch geschieht im Vertrauen. So wie es der *Holländische
Katechismus*[93] sagt, der in Frankreich leider so schnell wieder
beiseite gelegt worden ist:

> Es gibt nur einen Weg, den anderen kennen zu lernen, so wie
> er *ist:* mich einnehmen lassen, vertrauen, glauben. Ohne
> Glaube keine Liebe. Dieser Glaube an den anderen ist keine
> niedrigere Form des Erkennens, sondern eine höhere Form
> [...] Eine psychologische Beschreibung, so intelligent sie
> auch sei, bleibt gerade am Rand und ist nicht in der Lage, den
> anderen zu erreichen. Der Erkenntnis in der Liebe gelingt es.

Das Buch beschreibt eine spirituelle Kommunikation. Ich sehe nicht – vielleicht weil ich nach Ansicht der Charaktero-
logen ein weitgehend extravertierter Typus bin – wozu ich
einen göttlichen Dritten zwischen mir und dem Nächsten
brauchen sollte. Wenn dieser Dritte zur geschaffenen spirituellen Verbindung transzendent ist, sehe ich nicht, was er
hinzufügen kann. Wenn er beziehungsimmanent ist, befinden wir uns in einer Art von Pantheismus, der aus meiner

---

92 A. de Libera (Hg.): Eckhart, Traités et sermons, 1993, 319.
93 Une introduction à la foi catholique. Le nouveau catéchisme pour
    adultes réalisé sous la responsabilité des évêques des Pays-Bas,
    1968, 307.

Sicht so häufig im Christentum anzutreffen ist, wenn man betrachtet, wie der Geist Gottes überall am Werk sein soll. Wenn der warme Hauch meiner Sympathie es einem andern ermöglicht, aus seinem Kokon hervorzukriechen, seine Flügel auszubreiten und zu fliegen, dann ist es ein Begriffsmissbrauch, meinen Hauch mit dem des Geistes zu verwechseln.

Bedarf es einer göttlichen Transzendenz, damit der Mensch, und sei es nur für einen Augenblick, die Loslösung von der äußeren Welt erreicht, die ihm ein Hinabsteigen in sich selbst erlaubt? Der *Abgeschiedenheit* von Eckhart gingen viele Aufrufe – christliche und andere – nach dieser Loslösung voran und viele folgten ihr. Diese letztere ist eine Vorbedingung für die *Gelassenheit* von Eckhart. Die meisten Mystiker, die ich zu verstehen versucht habe, gehen in diese Richtung. Sie machen oft aus der Gelassenheit ein Vorstadium zum Eingang in Gott, zum Zugang zur vollkommenen Freude, zur Glückseligkeit. Der „Eingang in Gott": „Das Sein, die Substanz und die Natur Gottes sind meine eigenen", schreibt Eckhart.[94] Andere verlieren sich nicht in Gott, aber entreißen ihm eine göttliche Kraft, ein wenig so wie es im Markus-Evangelium heißt „Jesus bemerkte, dass eine Kraft von ihm ausging", als eine Frau geheilt wurde, weil sie voller Glauben sein Gewand berührte.

Die vollkommene mystische Verbindung mit Gott geschieht in einer Art geistiger Leere, in einer Abwesenheit der Erkenntnis. Die Stille ist nicht nur ein Zeichen der erreichten Fülle. Es ist auch eine Bestandsaufnahme dessen, wofür die Worte fehlen: *Nescio* sagte der Heilige Bernhard, um von seiner mystischen Erfahrung zu sprechen. „Der Aufstieg zu Gott ist ein Aufstieg ins Dunkel und in die Stille", sagte Edith Stein[95]. François Varillon hat auf die Frage nach der Mystik geantwortet:[96]

---

94 Maître Eckhart ou la Joie errante, deutsche Predigten übersetzt und kommentiert von R. Schürmann, 1972, 294.

95 Auszugsweise zitiert aus: P. Mons (Hg.): Edith Stein. Wort und Bild, 22.

96 Zitiert in E. Poulat: L'Université devant la mystique, 1999, 114.

> Ist es ein Über-Sich-Selbst-Hinauswachsen? Müssen wir zulassen, dass derjenige ein Mystiker ist, der empfindet, was die Masse der Christen nicht empfindet? Daran zweifle ich sehr. [...] Die wirklichen Mystiker sind für mich die des Nicht-Wissens, die des Glaubens, der auch vor einem Gott besteht, der eine Wüste ist.

In einer kleinen Anthologie mit Zitaten über die Wüste, in der sich der Autor regelmäßig aufhält, um sein geistiges Leben zu erneuern, trägt eines der kürzesten Kapitel die Überschrift „Voll und leer".[97] Macht die geistige Erfahrung im Stillstand der Zeit wirklich den Unterschied zwischen voll und leer, zwischen einer Anwesenheit und einer Abwesenheit aus? Dazu muss man auch unterscheiden zwischen der Vollendung des Hinabsteigens in sich selbst und dem Heraustreten aus sich selbst, was gleichbedeutend ist mit dem Zugang zur inhaltslosen Fülle und der manchmal tragisch hoffnungslosen Nacht, durch die viele Mystiker hindurchgegangen sind. Nicht nur, wenn sie eine Dürreperiode durchwanderten, in der die geistige Kraft abnimmt oder gar verschwindet. Mehr noch – und das sind die schönsten Seiten, die ich bei Johannes vom Kreuz gelesen habe – wenn sie die Abwesenheit Gottes erfahren, die manchmal nur vorübergehend empfunden wird. Bei der heiligen Theresia vom Kinde Jesu symbolisiert die Nacht noch etwas viel Dramatischeres. Der Jesuitenpater Christoph Theobald drückte das in einem Vortrag im April 1999 in Lisieux anlässlich einer Wallfahrt der Diözese Evry so aus:

> Die Erfahrung der Dunkelheit, von der Theresia spricht, hat nichts mit der klassischen Erfahrung der Prüfung bei den großen Mystikern zu tun [...], denn in der karmelitischen Tradition ist die Nacht ein Übergang, aber niemals ist das Bild des Himmels, der Heimat, getrübt. Nun, dieses Bild leitet immer die spirituelle Erfahrung. Bei Theresia gibt es eine intensive

---

97 R. Chenu: Le Désert, 1997.

Gemeinsamkeit mit der Erfahrung der Atheisten. [. . .] Die alten Mystiken waren das Vorbild, die Karte, nach der man sich orientierte. Hier verschwindet sogar die Karte. Es ist fast ein Zusammenbruch des Glaubens. Fast, denn hier erscheint das: „Ich will glauben, das ist es, was ich singe."[98]

In seinem Buch *Atheismus im Christentum* spricht der marxistische, atheistische Philosoph Ernst Bloch von Meister Eckhart als von jemandem, der „zum mindesten in der Theorie die im Himmel veräußerten Güter als Eigentum des Menschen einfordert."[99] Über den Bericht der Bekehrung des Paulus in der Apostelgeschichte hinausgehend schrieb Eckhart: Paulus „erhob sich von der Erde mit offenen Augen; er sah nichts und dieses Nichts war Gott".[100] Und dieser ist ein „wesenloses Wesen". Eckhart singt also:

> *Oh, meine Seele,*
> *Geh hinaus, Gott trete ein!*
> *Dunkel mein ganzes Sein*
> *Im Nichts Gottes.*

Ein solches mystisches Gedicht verweist nicht auf eine Nacht der Hoffnungslosigkeit, auch nicht auf eine Dürre, sondern auf ein Demütigwerden des Menschen, um in das einzugehen, was man, meiner Ansicht nach, ebenso gut einen Nicht-Gott als auch einen Gott nennen könnte – oder auch, um zu einer inneren Leere zu gelangen, zu der auch die Musik einen Zugang bieten kann.

Nicht, dass ich die Malerei oder die Bildhauerkunst gering schätzte. Aber die Musik hat einen ganz besonderen Platz im geistlichen Leben. Nicht nur wegen des zweiten Gebotes im

98 Connaître, Cahiers de l'association Foi et culture scientifique, Nr. 11, Juni 1999.
99 Zitiert in: Maître Eckhart ou la Joie errante, deutsche Predigten übersetzt und kommentiert von R. Schürmann, 1972, 298.
100 G. Jarcyk/P.-J. Labarrière (Hg.): Et ce néant était Dieu; Maître Eckhart, Predigten LXI–XC, 2000, 7, 15, 17.

Dekalog: „Du sollst dir kein geschnitztes Bild machen, nichts, was dem, was im Himmel oder auf der Erde oder im Wasser oder unter der Erde ist, gleicht." In gewissem Maße haben der Katholizismus und die Orthodoxie, scheint mir, ständig gegen dieses Gebot verstoßen – und dadurch herrliche Kunstwerke geschaffen. Aber wenn man die Schrift wörtlich nimmt, hatten die Bilderstürmer nicht Unrecht. Und wären im Protestantismus so viele musikalische Meisterwerke entstanden, wenn nicht aus einer heftigen Reaktion heraus gegen die Überfülle von Malereien und Skulpturen bei den Katholiken? Kirchenfenster und Bilder haben die christliche Botschaft verbreitet zu einer Zeit, als nur die wenigsten Menschen lesen konnten – aber waren sie jemals wirklich so in die religiöse Praxis integriert wie die Musik?

Man singt in den Kirchen, den evangelischen und den katholischen. Manchmal mehr schlecht als recht. Oft ist das Harmonium verstimmt. Aber der schöne Gesang hat sich in den letzten Jahrzehnten in Frankreich unaufhaltsam ausgebreitet. Man schätzt, dass es in Frankreich zehntausend Chöre gibt, davon ein großer Teil kirchlich. Es gibt einhundertfünfzig liturgische Chorvereinigungen, einhundertdreißig Vereine von Sängerknaben. Zweifellos war es die Bewegung „A cœur joie" („Aus Herzenslust"), 1940 in Lyon gegründet, die dem Chorgesang einen neuen Aufschwung gegeben hat. Durch sie sind etwa um 1980 zwanzig Zentren polyphoner Kunst entstanden, in denen Chorleiter ausgebildet werden. Wenn ich zuerst vom Chorgesang spreche, dann deshalb, weil durch ihn eine erstaunliche Verbreitung der religiösen Musik stattgefunden hat. Vor allem Musik lutherischer Inspiration. Es überrascht oft meine deutschen Zuhörer, wenn ich ihnen sage, dass in Frankreich nicht nur Bach, sondern auch Schütz und Buxtehude zur gängigen Chorliteratur gehören.

Wer hat noch nicht bemerkt, wie sich die Gesichter der Mädchen und Jungen, der Frauen und Männer beim Gesang verschönern, ja, manchmal verklären? Das ist natürlich kein Beweis dafür, dass sie die von Melodie und Text getragene religiöse Kommunikation auch leben. Aber das „Paradoxon über den Schauspieler" von Diderot ist hier kaum anzuwenden. Die Distanz zum Text und zur Rolle, die Selbstkontrolle, die verhindern, dass man die Gefühle, die man spielt, auch empfindet, sind sie bereits Realität beim Schauspieler? Ein Direktor der Comédie Française erzählte, wie er eines Abends nach dem letzten Akt von *Phädra* die Schauspielerin Marie Bell zusammengesunken hinter den Kulissen vorfand, die ihm entgegen schrie: „Welch ein Sch...beruf! Ich flenne!" Bei der ersten Vorstellung des *Messias,* nachdem das „He was despised" („Er ward verachtet"), das Vierte Lied des Gottesknechts bei Jesaja verklungen war, stand mitten im Publikum ein Kaplan auf und rief der für ihre lockere Lebensweise bekannten Sängerin zu: „Dafür, Frau, werden dir deine Sünden vergeben!" Die Künstler, die uns diese musikalischen Emotionen vermitteln, stehen nicht gänzlich abseits dieser Emotionen, auch wenn weder der Zuhörer noch der Musiker sich das Glaubensbekenntnis zu eigen machen, das in den gesungenen Worten enthalten sein kann. Pater Varillon sagte: „Ich wünsche mir, dass man zu meiner Beerdigung das *Requiem* von Fauré spielt".[101] Er müsste wissen, dass Fauré keineswegs gläubig war. Das bedeutet aber nicht, dass man die Inbrunst des „Pie Jesus" oder des „Libera me" als unaufrichtig empfinden müsste.

Ich greife den Fall Fauré nicht zufällig auf. Ich kann mich in der religiösen Musik wohl fühlen und in ihr eine Quelle des inneren Lebens finden, wie aber auch in der, die nicht von der Religion inspiriert ist. Das hindert mich nicht daran, wissen zu wollen, welcher wirkliche Glaube, welche theologische Vision den gläubigen Komponisten angeregt hat. Ich war sehr enttäuscht, als ich in der *Encyclopédie du protestantisme (Enzyklopädie des Protestantismus)* den Eintrag über Bach gelesen habe. Ich hatte den Eindruck, dass Bach nur deshalb erwähnt wurde, weil er Protestant war und es sich darum handelte, sein Leben zu beschreiben und seine Werke aufzu-

---

101 F. Varillon: Beauté du monde et souffrances des hommes, Gespräche mit Charles Ehlinger, 1980, 262.

zählen. Wenn dagegen zwei Jesuiten, sowohl Theologen als auch Musikwissenschaftler, drei Jahre nacheinander an der Pariser Jesuiten-Universität Vorlesungen über *Die Johannespassion, Die Matthäuspassion* und die *H-Moll Messe* halten, vertiefen sie als untrennbar die musikalische Struktur des Werkes und die lutherische Konzeption des Komponisten, der von und für seinen Glauben lebte.

Weder die Kenntnis der Theologie, noch die Kenntnis der musikalischen Strukturen sind jedoch notwendig, um zum eigenen Inneren zu gelangen. Gleichzeitig aber scheint die Musik immer notwendiger zu werden, um zur Mystik vorzudringen. Als im November 2000 das Herbst-Festival und die Zeitschrift *La Croix* sich zusammentaten, um eine bessere Kenntnis der jüdischen, christlichen und islamischen Mystik zu fördern, wurde die Lesung der *Worte des Lichtes und der Liebe* von Musik in ursprünglichen Melodien begleitet oder vertont.

Die Interaktion von Musik und innerlichem Leben kann auf verschiedene Arten erfolgen. Sich selbst vergessen durch die einfache Freude, die man beispielsweise beim Hören eines Konzertes von Mozart empfindet. Den Zugang zur Gelassenheit erleichtert das Klarinettenquintett von Brahms. Mein Verständnis für die christliche Haltung von hoffnungsvoller Resignation, die auf das Aufbegehren gegen eine persönliche Tragödie folgt, rührt zum großen Teil aus dem vierten und letzten Gesang der *Kindertotenlieder* von Mahler. Die Musik drückt in erschütternder Weise den Gefühlswandel eines Vaters aus, dessen tote Kinder weggetragen werden.

Aber der Stillstand der Zeit, die vollendete Verinnerlichung, das, was der Gläubige als ein Heraustreten aus sich selbst empfindet, erlebe ich, wenn ich musikalische Werke höre, wie etwa den ersten Satz der letzten Klaviersonate von Schubert oder sein Quintett für zwei Celli. Am Ende des Romans *Kontrapunkt des Lebens* von Aldous Huxley versucht ein im Allgemeinen zynischer Mensch vor seinem Selbstmord seine Freunde davon zu überzeugen, dass es einen entscheidenden Beweis für die Existenz Gottes gibt: der langsame Satz „Heiliger Dankgesang" aus dem 15. Quartett von Beethoven. Er überzeugt nicht und stirbt verzweifelt. Ich bin ebenso wenig überzeugt, aber ich glaube, dass die musikalische Erfahrung manchmal gleichbedeutend ist mit der mystischen Erfahrung.

Mit dem gleichen Risiko: sich von der Welt loszusagen und sein „wirkliches Leben" in der Kontemplation zu leben und zuviel Gefallen an der bewährten Spiritualität zu finden. Aber der zeitgenössische Musiker, der am meisten von der Spiritualität begeistert war, nämlich Yehudi Menuhin, war auch derjenige, der am meisten offen war, am meisten da war für die Freuden und die Leiden der Männer und Frauen in allen Ländern, in allen Kontinenten. Und sogar die, die den Rückzug aus der Welt predigen, bewirken oft mehr in ihr als die, die in ihr eintauchen.

Im November 1999 trafen sich die Äbte und Äbtissinnen von 160 Trappistenklöstern, „Zisterzienser der strengen Observanz", zu einem Generalkapitel in Lourdes. Nach Meinung des Generalabts „müssen die Minderheitskirchen, verloren irgendwo zwischen dem Ozean und dem Islam, zeigen, dass die christliche Aktion sich auf die Kontemplation richtet und dass der Gott des Reiches wichtiger ist als das Reich Gottes."[102] Die Mönche von Thibirine, die 1996 ermordet wurden, waren Trappisten. Ihr Martyrium, das heißt ihr Zeugnis für den Glauben an den Gott des Reiches, hat ohne Zweifel mehr für die Herrlichkeit Gottes und das Heil der Brüderlichkeit zwischen Christen und Muslimen bewirkt als so manche engagierte Aktion, die durchgeführt wird, damit sich das Reich Gottes in der Welt ausbreite. Das ändert aber nichts daran, dass das Vorhandensein des „Horizontalen" in der Gesellschaft unserer Zeit die wesentliche Dimension für das Engagement des Gläubigen geworden ist, der sich somit auf die Seite derer stellt, die nicht seines Glaubens sind.

---

102 La Croix, 12. November 1999.

5. KAPITEL

Die horizontale Dimension:
Die zeitlichen Verflechtungen

Niemand predigt mehr die absolute Trennung dieser beiden Bereiche. Wer wollte nicht den doppelten Spott Nietzsches in seinem *Zarathustra* akzeptieren? „So spricht der Tor: ,Der Umgang mit Menschen verdirbt den Charakter, besonders wenn man keinen hat.' ,Wer sucht, der geht leicht verloren. Alle Vereinsamung ist schuldig': so spricht die Herde." Ich denke nicht, dass es einen großen Widerspruch zur Formulierung von Pater François Varillon gibt, in der er das Wort „Licht" mit zwei sehr unterschiedlichen Bedeutungen gebraucht: „Sie haben das Licht, das aus dem Evangelium herabkommt und Sie haben das Licht, das aus der Analyse der Situation heraufsteigt. Treffen Sie also Ihre Entscheidung im Schnittpunkt der beiden Lichter." Es würde aber zweifellos einen Widerspruch zu seiner Aussage geben: „die Aufgabe, die Kompetenz in der Analyse der Situation zu erwerben, gehört schon zur Spiritualität".[103] Jacques Maritain hätte darin sicher den Ansatz für eine „vollständige Verweltlichung des Christentums" gesehen, die Versuchung eines „Kniefalls vor der Welt".[104] Und wenn er zu der Zeit, als er sein polemisches Buch verfasste, Kenntnis gehabt hätte von der *Schlussbotschaft an die Christen* der IV. Versammlung des Ökumenischen Rates der Kirchen, im Juli 1968 in Uppsala, hätte er sicherlich Anstoß genommen an der Formulierung: „Die Christen, die in ihrem Verhalten die Würde anderer Men-

---

103 Zitiert in: P. Meunier: François Varillon. Une spiritualité de la vie chrétinne, 1990, 28.
104 J. Maritain: Le Paysan de la Garonne, 1966, 88, 85.

schen leugnen, sind genau so gut der Häresie schuldig, wie die, die einen Glaubensartikel nicht anerkennen".

Eine solche Behauptung war nicht selbstverständlich. Sie ließ eine lange christliche Tradition ins Leere laufen. Sie klammerte auch die wesentliche Frage der christlichen Mission aus, nämlich die Evangelisierung durch die Christen, vor allem durch die Kirchen: wie kann man den Wunsch, zu bekehren, mit dem politischen und sozialen Engagement vereinbaren, das man bei einem Teil derer praktiziert, die zu bekehren wären?

Eine geänderte Moral angesichts der Mission

Ich bin immer erstaunt, wenn ich sehe, wie sehr die Kirchen dazu neigen, in ihrem Gott die zentrale Quelle aller menschlichen Moral zu sehen. Sogar Johannes XXIII. sagte noch 1961 in der Enzyklika *Mater et magistra:* „Die sittliche Ordnung hat nur in Gott Bestand. Wird sie von Gott gelöst, löst sie sich selbst auf." (MM 208) Die radikalste Verurteilung einer humanistischen Moral erging in Rom am 14. Dezember 1991. Die Bischofssynode der katholischen Kirche verabschiedete einen Text, in dem es heißt:

> Der Zusammenbruch des Kommunismus ruft zu einem kritischen Nachdenken über den ganzen kulturellen, sozialen und politischen Weg des europäischen Humanismus auf, soweit er durch den Atheismus, nicht nur im Blick auf das Ergebnis des Marxismus, gekennzeichnet ist, und beweist, dass es faktisch, und nicht nur prinzipiell, nicht angeht, die Sache Gottes von der Sache der Menschen zu trennen.[105]

Mit anderen Worten, es kann keine moralischen Ungläubigen geben, es sei denn, man betrachtet sie als Christen, die

---

105 Deutsche Bischofskonferenz (Hg.): Damit wir Zeugen Christi sind, der uns befreit hat, 1991.

sich ihres Christentums nicht bewusst sind. Mir gefällt die Formulierung des Dominikaners Jean-Pierre Lintanf besser, der sagte:

> Der Glaube an Gott ist auch nicht notwendig, um eine Moral zu begründen. Die Moral gehört nicht den Kirchen. Zu behaupten, wie Dostojewski es tat, dass alles erlaubt ist, wenn Gott nicht existiert, das bedeutet, sich eine klägliche Vorstellung vom Menschen, von der Moral und von Gott zu machen.[106]

Die Bischöfe hatten nicht genügend über den Satz nachgedacht, der in *Mater et magistra* den Teil „Neue Seiten der sozialen Frage" einleitet: „Die Entwicklung der geschichtlichen Situation stellt immer klarer die Bedeutung von Gerechtigkeit und Billigkeit heraus." (MM 122) Diese Entwicklung ist nicht aus sich selbst heraus entstanden. Vom 16. bis zum 19. Jahrhundert wurde sie von Individuen und organisierten Kräften beeinflusst – die den Fortschritt in Richtung Gerechtigkeit fast immer gegen die Kirchen, vor allem die katholische, erzwungen haben. Nicht durch einen Kampf gegen die Werte des Evangeliums, sondern zum Teil indem sie sich von ihnen inspirieren ließen, durch eine andere Art, die Evangelien zu lesen.

Welcher katholische oder protestantische Prediger ist heute nicht glücklich, den berühmten Abschnitt aus dem Brief an die Galater auszulegen, in dem es heißt: „Da gibt es nicht mehr Juden und Griechen, Sklaven und Freie, Mann oder Frau. Denn ihr alle seid einer in Christus Jesus." (Gal 3,28) Er vergisst dann aber im Allgemeinen hinzuzufügen, dass die Kirche schlicht und einfach über Jahrhunderte hinweg die Sklaverei geduldet hat. Dieser Vers bedeutete lediglich, dass auch die Sklaven Christen werden konnten, aber trotzdem Sklaven blieben. Oder sogar zum Christentum gezwungen wurden. Der Artikel 2 des 1685 von Ludwig XIV. proklamier-

---

106 Cahiers du Val, Nr. 5, Zeitschrift der Gemeinschaft von Val-Martel, Côtes-d'Armor.

ten und bis zur Abschaffung der Sklaverei in Kraft gebliebe-
nen „Schwarzengesetzbuches" sagte:

> Alle Sklaven auf unseren Inseln werden getauft und in der
> katholischen, apostolischen und römischen Konfession unter-
> wiesen. Wir werden den Bewohnern, die neu eingetroffene
> Schwarze kaufen, befehlen, die Gouverneure und Verwalter
> davon in Kenntnis zu setzen [. . .] um sie in einer angemesse-
> nen Zeit unterweisen und taufen zu lassen.[107]

Der Artikel 12 präzisierte: „die Kinder, die aus Ehen von Sklaven hervorgehen, werden Sklaven". (Um das Gesetz über
den Zölibat zu stärken, entschied im 7. Jahrhundert ein Konzil, dass die Kinder von Priestern zeitlebens Sklaven bleiben,
wegen der Schande, in der sie geboren wurden.) Der Artikel
44 passte nun seltsamerweise gar nicht zu der Vorstellung
von einer christlichen Seele: „Erklären wir die Sklaven zu be-
weglichen Gütern", also erniedrigt auf die Ebene von Gegen-
ständen, die frei gekauft oder verkauft werden konnten. Die
Verurteilung des Sklavenhandels wurde erst 1839 von Gregor XVI. ausgesprochen, aber das Prinzip der Sklaverei selbst
wurde erst 1888 durch Leo XIII. verurteilt.

Länger und anhaltender war allerdings der ständige Aufruf der Kirchen zur Ergebenheit der Armen, der Opfer der
sozialen, politischen und wirtschaftlichen Mächte, mit der
Zusicherung, dass sie sich mit ihren jetzigen Leiden den
Himmel verdienen. Im ersten Petrus-Brief heißt es, die Sklaven sollen sich ihren Herren unterwerfen, „nicht nur den
gütigen und freundlichen, sondern auch den launenhaften.
Denn das ist Gnade, wenn einer, Gottes eingedenk, Leiden
trägt, die er ungerecht erduldet". (2Petr 2,18–19) Es fällt
schwer, manche Texte der Evangelien nicht im Sinn eines
„Opium für das Volk" zu interpretieren. Die Tatsache, dass
sich diese Formulierung von Marx im 20. Jahrhundert noch
besser auf die marxistische Ideologie anwenden ließ, ändert

---

107 L. Sala-Molins: Le Code noir ou le calvaire de Canaa, 1987.

nichts am Wesen einer religiösen Moral, die die Ergebenheit preist. „Selig, die ihr jetzt hungert, denn ihr werdet gesättigt werden. [. . .] Wehe euch, ihr Satten, denn ihr werdet hungern." (Lk 6,21.25) Die Seligpreisungen bei Lukas gehen in die gleiche Richtung wie das Gleichnis vom reichen Prasser und dem armen Lazarus. Sicher, der Reiche lässt Lazarus vor seiner Tür kauern. Aber Lazarus hatte keine besonderen Verdienste erworben. Als der Reiche starb und in der Hölle Qualen litt, sagte Abraham zu ihm: „Mein Kind, denk daran, daß du schon zu Lebzeiten deinen Anteil am Guten erhalten hast, Lazarus aber nur Schlechtes. Jetzt wird er dafür getröstet, du aber musst leiden." (Lk 16,25) Im 19. Jahrhundert ging man noch darüber hinaus und sagte, die Vorsehung habe gewollt, dass es Reiche und Arme gäbe, weil sonst die Reichen nicht die Werke der Barmherzigkeit üben und – verdienstvoll – Almosen spenden könnten. Solche Ideen künden natürlich noch keine christlichen Revolten gegen die Ungerechtigkeit innerhalb der nationalen Gesellschaften oder zwischen den Kontinenten an, so wie sie in den Sozialenzykliken von Leo XIII. bis Johannes Paul II. zum Ausdruck kommen.

Noch in der Mitte des 20. Jahrhunderts ist der Sinn für die Gleichbeachtung aller Menschen nicht voll entwickelt. Glücklicherweise sind schreckliche Aktionen selten geworden, wie etwa die Entscheidung der Kirche von Québec im Jahr 1954, fast 3.000 Waisenkinder, die ihr anvertraut waren, kurzerhand für geistesgestört zu erklären. Die heilpädagogischen Institute wurden in psychiatrische Kliniken umgewandelt: der Staat gab siebzig Cent für ein Waisenkind, aber über zwei Dollar für einen Geisteskranken! Eine Untersuchung von 1960 ergab, dass die Kinder im Jugend- oder Erwachsenenalter über eine normale Intelligenz verfügten, aber größtenteils Analphabeten waren. Die argentinische Kirche widersprach nicht der Anwesenheit von Priestern, die in den Flugzeugen die Absolution spendeten, aus denen die Regimegegner hinausgeworfen wurden. Weniger tragisch in den unmittelbaren Konsequenzen, aber beladen mit vergangenen kolonialen Diskriminierungen ist die schöne Äußerung des Bischofs von Oran, Pierre Claverie:

> Ich habe mich gefragt, warum ich während meiner gesamten
> Kindheit [in Algerien] als Christ – nicht mehr als die anderen
> – Kirchgänger wie die anderen, zwar Predigten über die
> Nächstenliebe hörte, aber niemals gesagt bekam, dass der
> Araber mein Nächster sei.[108]

Man musste auf Léon-Etienne Duval, Erzbischof von Algier,
und auf den Bischof von New Orleans warten, die fest behaupteten, der Platz der Kirche sei an der Seite der Verfolgten, auch wenn diese nicht katholisch und die Verfolger katholisch sind.

Wenn Johannes XXIII. in *Pacem in terris* schreibt, dass „jeder Mensch Recht auf Freiheit in der Suche nach der Wahrheit" hat, bricht er mit einer Haltung, die nicht nur die der
katholischen Kirche war. In England musste man die Emanzipationsakte von 1829 abwarten, damit Katholiken nicht
länger als rechtsunfähige Minderjährige ohne aktives und
passives Wahlrecht behandelt wurden. In Norwegen wurde
die Gleichberechtigung der Konfessionen erst 1842 hergestellt, in Dänemark 1849 und in Schweden 1866. In Spanien
dagegen erlangten die Protestanten erst nach dem Tod Francos 1975 ihre volle Religionsfreiheit. Und nur das katholische
Frankreich von Ludwig XIV. sandte die Priester anderer christlicher Religionen auf die Galeeren, wenn sie hartnäckig darauf beharrten, ihre Seelsorge im Untergrund auszuüben.[109]

Die Französische Revolution brachte viele Priester um und
verriet damit die Ideale, auf die sie sich anfangs berief. Die

108 Vgl. J.-J. Perennes: Pierre Claverie. Un Algérien par alliance, 2000,
    29–34.
109 Alle Angaben in R. Rémond: Religion et société en Europe. 1998.
    Für die Gesamtheit des Problems, vgl. besonders J.-M. Donegani:
    La Liberté de choisir. Pluralisme religieux et pluralisme politique
    dans le catholicisme français contemporain. 1993. Das Zitat in Le
    Monde vom 3. August 1996 greift den Text wieder auf, der in Nouveaux Cahiers du Sud im Januar 1996 erschienen ist.

Ideale der Freiheit, der Gleichheit und der Brüderlichkeit, die Johannes Paul II. bei seinem ersten Papstbesuch in Frankreich 1980 begrüßte, weil sie auch die christlichen Werte verkörperten: Ich glaubte damals, die Gebeine von Pius IX. klappern zu hören, der sich wütend in seinem Grab umdrehte vor diesem Papst, der 1789 lobte!

Das schließt eine solide Trennmauer nicht aus, die gemeinsame Aktionen der Erben der Aufklärung mit den Christen, die in der Moral der gleichen Würde aller Menschen leben, erschwert. Im zweiten Brief über die Befreiungstheologie vom 5. April 1986 verurteilte Kardinal Ratzinger im Namen der Kongregation für die Glaubenslehre das Unrecht fast genauso heftig wie die Priester, die seinen Text kritisierten. Aber er bestätigte auch, dass „die Sünde des Menschen, nämlich sein Bruch mit Gott, die Wurzel der Tragödie ist, die die Geschichte der Freiheit kennzeichnet". Nicht nur, dass der Prälat damit große Unkenntnis der Geschichte offenbarte, er schien auch sagen zu wollen, dass die Vorbedingung für die Herstellung von Freiheit und Recht die Bekehrung der Ungläubigen ist. In den Sozialenzykliken von Johannes Paul II. ist der Ton anders. Ich habe mir besonders die Fußnote 65 von *Sollicitudo rei socialis* angestrichen:

> Die Kirche weiß und betont auch, dass solche Fälle von sozialer Sünde die Frucht, die Anhäufung und die Zusammenballung vieler personaler Sünden sind [. . .] dessen, der Unrecht erzeugt, begünstigt oder ausnutzt [. . .] der Zuflucht sucht in der behaupteten Unmöglichkeit, die Welt zu verändern, und der sich den Mühen und Opfern entziehen will . . .

Die „soziale Sünde" ist also nicht notwendigerweise die des „Bruchs mit Gott". Aber die Aussage von Joseph Ratzinger bezieht sich auf ein für die Christen zweifellos fundamentales Problem, das unvermeidliche Auswirkungen auf die Organisationen hat, die sich auf eine christliche Kirche berufen: Wie lässt sich das soziale Engagement mit dem Auftrag zur Evangelisierung vereinbaren, und – für die Katholiken –

mit dem Mandat, das man möglicherweise von der Hierarchie erhalten hat?

Die Rückkehr zu einer offeneren Definition des Nächsten,
die Beachtung einer Moral, die um Gerechtigkeit und Freiheit
besorgt ist, genügen nicht, um eine Schwierigkeit beiseite zu
schieben oder zu überwinden, die mit dem Christentum
zweifellos wesensgleich ist. Welches ist die Mission der Kirchen, welches ist die Mission des Christen? Als 1943 die Priester Henri Godin und Yvan Daniel ihr Buch *La France, pays de
mission? (Frankreich, ein Missionsland?)* veröffentlichten, wurde ein dauerhafter Widerhall durch eine bittere Bestandsaufnahme ausgelöst, von der man annehmen kann, dass sie spät
kam: Frankreich war weitgehend entchristianisiert und wurde aus der Sicht der Kirchen und ihrer Gläubigen weniger wie
ein katholisches Land mit Problemen betrachtet, als vielmehr
wie eine Region, in der das Christentum neu eingepflanzt
werden muss. Mit welchen Mitteln? Durch eine Evangelisierung, die auf Bekehrungen abzielt? Durch ein Zeugnis, das das
Christentum dank des Wertes der Zeugen aufwertet? Wo sind
Prioritäten zu setzen?

Das Zweite Vatikanische Konzil wollte darauf in zwei langen Texten Antwort geben, einer vom 18. November 1965,
der andere vom 7. Dezember. *Apostolicam actuositatem* über
das Laienapostolat gab dem Zeugnis den Vorrang. „Da es
aber dem Stand der Laien eigen ist, inmitten der Welt und
der weltlichen Aufgaben zu leben, sind sie von Gott berufen,
vom Geist Christi beseelt nach Art des Sauerteigs ihr Apostolat in der Welt auszuüben", in dem Maße, wie „die Sen-
dung der Kirche nicht nur darin [besteht], die Botschaft und
Gnade Christi den Menschen nahe zu bringen, sondern
auch darin, die zeitliche Ordnung mit dem Geist des Evangeliums zu durchdringen und zu vervollkommnen." (Abs. 2
und 5)

Ad gentes über die missionarische Tätigkeit der Kirche stellt
die Dinge etwas anders dar, zum Teil, weil der Text eher die
Arbeit der Priester und Ordensleute anspricht als die der Lai-
en. „Die missionarische Tätigkeit ergibt sich in erster Linie

aus dem Wesen der Kirche; sie verkündet den erlösenden Glauben." Das ändert aber nichts daran, dass das Kapitel „Das Missionswerk selbst" mit einer Betrachtung des „christlichen Zeugnisses" beginnt. Die Verkündigung und die Bekehrung zum Christentum kamen erst danach. In der Enzyklika *Redemptoris missio* vom Dezember 1990 schreibt Johannes Paul II. im Kapitel „Die Wege der Mission", dass die erste Form der Evangelisierung das Zeugnis ist, denn „der Mensch unserer Zeit glaubt eher den Zeugen als den Lehrern, eher der Erfahrung als der Doktrin, eher dem Leben und den Tatsachen als den Theorien". Er bestätigt aber auch, dass „die Verkündung Beständigkeit und Vorrang in der Mission" hat.

Man kann vielleicht die Lösung in der Antwort finden, die Pierre Claverie, Bischof von Oran, auf die Frage gegeben hat: „Sie versuchen also weder zu bekehren noch zu evangelisieren?"[110]:

> Bekehren, sicherlich nicht. Die gemeinsame Geschichte der Christen und Muslime ist von Anfang an genügend konfliktbeladen; unser Ziel [hier in Algerien] ist, zu dauern in der Solidarität, damit sich das Kennenlernen in einem Klima der Gelassenheit vollziehen kann. Evangelisieren? Ja, in dem Sinn, dass wir die Offenbarung eines Gottes der Liebe anbieten. Ich weiß, dass dieses Angebot abgelehnt oder falsch ausgelegt werden kann, dass ich deswegen verfolgt werden kann [er wurde einige Monate später ermordet . . .], aber ich weiß auch, dass dieses Angebot Teil der christlichen Existenz ist.

Schadet die Verkündigung nicht dem Zeugnis? Es gibt einen deutlichen Unterschied zwischen der Beteiligung, die die Quelle andeutet oder durchblicken lässt und der Proklamation eines Glaubensinhalts, die als Aufruf zur Bekehrung zu verstehen ist. Es ist natürlich möglich, Angebote nebeneinander bestehen zu lassen, die, wenn nicht gar unvereinbar, doch sehr unterschiedlich sind, so wie es 1994 der „Dagens-

---

110 Interview erschienen am 15. September 1995 zur Einführung von
    Pierre Claverie, Lettres et messages d'Algérie.

Bericht"[111] (nach dem der Untersuchung vorstehenden Bischof benannt) getan hat, dessen Text von der Gesamtheit des französischen Episkopats angenommen wurde. Der Appell an das „sakramentale Bewußtsein einer gemeinsamen Mission ist untrennbar mit dem Auftrag Christi ‚alle Völker zu taufen' verbunden" und geht der Bestätigung voraus: „Das christliche Leben in der Nachfolge Christi, welches auch immer seine Grenzen und Schwächen seien, ist auch ein Wort, das an unsere Gesellschaft gerichtet ist ..."

Dennoch bedarf es des Zeugnisses. Ich habe auch noch die Zeiten erlebt, da die Kirche, selbstsicher und beherrschend, auf die Ausbreitung des Katholizismus durch Bekehrung von Ungläubigen oder Mitgliedern anderer Konfessionen, allein durch die Kraft der Argumente setzte. Dann kam, besonders nach dem Ende des Krieges, die Zeit des Zeugnisses in der Aktion. Die Krise von 1968 schien mir das Zeugnis selbst in Frage zu stellen und die Christen im unsichtbaren Christentum zu vervielfachen, die überall eine Mitsprache forderten, aber ihre eigene Mitwirkung am Werk Gottes verweigerten. Das Zeugnis durch die aktive Gegenwart ist zurückgekehrt. Diese Gegenwart nimmt verschiedene Formen an. Im Jahr 1945 setzte sich in Frankreich die von Jacques Maritain eingeführte Unterscheidung zwischen *en chrétien* – aus dem eigenen Christentum heraus – und *en tant que chrétien* – als Christ auftretend – durch. Das führte zum Verschwinden des C im Namen einer Partei und später auch im Namen einer Gewerkschaft.

1949 hatte ich Gelegenheit, vor einer Versammlung von deutschen und französischen Jesuiten zu sprechen. Meine Behauptung, dass jeder Anspruch, Besitzer der absoluten Wahrheit zu sein, auch das Risiko der Intoleranz nach sich zieht, wurde von den Franzosen als selbstverständlich betrachtet, rief jedoch den Protest eines jungen deutschen Je-

---

111 C. Dagens: Proposer la foi à la société actuelle, Bericht vorgelegt bei der Vollversammlung der Französischen Bischofskonferenz in Lourdes, 1994.

suiten hervor. Ich habe ihn dann gefragt: „Nehmen wir einmal an, dass Sie in dieser Zeit der Papierknappheit die Aufgabe haben, dieses wertvolle Material zu verteilen. Würden Sie Papier bereitstellen zum Druck der Werke von Jean-Paul Sartre? – Natürlich nicht! – Also sind Sie intolerant. – Eine Mutter, die ihr Kind auf der Fensterbank spielen sieht und es nicht wegnimmt, ist sie tolerant oder unvernünftig?" Ich antwortete (obwohl es zu dieser Zeit noch keine Enzyklika *Mater et magistra* gab), dass nach seiner Auffassung der Christ niemals erwachsen wird und immer von seiner Kirche beaufsichtigt und bemuttert werden muss. Für die Franzosen stellte sich diese Frage nicht und meine Frage war eher töricht: Als Verteiler von Papier in einem laizistischen Staat hätte der Christ einen Vertrauensbruch in seiner Aufgabe begangen, wenn er sie in christlichem Auftrag erfüllt hätte. Er könnte sich gerade noch dadurch als Christ verhalten, dass er sich bemüht, mit Sinn für Gerechtigkeit zu entscheiden.

Muss der Christ, wenn er glaubt, dass seine Mission im Zeugnis besteht, im Umgang mit Menschen und Behörden seines neuen Umfeldes seinen Glauben außer Acht lassen? Diese Frage haben die Christen schon dem Apostel Paulus gestellt. „Weh mir, wenn ich das Evangelium nicht verkünde", ruft er im Ersten Brief an die Korinther aus. Und sofort danach: „Allen bin ich alles geworden, um auf jeden Fall etliche zu retten." „Den Schwachen ein Schwacher zu werden", bedeutet das nicht, seine Fahne zunächst mal in die Tasche zu stecken, um akzeptiert zu werden, um in eine Gruppe von Menschen zu kommen, um im gewissen Sinn „Unterwanderung" zu betreiben, wie man es zu unserer Zeit von den Trotzkisten sagt? Zwingt die Mission nicht dazu, sich später doch erkennen zu geben, Farbe zu bekennen?

Die Arbeiterpriester haben das Problem mehr oder weniger gut durchgestanden. Sich nicht als Priester erkennen zu geben, war allgemein notwendig, um überhaupt eingestellt zu werden, weil sie sonst als potenzielle Störenfriede abgelehnt worden wären. Von den Arbeitern angenommen zu werden, setzte oft voraus, sich in einer ersten Phase nicht als

Geistlicher erkennen zu geben und in einer zweiten Phase zu zeigen, dass man – obwohl Priester – die Bedingungen des Arbeiterlebens definitiv akzeptiert hat. Ansonsten hätte er als Besucher mit kurzlebiger Solidarität gegolten. Diesen letzten Punkt hat Rom absolut nicht verstanden und sie zurückgerufen.

Im *Figaro* vom 5. Juni 1953 zeigte François Mauriac in ergreifenden Worten Verständnis für die Lage der Arbeiterpriester und versuchte, ihren erzwungenen Rückzug zu verhindern. Es war für ihn ein „Arbeitsunfall spiritueller Natur, für den sich die Leiter der Kirche vor Gott verantworten müssen".

> Die Zeit ist vorbei, wo wir den Fortschritt oder den Rückgang des christlichen Lebens anhand der Anzahl der Osterkommunionen beurteilt haben. [...] Dieser Priester, der als Docker auf den Quais im Hafen von Bordeaux tödlich verunglückte, hatte sicher nur eine kleine Zahl seiner Kameraden bekehrt. Und doch, die große Beteiligung aller Docker an seiner bescheidenen Beerdigung (und ich höre noch den erschütternden Bericht des Erzbischofs von Bordeaux) bewies, dass diese Armen eine dunkle Ahnung von dem Geschenk hatten, das ein einzelner Mann ihnen machte, weil er einer von ihnen geworden war. [...] Diese Realität: der Wunsch, dass eine unendlich erneuerte Gnade eine kleine Menge von Menschen dazu anregt, die Armut der arbeitenden Bevölkerung anzunehmen. Und dies nicht, um ihren darauf nicht vorbereiteten Kameraden eine Wahrheit zu predigen, die die meisten von ihnen gar nicht anzunehmen gewillt sind, sondern um sich zunächst in ihre Schule zu begeben, und von ihnen das Geheimnis des geteilten Leidens zu lernen [...][112]

Der Rückruf der Arbeiterpriester war das sichtbarste Drama, entstanden aus unterschiedlichen Auffassungen und Erfahrungen von „Mission".[113] Es ist wahr, für Rom war es schwie-

---

112 Zitiert in: La Paix des cimes, 2000.
113 Vgl. besonders das Drama der Dominikaner in F. Leprieur: Quand Rome condamne, 1989.

rig zu verstehen, dass die erste Mission der Arbeiterpriester wohl darin bestand, für die Kirche Verzeihen zu erlangen, weil sie sich von den Fabriken und Werkhallen so erschreckend ferngehalten hatte.

Zwei andere, weniger sichtbare Konflikte, haben eine nicht minder dramatische Entwicklung genommen. Im Zusammenhang mit dem Verständnis des „sozialen Apostolats" hat die Gesellschaft Jesu in der zweiten Hälfte des 20. Jahrhunderts dem Papst nicht immer Gehorsam geleistet. Die 22. Generalkongregation wollte 1975 eine genaue Antwort auf die Frage geben: „Was bedeutet es heute, Mitglied der Gesellschaft Jesu zu sein?" Die Antwort war so formuliert: „Sich unter der Standarte des Kreuzes dem entscheidenden Kampf unserer Epoche zu stellen, dem Dienst am Glauben, dessen Förderung der Gerechtigkeit eine absolute Forderung darstellt, denn sie ist das Ergebnis der Versöhnung unter den Menschen als Folge der Versöhnung der Menschen mit Gott." Rom hat die in dieser Formulierung enthaltene Dimension der Evangelisierung nicht immer ausreichend gewürdigt. Die *Caractéristiques de l'„apostolat social de la Compagnie de Jésus"* (Charakteristiken des „sozialen Apostolats der Gesellschaft Jesu") präzisierten 1998, das Ziel sei, gleichzeitig sozial und kulturell effizient und wirksamer Verkünder der Guten Nachricht zu sein.

Die Spannung zwischen Evangelisierung und Zeugnis, zwischen aktiver Teilnahme und distanziertem Willen zu evangelisieren, trug 1956 zum Tod des Bundes der katholischen Jugend Frankreichs (ACJF) bei. Trug nur dazu bei, denn die Debatte über die Mission war eng verbunden mit dem Problem des Mandats. Der Konzilstext sagt: „die kirchliche Autorität kann auf besondere Weise gewisse apostolische Vereinigungen und Einrichtungen auswählen und fördern, indem sie direkt ein geistliches Ziel anstrebt, und ihnen gegenüber eine besondere Verantwortung übernimmt [...] ohne den Laien die notwendige Freiheit wegzunehmen, aus eigener Initiative zu handeln. Dieser Akt der Hierarchie wurde ‚Mandat' genannt".

Bereits 1955 empfand sich die ACJF, eine Bewegung in der Kirche, kaum noch als Bewegung der Kirche. 1886 gegründet, hat die ACJF 1949 eine Neugründung auf der Grundlage des Orientierungsberichts von René Rémond von 1947[114] erlebt. Sie umfasste zunächst die Verbände der Jeunesses étudiantes (studierende Jugend), der Jeunesses ouvrières (Arbeiterjugend), der Jeunesses agricoles (Landjugend) und der Jeunesses indépendantes (unabhängige Jugend). Sie war ursprünglich ein Zusammenschluss fast unabhängiger Bewegungen, und wurde eine Organisation mit unterschiedlichen sozialen Verästelungen. Es ist ziemlich seltsam, dass es gerade die katholische Arbeiterjugend (JOC) war – in den fünfziger Jahren noch etwas klassenkämpferisch und wenig integrationsfreudig –, die nun die missionseifrigste im Dienst der Kirche sein wollte. Pastor Finet bat mich für die evangelische Wochenzeitung *Réforme* um einen Kommentar zur Selbstauflösung der ACJF, die eine Folge des Unverständnisses und des Drucks seitens des Episkopats war. In diesem Kommentar kam ich zu einer Schlussfolgerung, die ich auch heute noch ziehe:[115]

> Wenn die katholische Aktion einzig und allein die Evangelisierung ist, das heißt die Bemühung, nicht-katholische Christen oder Nichtglaubende der katholischen Kirche zuzuführen, wo ist das Problem? Wenn man aber das Zeugnis von der Evangelisierung unterscheidet, wenn dieses Zeugnis im wesentlichen darin besteht, zu den politischen, sozialen, wirtschaftlichen Problemen als Christ Stellung zu nehmen, sowohl aus einem inneren Bedürfnis heraus, als auch um die Forderungen des Katholizismus den Nicht-Katholiken begreiflich zu machen, tritt die Schwierigkeit deutlicher zu Tage. [. . .] Der Ausgang der Debatte über das Wesen der katholi-

---

114 Text in: ACJF (Association catholique de la jeunesse française), 1881–1956, Signification d'une crise, 1964, 145–168, und in R. Rémond: Les Catholiques français et la société politique. Écrits de circonstance (1947–1991), 1995, 1–34.

115 A. Grosser: Crise de l'Action catholique, in: Réforme, 10. Juni 1956.

schen Aktion interessiert vielleicht in erster Linie die anderen Christen und die Nichtglaubenden. [. . .] Wenn die reine Evangelisierungstendenz den Sieg davon trägt, dann laufen wir Gefahr, zu den sterilen Konflikten der Vergangenheit zurückzukehren. [. . .] Wenn sich aber das Gegenwärtigsein bei den Problemen der Welt von heute als Zielsetzung des Zeugnisses im französischen Katholizismus hält, wird auch weiterhin eine enge Zusammenarbeit mit denen möglich sein, die im gleichen moralischen Klima leben.

Politik

Das Wort „Politik" hatte nicht immer und hat auch heute noch nicht immer einen guten Klang bei den Christen. Das „Gebt dem Kaiser, was des Kaisers ist und Gott, was Gottes ist", wurde oft als Auftrag ausgelegt, die beiden Bereiche zu trennen. Auf protestantischer Seite – aber nicht nur da – stützte man sich auf zwei biblische Texte, um die Untertanen daran zu hindern, Bürger zu werden. Der Brief an die Römer (Kap. 23) ist entscheidend in seinen beiden ersten Versen:

Jeder leiste den Trägern der staatlichen Gewalt den schuldigen Gehorsam. Denn es gibt keine staatliche Gewalt, die nicht von Gott stammt; jede ist von Gott eingesetzt. Wer sich daher der staatlichen Gewalt widersetzt, stellt sich gegen die Ordnung Gottes.

Die Fortsetzung wird selten zitiert. Die besagte Obrigkeit gilt als wohlwollend und gerecht und bestraft nur die, die Übles tun – und kassiert nur die völlig gerechtfertigten Steuern. Hinsichtlich der verschiedenen Charismen, sagt der erste Korintherbrief (1Kor 12,7): „Jedem aber wird die Offenbarung des Geistes geschenkt, damit sie anderen nützt." Damit ist nicht gesagt, dass ein Charisma zum Regieren oder der Regierungsausübung über jede Kritik erhebt und die Unter-

tanen zwingt, auf jede Mitverantwortung für das Gemein-
wesen zu verzichten.

Lange Zeit waren in Frankreich die Konfrontationen sehr
heftig wegen der Anwesenheit von Christen in der Politik
und wegen der Definition von Politik.[116] Heute scheint es,
dass die Politik, verunglimpft in ihrer Alltäglichkeit, ihre
Rechte wieder gefunden hat. Ist sie denn nicht die Summe
der Ziele und Mittel, die sich eine menschliche Gemeinschaft gibt, um ihre Gegenwart und mehr noch ihre Zukunft
zu meistern? Der Sozialausschuss des Episkopats hat eine be-
merkenswerte Definition gegeben[117]: „Die Politik ist in gewissem Sinn das große Umfassende, das die verschiedenen
Bereiche des gesellschaftlichen Lebens enthält [...], sie ist in
allem, aber sie ist nicht alles." Letztere Formulierung griff
auf, was bereits Emmanuel Mounier gesagt hatte. Die Um-
fassung verhindert keinesfalls die Anwendung der Subsidia-
ritätslehre, muss aber ständig mit zwei Fragen verknüpft
sein: mit der Frage nach der Kompetenz und mit der nach
dem Verhältnis von Strukturen und Verhalten.

Eine lebhafte Kontroverse zwischen Monsignore Riobé,
dem Bischof von Orléans und dem Admiral de Joybert im
Juni 1973 über die atomare Bewaffnung warf ein Licht auf
die doppelte Bedeutung des Wortes „Kompetenz". So wie ein
Gericht kompetent, d.h. zuständig ist, um über ein bestimm-
tes Delikt zu urteilen, so steht jedem Bürger, auch wenn er
Bischof ist, das Recht zu, seine allgemeine Kompetenz in öffentlichen Angelegenheiten auszuüben, indem er zu allen
Themen Stellung bezieht und versucht, andere Bürger zu beeinflussen. Gerade das wollte der Admiral nicht zulassen.
Aber die Bürger sind versucht, im Namen einer Wissenskom-
petenz zu intervenieren, die sie nicht zwangsläufig besitzen.
Der Admiral hatte Recht, dem Bischof Informationslücken
auf dem Gebiet der nuklearen Strategie vorzuwerfen. Er ver-

---

116 Vgl. E. Fouilloux: Une Église en quête de liberté. La pensée catholique française entre modernisme et Vatican II, 1998.
117 Réhabiliter la politique, Erklärung des Sozialausschusses, 1999.

gaß dabei allerdings, dass die Träger der Macht, einschließlich der Verwaltung, alles tun, damit die Information des
Bürgers unvollständig bleibt, was ihnen folglich erlaubt, ihm
die Autoritätskompetenz abzusprechen. Der Bürger seinerseits müsste sich in der Einschätzung seiner eigenen Wis-
senskompetenz bescheiden geben und versuchen, sie zu er-
weitern. Und nicht seine eigene „prophetische" Meinung
verkünden, um sein Unwissen über konkrete Tatsachen zu
rechtfertigen. Von Seiten der Evangelischen Kirche Deutschlands wie bei einer großen Anzahl französischer Katholiken,
einschließlich Bischöfe, war es ein plötzlicher und harter
Übergang von der Angst, „politische" Parolen zu äußern, hin
zu dem Wunsch, mit Engagement zu den Fragen Stellung zu
nehmen, die eine gründlichere Information im Vorfeld er-
fordern.

In dem Film *Monsieur Vincent* von Maurice Cloche lässt
Richelieu Vinzenz von Paul zu sich kommen, der als Geistlicher die Galeerensträflinge begleitet und versucht, ihre Leiden zu mildern. Er bietet ihm das Amt des Geistlichen für
alle Galeeren an. Vinzenz lehnt ab, um nicht von den Menschen im Elend und der Erniedrigung entfernt zu sein. Der
Kardinal und Minister hält ihm entgegen, diese Ablehnung
bedeute, dass der künftige Heilige darauf verzichtet, das Los
der Galeerensträflinge insgesamt zu ändern, was er wenigstens hätte versuchen können, indem er eine Verantwortung
in der Verwaltung übernehme. Ein Studium an der Verwal-
tungshochschule (ENA) absolvieren, um einen Einfluss auf
die Strukturen des Sozialministeriums nehmen zu können,
ist das nicht genau so christlich, wie sich in einer Solidarbe-
wegung mit den Unterprivilegierten zu engagieren? Die Gefahr des „Verrates", des Abweichens von der ursprünglichen
Zielsetzung ist natürlich im ersten Fall größer, aber ist man
im zweiten Fall effizienter, wenn man sich nur um die alltägliche menschliche Realität kümmert? Auf beiden Seiten
sollte man sich ständig der *Lebensregel der Emmausjünger* bewusst sein, so wie sie Abbé Pierre, ehemaliger Abgeordneter,
formuliert hat und wie sie auf Seite 2 jeder Nummer der Zeit-

schrift *Faims et soifs (Hunger und Durst)* abgedruckt ist: „Angesichts jeden menschlichen Leidens, setze dich im Rahmen deiner Möglichkeiten ein, um nicht nur unverzüglich Linderung zu bringen, sondern auch um die Ursachen zu beseitigen. Setze dich nicht nur ein, die Ursachen zu beseitigen, sondern auch um unverzüglich zu lindern."

Man wirkt auf die Ursachen ein, wenn man von innen oder von außen versucht, die Strukturen zu ändern. Viele „Wohltäter" haben nicht an die Strukturen gedacht. Viele „Revolutionäre" wollten die Leiden nicht lindern, um die Begierde zu schüren, die Strukturen nicht zu ändern, sondern umzustoßen – oder sie durch Gewaltaktionen abzuschaffen.

Jahrhunderte hindurch hat sich das Problem nicht in dieser Form gestellt. Die Beteiligung der Untertanen an der Macht war nicht legitimiert. Das wirklich Revolutionäre beim Entstehen der Vereinigten Staaten und in der Französischen Revolution war die Übertragung der Legitimationsquellen. War Marie-Antoinette schuldig? Aus ihrer Sicht heraus konnte sie es nicht sein, denn die Krönung verlieh dem König die Legitimität. Wenn die Legitimität in der durch das Volk verkörperten Nation war, dann war das Herbeirufen fremder Heere schlicht und einfach ein Verrat. Alles was man vor 1789 und dann von denen erhoffen konnte, die Anhänger der fürstlichen Legitimität blieben, war die Erleuchtung des Monarchen, damit er erkenne, wie Montesquieu es wünschte, dass es eine Macht gäbe, die über allen, einschließlich dem König stehe, nämlich das Gesetz, in dessen Name der König herrschen solle. Welchem Musikliebhaber fällt eigentlich auf, was der Chor in der *Zauberflöte* singt?

> *Es lebe Sarastro! Sarastro soll leben!*
> *Er ist es, dem wir uns mit Freude ergeben!*
> *Stets mög' er des Lebens als Weiser sich freun,*
> *Er ist unser Abgott, dem alle sich weihn.*

Noch undemokratischer ist es in Goethes *Wanderjahren*:

> *Dir zu folgen wird ein Leichtes,*
> *Wer gehorcht, der erreicht es,*
> *Zeig ein festes Vaterland.*
> *Heil dem Führer! Heil dem Band!*
> *Du verteilest Kraft und Bürde*
> *Und erwägest ganz genau,*
> *Gibst dem Alten Ruh und Würde,*
> *Jünglingen Geschäft und Frau.*

Ruhiger, aber doch in derselben Richtung drückt sich Goethe im *Tasso* aus:

> *Der Mensch ist nicht geboren, frei zu sein*
> *Und für den Edlen ist kein schöner Glück*
> *Als einem Fürsten, den er ehrt, zu dienen.*

Nur bei Schiller hört man Posa sagen: „Ich kann nicht Fürstendiener sein."

Die christlichen Kirchen haben die Idee des guten Monarchen lange Zeit akzeptiert, umso mehr als in Frankreich die Königskrönung in der Kathedrale von Reims deutlich zeigte, dass die Legitimität des Herrschers göttlichen Ursprungs, wenn nicht gar göttlichen Wesens war. Die Demokratie entspricht zweifellos dem evangelischen Begriff von der Gleichheit aller Menschen, aber es dauerte nach 1789 noch lange bis das Christentum die demokratische Idee zu übernehmen schien. Im Oktober 1997 hätte die EKD die Protestanten schockieren können, die Wert auf historische Wahrheit legen, als sie nämlich erklärte, es gäbe „eine historische und objektive Bindung zwischen dem Christentum und dem demokratischen Rechtsstaat". Auf katholischer Seite hatte das demokratische Ideal noch mehr Schwierigkeiten, sich durchzusetzen, und man kann nicht einmal sagen, dass es große Fortschritte innerhalb der Kirche selbst gemacht hat. Der erste große Konzilstext *Lumen gentium* (Kapitel 22) proklamiert nämlich: „Der römische Papst hat in seiner Eigenschaft als Stellvertreter Christi über die Kirche eine vollkommene, oberste und universelle Macht, die er frei ausüben kann"!

Die Souveränität wurde also keineswegs sofort mit der politischen Gleichheit der Bürger identifiziert. So hatten etwa die Frauen kein Wahlrecht – in Frankreich bis 1945. Und das Geld hat auch in den meisten Ländern eine diskriminierende Rolle gespielt, besonders wenn es sich in Eigentum ausdrückte. „Ein guter Mann ist ein Mann, der Güter hat". Die Zensusdemokratie wurde kaum als eine Herausforderung für die Botschaft des Evangeliums angesehen, außer von Männern wie Lamennais oder Bischof Ketteler. Das Verhältnis von Kirche und Staat bleibt dagegen in zahlreichen Ländern Anlass zu großer Sorge.

Das 20. Jahrhundert – das im Prinzip den Triumph des demokratischen Pluralismus erlebt hat – hat aber auch manches Regime ohne Freiheit gesehen, denen gegenüber sich die Kirchen sehr unterschiedlich verhalten haben. Man kann kaum von einem globalen Verhalten der katholischen Kirche sprechen, denn sie kann zur selben Zeit und in derselben Region verschiedene Haltungen angenommen haben. So war der chilenische Episkopat General Pinochet gegenüber mutiger als der argentinische Episkopat angesichts einer besonders mörderischen Repression. Die Haltung des Vatikans gegenüber Mussolini, Hitler und Franco scheint auf den ersten Blick durch die Unterzeichnung der drei Konkordate, mit denen die Interessen der kirchlichen Institutionen gewahrt werden sollten, konstant gewesen zu sein. Aber wenn es zutrifft, dass zweimal die katholische Partei geopfert wurde, dann gibt es nicht allzu viele Gemeinsamkeiten zwischen Deutschland, wo die Hierarchie anfangs den Katholiken verbot, der nationalsozialistischen Partei beizutreten, die noch nicht an der Macht war, und Spanien, wo die Kirche während des Bürgerkrieges gleichzeitig Opfer eines blutigen Antiklerikalismus und eifriger Komplize der Henker war. Eine Komplizenschaft, die der Katholik Georges Bernanos in *Les Grands Cimetières sous la lune (Die großen Friedhöfe unter dem Mond)* heftig anprangerte.

Die deutsche katholische Kirche hatte den Nationalsozialismus im August 1932 verurteilt, denn wenn er allein an die

Macht käme, würden sich düstere Perspektiven für die kirchlichen Interessen eröffnen. Am 26. März 1933, drei Tage nach Verabschiedung des Ermächtigungsgesetzes durch den Reichstag, riefen die Bischöfe die Katholiken zur Loyalität gegenüber der „rechtmäßigen Obrigkeit" auf und zur „gewissenhaften Erfüllung ihrer staatsbürgerlichen Pflichten". Ein Abschnitt forderte sie auf, wachsam und opferbereit zu sein „zum Schutz der christlichen Religion, zum Schutz der konfessionellen Schule und der Organisationen der katholischen Jugend". Die Idee, dass die Autorität Hitlers legitim sei und ausgestattet mit einer unabhängigen Normalität, um die Freiheiten abzuschaffen und die Nichtkatholiken auf vielfältige Weise zu verfolgen, hat nicht nur die Loyalität der Diplomaten und Militärs zur Folge gehabt. Als man 1998 zu Recht in Chartres des 1948 verstorbenen Abbés Franz Stock gedachte, war sein „Apolitismus" der Akzeptanz einer der Vorbehalte, die ich zum Ausdruck brachte, wogegen ich sein Engagement für die verurteilten französischen Widerstandskämpfer bewundere.[118]

Der Bolschewismus wurde von Rom als der Hauptfeind angesehen, sowohl wegen seines Atheismus, als auch wegen der grausamen Verfolgung von Kirche und Gläubigen. Daraus ergaben sich Gefälligkeiten für den anderen Totalitarismus des 20. Jahrhunderts. Nach dessen Verschwinden blieb der sowjetische Kommunismus mit seinem Imperium auf einem Teil des europäischen Kontinents eine ständig angeprangerte Bedrohung, wogegen die Verbindung mit der kommunistischen Partei in Frankreich und Italien als annehmbar beurteilt wurde. In den achtziger und neunziger Jahren hat die Aktion des polnischen Papstes dazu geführt, Regime zu erschüttern, die ohnehin schon geschwächt waren. Die polnische Kirche verkörperte den Kampf für die Freiheit, auch wenn nach dem Fall des Regimes viele junge Katholiken Freiräume innerhalb der Kirche verlangten und die

118 Vgl. A. Grosser: Admiration historique, in: J. Perrier, L'Abbé Stock (1904–1948), 1998, 139.

Kirche daran hinderten, direkt auf die Politik des Landes ein-
zuwirken.

Die protestantischen Kirchen waren noch mehr versucht,
mit den Regierungen der östlichen Länder zusammenzuarbeiten. Der Unterschied im Verhalten war im „sowjetisier-
ten" Teil Deutschlands um so deutlicher, als die kritischen
Erklärungen nur eine kleine Anzahl von Katholiken in einer
Region mit starker protestantischer Mehrheit bedrohten.[119]
Die Position der protestantischen Kirche war sehr viel zwie-
spältiger. Sie war sowohl eine Gesamtheit von „Nischen der
Freiheit" innerhalb einer gleichgeschalteten und streng
überwachten Gesellschaft, als auch die wichtigste Legitima-
tionsinstanz dieses Regimes. Von „Christen im Sozialismus"
oder gar einer „Kirche im Sozialismus" zu sprechen, hieß,
die DDR als effektiv und positiv sozialistisch anzuerkennen.
Aber ohne die protestierenden Pastoren hätte es den friedli-
chen Aufstand von 1989 nicht gegeben. Daraus ergeben sich
viele Kontroversen und schüchterne Zurückhaltung bei der
Bewertung des Rückblicks. Die Karls-Universität Prag feierte
1998 ihr 650-jähriges Bestehen. Die Gedenkplakette enthält
eine Liste der großen Gestalten der Vergangenheit. Darunter
Jan Palach, der Student, der sich verbrannte, um gegen die
sowjetische Invasion zu protestieren, die dem Prager Frühling ein Ende setzte. Die evangelische Kirche Deutschlands
hat 1996 kaum des Pastors Oskar Brüsewitz gedacht, der
zwanzig Jahre zuvor auf die gleiche Weise Selbstmord be-
ging. Seinerzeit hatte sich die Kirche darauf geeinigt, über
seine Tat Stillschweigen zu bewahren, höchstens überein zu
kommen, dass er verrückt war.

In den demokratischen Staaten von heute ist die Situation
der christlichen Kirchen sehr unterschiedlich.[120] In Griechenland lehnt sich die orthodoxe Kirche gegen eine Regie-

---

119 Texte in: Katholische Kirche im Sozialistischen Staat DDR. Dokumente und öffentliche Äusserungen (1945–1990), 1992.
120 Vgl. J. Bauberot (Hg.): Religions et laïcité dans l'Europe des Douze,
1994.

rungsentscheidung auf, die Angabe der Religionszugehörig-
keit auf den Personalausweisen zu streichen. Im Juni 2000
hat der Erzbischof von Athen vor hunderttausend Gläubigen
Nation und Religion gleichgesetzt und jegliche Trennung
von Kirche und Staat zurückgewiesen. Das andere Extrem ist
Frankreich. Wahrscheinlich ist es das einzige Land mit einer
fast vollständigen Trennung von Kirche und Staat, im Namen einer von allen akzeptierten Laizität. Deutschland liegt
dazwischen mit Kirchen, die als Körperschaften des öffentlichen Rechts zahlreiche Vergünstigungen genießen. Einer
der eifrigsten Verfechter ihres derzeitigen Status ist seltsamerweise einer der besten Kenner der französischen Situation, über die er promoviert hat, nämlich der Kirchenrecht-
ler Axel von Campenhausen.[121]

Die beiden Kirchen und ein großer Teil der Medien haben
Schwierigkeiten, den Ausdruck von Nichtgläubigkeit im öffentlichen Leben zu akzeptieren. Im Prinzip sind der Staatschef, der Kanzler und die Minister völlig frei, sich bei ihrer
Vereidigung auf Gott zu berufen oder nicht. Es trifft sich,
dass Johannes Rau, Bundespräsident a. D. (2000–2004), ein
in der evangelischen Kirche sehr engagierter Sozialist ist und
in seinen Reden gern von der „Verantwortung der Politik vor
Gott" spricht. Aber Bundeskanzler Schröder und fünf seiner
Minister wurden glattweg der Unmoral beschuldigt, weil sie
bei ihrer Vereidigung das „So wahr mir Gott helfe" ausspar-
ten. Beginnt denn nicht das Deutsche Grundgesetz mit der
Formulierung: „Im Bewusstsein seiner Verantwortung vor
Gott und den Menschen ..."? Seit 1997 zitiere ich bei meinen Vorträgen in Deutschland ständig die Präambel der neu-
en polnischen Verfassung von 1997. Darin heißt es, „das polnische Volk setzt sich aus allen Bürgern zusammen, sowohl
aus denen, die an Gott als die Quelle der Wahrheit, der Gerechtigkeit und des Guten glauben, als auch aus denen, die

---

121 Vgl. A. von Campenhausen: L'Église et l'État en France, und: Das
Staat-Kirchen-Verhältnis an der Schwelle zum 21. Jahrhundert, Es-
sener Gespräche, 2000, 105–142.

diesen Glauben nicht teilen und diese universellen Werte aus anderen Quellen beziehen".

Ausländische Beobachter in Frankreich können nicht damit aufhören, sich über die paradoxe Situation des ehemaligen Elsass-Lothringen im jakobinischen Staat zu wundern. Die Republik erkennt keine Kultstätte an, außer in den Départements Bas-Rhin, Haut-Rhin und Moselle. Sie verpflichtet sich zu einem laizistischen öffentlichen Unterrichtswesen, außer in diesen drei Départements. Ihre Bewohner werden – zu Recht – als nicht weniger gute Republikaner angesehen. Was die Symbole angeht, bin ich ebenso erstaunt über die Verletzung der Laizität durch die Trauerfeierlichkeiten für die Staatspräsidenten. Gibt es dafür wirklich keinen anderen Ort als die Kathedrale Notre-Dame in Paris? François Mitterrand bekam eine private religiöse Beisetzungsfeier in seiner Heimatstadt Jarnac. War die Zeremonie in Paris unvermeidbar? Und wenn der Präsident der Republik Michel Rocard oder der Jude Robert Badinter wäre, was täte dann die laizistische Republik?[122]

Juristischer Status und Symbole bestimmen nicht mehr die Gegenwart sichtbarer Christen im öffentlichen Leben. Es gibt jedoch manchmal auch marginale oder unterirdische Mittel, um auf die Orientierung des öffentlichen Lebens Einfluss zu nehmen. Ich bedaure, dass Johannes Paul II. sich veranlasst sah, diese lobend zu erwähnen, als er 1992 Josémaria Escriva de Balaguer, den Gründer von Opus Dei, schon siebzehn Jahre nach seinem Tod heilig sprach. Diese kirchliche Bewegung mit dem Status einer „Personalprälatur" seit 1982, übt ihren Einfluss weniger durch politische Aktionen aus, als vielmehr durch ein weites Netz von Hunderten eigener Privatuniversitäten, Zeitungen, Rundfunk- und Fernsehanstalten. Meine persönliche Erfahrung mit Opus Dei ist widersprüchlich. In Madrid lernte ich einen Architekten kennen, der keine Aufträge mehr bekamen, weil er die „Prä-

122 Über die Laizität in Frankreich, vgl. Bibliografie im Anhang von R. Rémond: Une laïcité pour tous, 1998.

latur" kritisierte. Aber zweimal war ich, noch unter Franco, von einem zum Opus Dei gehörenden Institut in Barcelona eingeladen, um über die pluralistische Demokratie zu sprechen.

„Die pluralistische Haltung kann nur die engagierteste Überzeugung mit der tiefsten Demut verbinden und dadurch die Neutralität und die Intoleranz verbannen, die für das soziale Leben unheilvoll sind."[123] Diese schöne Definition erscheint in einem Text der französischen Bischöfe von 1972. Es handelt sich gleichzeitig um eine Pluralität, die durch die Betonung der Werte des Evangeliums begrenzt ist. Nicht, dass das politische Engagement geheiligt sei. Die Formel von Willy Brandt: *Wir sind Gewählte, nicht Erwählte* wird heute von allen akzeptiert. Aber der Text von 1972, den siebzig von zweiundsiebzig stimmberechtigten Bischöfen verabschiedeten, sagte, es sei unmöglich, „irgendwelche politische Optionen rundweg und ohne jeglichen Vorbehalt zu billigen und zu predigen".

Die Bibel bekundet eine Anzahl ethischer Forderungen [. . .] die Achtung vor den Armen, die Verteidigung der Schwachen, den Schutz der Fremden, den Argwohn gegenüber dem Reichtum, die Verurteilung der Herrschaft des Geldes [. . .] den Sturz der totalitären Mächte . . .

Der Text des Sozialausschusses sagte 1999:

Unser christlicher Glaube gibt uns Richtlinien, die uns in unseren Überlegungen und Handlungen leiten: den Vorrang der Menschenwürde [. . .], die besondere Beachtung des Armen, des Schwachen, des Bedrängten [. . .], die als Dienst und nicht als Herrschaft verstandene Macht [. . .], die Achtung vor dem Gegner [. . .], die Öffnung zum Universalismus [. . .], das weltweite Teilen der Güter . . .

---

123 G. Matagrin: Politique, Église et Foi. 1972, 75–110. Über den Autor, seine Auffassung und seine Rolle, vgl. G. Matagrin: Le Chêne et la Futaie, Gespräche mit Charles Ehlinger, 2000.

Beide Texte lagen auf der Linie von *Gaudium et spes*. Sie hatten aber nicht ganz den gleichen Ton. Die siebziger Jahre kannten die Versuchung von „ganz links", und das Wort „Sozialismus" war ein Modebegriff. Das ging soweit, dass 1974 die „Reflexionen des ständigen Rates der Bischöfe"[124] aussagten: „Wir wehren uns dagegen, den christlichen Glauben an eine sozialistische Option zu binden". Sie stellten fest, dass „gewisse Katholiken sich heute nicht genügend der Versuchung bewusst sind, politisch und religiös von links zu blockieren, wo man dies gerade der Kirche vorwirft, von rechts oder im Zentrum blockiert zu haben." Ein Vierteljahrhundert später ist die Versuchung nicht mehr die gleiche, nach dem Fall der sich sozialistisch nennenden Systeme und dem Triumph des Wirtschaftsliberalismus.

Die sozialistische Akzentuierung der siebziger Jahre in Frankreich war in gewissem Sinn eine Wiederholung der Wende des Jahres 1945, die die Politik der europäischen Länder tief geprägt hatte.[125] Die christliche Demokratie hatte sich links verankert, einschließlich in Deutschland, wo sich 1947 die entstehende CDU in Ahlen ein eigentlich sozialistisch inspiriertes Programm gab. Aber bei der Entstehung der Bundesrepublik 1949 beruhte das politische Leben auf der Konfrontation von zwei großen Blöcken, den Sozialdemokraten auf der einen und den Christdemokraten auf der anderen Seite. Die katholische Kirche hat immer energisch die Partei unterstützt, die sich auf das Christentum beruft, während die protestantische Kirche eher geteilt war. Die Protestanten waren in der Minderheit in den Führungsgremien der Partei und die Konfessionszugehörigkeit spielte eine unterschiedliche Rolle in den verschiedenen Perioden. Beide Kirchen stellten aber 1945 einen moralischen Zufluchtsraum für die nun orientierungslosen Deutschen dar. Aber schon 1954 bemerkte Hermann Ehlers, Präsident des Bundestages und Vorstandsmitglied der EKD, ironisch bitter: „Früher ha-

---

124 Libération des hommes et salut en Jésus-Christ. 1974.
125 Vgl. A. Grosser: Das Bündnis, 1981.

ben wir zusammengearbeitet, weil wir den selben Glauben haben, heute arbeiten wir zusammen, obwohl wir verschiedener Konfession sind." Dann hat sich diese Unterscheidung allmählich verwischt – bis zur Wiedervereinigung, als der Protestantismus in der ehemaligen DDR ein neues Gewicht bekam.

In Frankreich verstand sich die volksrepublikanische Bewegung (MRP) als *Bewegung*, denn das Wort „Partei" war während der Befreiung in Misskredit geraten; *volks-*, weil dieser Begriff, der auch in Österreich und in Italien angenommen wurde, darauf hinwies, dass man sich weder zum Großbürgertum zählte, noch eine Klassengruppierung war; und *republikanisch*, um sich in die Kontinuität der Jeune République (Jungen Republik) von Marc Sangnier einzureihen und um endgültig den Einschluss in die Republik zu bestätigen. Anfangs, in der Verbindung mit Kommunisten und Sozialisten, suchte die Partei, wie auch die CDU, ihren Platz rechts von den Radikalen (Liberalen) in der Frage des Schulwesens und links davon in den Bereichen Wirtschaft und Soziales. In Frankreich hat diese Situation viele etablierte Honoratioren überrascht. Die traditionelle Landwirtschaft erlebte einen Wandel: Im Westen und Südwesten nicht etwa durch die große etablierte Radikale (Liberale) Partei, sondern durch die Katholische Landjugend (JAC), die eher von Strukturen als von Preisen sprach und versuchte, den Landwirten und auch den Landwirtinnen eine neue wirtschaftliche und soziale Kompetenz zu geben, vor allem durch die erfolgreiche Schaffung eines Bildungsinstituts für landwirtschaftliche Führungskräfte (IFOCAP). Dass später einige dieser Führungskräfte sich zu etablierten Honoratioren entwickelten und dass von dem Landesverband junger Landwirte (CNJA) immer weniger Neuerungsimpulse für den Bund der Landwirte ausgingen, ist weniger bedeutsam als der beachtliche Startimpuls, den eine der Mitgliedsbewegungen der ACJF ausgelöst hatte.

Dieser Impuls wurde immer mehr außerhalb des MRP gegeben, dann immer mehr gegen ihn, in dem Maße wie er sich von seiner ursprünglichen Zielsetzung zu entfernen schien, und dies besonders auf dem Gebiet, welches zunehmend das politische Leben beherrschte, nämlich das der Entkolonialisierung. Der Politiker, mit dem sich die Verantwortlichen der katholischen Jugendbewegungen am ehesten „auf gleicher Wellenlänge" fühlten, war der jüdische Staatsmann Pierre Mendès France. Ich erinnere mich an eine Zusammenkunft 1954 bei Brigitte Gros, der Schwester von Jean-Jacques Servan-Schreiber, in deren Verlauf Gaston Defferre in Gegenwart von François Mauriac bekannt gab, wie stark der „Mendesismus" bei den jungen katholischen Führungskräften präsent war. Ebenso auch bei ihrem geistlichen Führer: François Varillon machte kein Geheimnis aus seiner Bewunderung für den Menschen und den Politiker.

Die intensivste Phase der politischen Konfrontation zwischen französischen Katholiken war zweifelsohne die Zeit des Algerienkrieges. Während man auf der einen Seite an den Kampf des Kreuzes gegen den Halbmond erinnerte, wie es Georges Bidault als MRP-Minister für auswärtige Angelegenheiten für Marokko getan hatte, wurde das Engagement der Katholiken gegen den Krieg besonders intensiv, vor allem gegen die Art und Weise, wie er geführt wurde. Die Geschichtsschreiber des Algerienkrieges vergessen allgemein, das Buch von Jacques Duquesne (Journalist von *La Croix* und ehemaliger Generalsekretär der Jeunesses étudiantes catholiques [Studierende Katholische Jugend]), mit dem Titel *Algérie ou la Guerre des mythes (Algerien oder der Krieg der Mythen)*, zur Kenntnis zu nehmen, das bereits 1958 in einem katholischen Verlag erschienen ist. Das Werk brachte die Methoden der Unterdrückung an die Öffentlichkeit. Um die Folterungen anzuprangern, musste *La Croix* viel mehr Mut aufbringen als *Témoignage Chrétien* oder gar *Le Monde,* denn sie bürstete einen großen Teil ihrer Leser gegen den Strich und erlebte eine große Welle von Kündigungen. Die Direktion hat mir nie auch nur den geringsten Vorwurf gemacht wegen meiner Chroniken zu diesem Thema.

Der Mann aber, der am schnellsten und am heftigsten bei

den Behörden protestiert hatte, war Léon-Etienne Duval, Erzbischof von Algier. Am 3. Februar 1955 rief ein muslimischer Abgeordneter in der Nationalversammlung, während der Debatte, die zum Sturz von Mendès France führte:

> Der höchste Vertreter der Christen in Algerien, Bischof Duval, den ich mit großer Hochachtung grüße, weil er ein großer und guter Christ ist, lehnte sich in einem Hirtenbrief gegen die Unterdrückung durch die Polizei auf und hat seine Gläubigen darauf aufmerksam gemacht, indem er seine Empörung hinausschrie.[126]

In den Briefen, die der Erzbischof an die zivilen und militärischen Behörden schrieb, werden immer die gleichen Tatbestände aufgeführt:[127]

> [...] widerwärtige Behandlung von Verdächtigen; Hinrichtung von Gefangenen ohne Gerichtsurteil; Anwendung von Folter, kollektive Unterdrückung (15.9.56); Muslime werden grausam geschlagen, nur weil sie Muslime sind [...]; die Folter wütet mit allen Mitteln, die jeder kennt und von denen jeder spricht [...]; ich habe mir erlaubt, sehr geehrter Herr Minister, Ihnen gegenüber als der Sprecher der Leiden aufzutreten, die unerträglich geworden sind (15.2.57); trotz der feierlichen Erklärung eines Regierungsmitgliedes [André Malraux] wird weiterhin gefoltert; Dörfer werden zerstört, Hinrichtungen finden ohne Gerichtsurteil statt (25.11.58); Hinrichtungen ohne Urteil, Anwendung der Folter, Zerstörung der Dörfer (10.8.59).

Und es war der Priester, der politisch richtig gesehen hat, im Gegensatz zu den Politikern: „Ein einziges schweres Unrecht, dessen Opfer unschuldig ist, kann die gesamte Bevöl-

---

126 Zitiert in A. Grosser: La IVe République et sa politique extérieure, 1961, 335; Vgl. auch das Kapitel: Un cas particulier: les catholiques, 179–185.
127 L.-E. Duval: Au nom de la Vérité. Algérie 1954–1962, 1982.

kerung eines Dorfes oder eines Stadtviertels in die Verzweiflung und die Gewalt treiben."

Ganz allgemein gesehen, spielten die Kirchen eine bedeuten-
de Rolle im Prozess der Entkolonialisierung, wenn man in
Betracht zieht, dass in der Vergangenheit Mission und Kolo-
nialisierung eng miteinander verflochten waren, und wenn
man davon absieht, dass in Südafrika die *Apartheid* nur von
einer kleinen Minderheit von protestantischen Pastoren und
Gläubigen angeprangert wurde. Das Engagement zugunsten
der Besitzlosen in der Dritten Welt ist seither tiefgehend und
konstant, sei es von Seiten der Päpste (wie viele bedeutsame
Passagen in *Pacem in terris, Mater et magistra, Populorum pro-
gressio!*), des Ökumenischen Rates der Kirchen, der christlichen Vereinigungen oder von Christen in regierungsunab-
hängigen Organisationen, die sich nicht auf das Christentum
berufen!

Und dennoch konnte bisher niemand eine völlig zufrieden
stellende Lösung für ein unvermeidliches Dilemma finden.
Sollte man den Menschen direkt helfen oder auf die politischen Systeme einwirken, die das Elend zugelassen oder verschlimmert haben? Wenn man sich mit karitativen Aktionen zufrieden gibt, unterstützt man indirekt das Regime.
Wenn man das Regime bekämpft und anprangert, besteht
die Gefahr, dass die Hilfsaktionen abgeblockt werden. Die
Organisation Médecins sans frontières (Ärzte ohne Grenzen)
geht ständig dieses Problem an. Das katholische Komitee gegen Hunger und für Entwicklung (CCFD) hat diese Schwierigkeiten erfahren und war diffamierenden Kampagnen ausgesetzt, weil es gesagt hat, karitative Aktionen allein genügen
nicht. Die karitativen Organisationen der deutschen Christen haben sich völlig von der Politik ferngehalten, damit der
Fluss bedeutender Geldmittel, die zu verteilen sind, nicht
versiegt.

   Die Weigerung, sich mit den Regierungen anzulegen und
die „strukturelle Gewalt" der wirtschaftlichen Macht anzu-

prangern, hat es ebenso von rechts wie von links gegeben und das Regime konnte ebenso gut das von Cuba oder von China sein. Diese Weigerung, mehr als die andere, ist oft aus einer gewissen bewundernden Naivität heraus entstanden oder mit ihr einhergegangen. So drückte 1975 ein aus China zurückgekehrter Jesuit in *Etudes* seine Bewunderung für das beobachtete Bildungssystem aus. In meiner Empörung habe ich ihm einen heftigen Brief geschrieben:

> Sie kämpfen für die Freiheit der Menschen – nicht nur die materielle, sondern auch die geistige – Sie äußern die Ansicht, dass die Kirche schwer gesündigt hat, indem sie mit dem Druckmittel der Exkommunikation indoktriniert, katechisiert. Wie können Sie da ganz ruhig und ohne jeglichen Vorbehalt schreiben, dass man einen Schüler, aufgrund seines „ideologischen und politischen Verhaltens" in seinem gesamten Verhalten beurteilen und begleiten kann? Sie sind schockiert über die Auswahl aufgrund von Zugehörigkeit zu einem ideologischen Rechtglauben wenn es sich um die Kirche oder um die französischen Universitäten handelt. Und dann sagen Sie, als sei es das Selbstverständlichste auf der Welt, dass das Gehalt eines Lehrers von drei Kriterien abhängt: Dienstalter, berufliche Fähigkeit, ideologische und politische Bewusstseinsbildung und dass der Zugang zur Universität von einer ideologischen Ausbildung abhängt, die vom Revolutionskomitee überwacht wird? [...] Und dann bekommt man die schallende Ohrfeige der Ungeheuerlichkeit: Freiheit der Kritik – die Studenten verlangen, dass sich ihre Lehrer nach der revolutionären Linie des Vorsitzenden Mao neu ausrichten!! Übertragen wir das auf die Ausbildungsstätte der Jesuiten in Lyon-Fourvière, etwa 1953: Freiheit der Kritik der Jesuiten-Studenten – sie verlangen, dass ihre Professoren sich nach der Linie des Papstes neu ausrichten.

Die Naivität fehlte auch nicht, als das Wort „Friede" ausgesprochen wurde. Das war der Fall für die Pfarrer, Pastoren und christliche Laien, welche an der Friedensbewegung teilnahmen, die vollständig von der Sowjetunion und den in ihrem Dienste stehenden Kommunistischen Parteien manipuliert war. Es ist schwierig, den Aktionsrahmen der Kirchen, besonders der protestantischen, in den siebziger und achtziger Jahren gegenüber den kommunistischen Systemen mit sehr langsamer Entwicklung, zu beurteilen. Aber der Ökumenische Rat der Kirchen hat wirklich geglaubt, der Sache der Freiheit zum Fortschritt zu verhelfen, indem er nicht mehr von Freiheit sprach, sondern nur von „Friede, Gerechtigkeit und Schutz der Schöpfung", was die östlichen Machthaber gewiss nicht störte.

Für Aktionen in den Ländern, die einen nationalen Antagonismus zu überwinden hatten, war die Sache ganz anders. Seit 1965 hat die Aktion des deutschen und polnischen Episkopats und der Evangelischen Kirche in Deutschland das gegenseitige Verständnis gefördert, das sich nach 1990 voll entfaltete. Im Westen war die Lage anders: das Europa, von dem die Rede war, war mit Regierungen und Völkern aufzubauen, die in politischer Freiheit lebten. Es war die Bindung zwischen zwei Haltungen – die nach Osten und die nach Westen –, die anfangs ein Problem darstellte. Viele katholische Organisationen sahen in der entstehenden europäischen Gemeinschaft eine bevorzugte Waffe im Kampf gegen den Kommunismus und in der geistigen Wiedereroberung jenseits des Eisernen Vorhangs. Deshalb führte auch die Unterstützung Roms für die Sache Europas zu dem Slogan von einem „vatikanischen Europa". Aber der Wille, feste und dauerhafte Bindungen zwischen ehemaligen Feinden herzustellen, war wenigstens genauso stark.

Als „Beweis" dafür wurde die deutliche Zugehörigkeit zum Katholizismus von Alcide de Gasperi, Robert Schuman und Konrad Adenauer angeführt. Man überging schweigend, dass die bemerkenswertere Gemeinsamkeit der drei Männer ihre Herkunft aus „Grenzregionen" war – Südtirol, Lothringen, Rheinland. Auch der belgische Sozialist Paul-Henri Spaak konnte schwerlich als Katholik gelten, obwohl er genauso wie die drei Katholiken ein „Vater Europas" war. Der letzte deutsch-französische Vertrag, der bilaterale Streitigkei-

ten regelte, wurde 1956 von Adenauer und Guy Mollet geschlossen, einem sehr antiklerikalen Sozialisten. Darüber hinaus, wenn der Glaube wirklich politisch ausschlaggebend
war für Robert Schuman, der dem Dritten Orden der Fran-
ziskaner angehörte, so nutzte der Kanzler, der mit der deutschen Hierarchie nicht gerade auf gutem Fuße stand, die europäische Einigung vor allem als deutschen Weg zur
Gleichberechtigung für einen Staat, dem zu Beginn jede äu-
ßere Souveränität versagt war. Und für die MRP (Volksrepublikanische Bewegung) war der Grund für die Wahl der europäischen Politik von Robert Schuman, die ganz anders war
als die von Georges Bidault, eine Flucht nach vorn: nach
Misserfolgen in der Wirtschafts- und Sozialpolitik stellte die
Wahl Europas die einzige erreichbare Neuerung dar.

Während eines halben Jahrhunderts waren die Zusammenstöße und die Zusammenarbeit auf dem Gebiet der europäischen Einigung weitgehend unabhängig von den religiösen Spaltungen. Man kann höchstens sagen, daß die
Zurückhaltung auf protestantischer Seite größer war als auf
katholischer Seite. Die grundsätzliche Frage blieb jedoch im
Dunkeln. Ich glaube, es genügt, wenn man zwei kürzlich erschienene Texte vergleicht, um die Tragweite zu ermessen.
Der eine ist der sehr lange *Instrumentum laboris*. Er wurde der
zweiten Sonderversammlung der Bischofssynode über Euro-
pafragen vorgelegt, am 5. August 1999 bekannt gegeben und
am 5. September in der *Documentation catholique (katholischen Dokumentation)* veröffentlicht. Der andere ist das *Ma-
nifeste pour une conscience européenne (Manifest für ein europäi-
sches Bewusstsein)*, das im Mai 2000 gemeinsam von Jean
Boissonnat (wie Jacques Duquesne früher Führer der katholischen studierenden Jugend) in seiner Eigenschaft als Präsident der Sozialen Wochen in Frankreich und von Hans-Joa-
chim Meyer (Kultusminister in Sachsen) als Präsident des
Zentralkomitees der Deutschen Katholiken (eine Organisation, die viel älter und auch viel repräsentativer ist als die
entsprechende französische Organisation) unterzeichnet
wurde. Der römische Text sagt vor allem:

[Nach 1990 musste man sich] die Frage stellen nach dem Sinn der wieder gefundenen Freiheit. [. . .] Die spezifische Antwort der Kirche muss die der neuen Evangelisierung sein. [. . .] Der historische Augenblick, den Europa derzeit erlebt, zeigt, dass es noch an einem Scheideweg steht, an dem sich der Aufbau, die Einigung und die Evangelisierung des Kontinents als ebenso fundamentale Herausforderungen darstellen. [. . .] Die Synode legt Wert auf die Feststellung, dass die Hoffnung Europas im Kreuz Christi liegt [. . .] die soziale Erneuerung Europas kann nur auf dem auferstandenen Christus ruhen.

Der andere Text sagt schon in der Einleitung:

Ja, wir appellieren an den Geist der Aufklärung, mit allem, was er bedeutet: den Sinn des brüderlichen Andersseins, die Wahl einer Vision der Zeit als Möglichkeit für einen kollektiven Fortschritt, an dem jeder seinen Anteil hat, eine Berufung zum Universellen, die nicht in der Arroganz, sondern in der Demut erlebt wird, eine Beziehung zwischen dem Geistigen und dem Zeitlichen, die die Gewissensfreiheit jedes einzelnen bewahrt.

Das Manifest, das „der Gesamtheit der christlichen Laienbewegungen offen steht, die den Wunsch haben, an einer europäischen Bewusstseinsbildung teilzunehmen", spricht keineswegs von Christus, und Gott wird nur flüchtig am Schluss in einem banalen Zitat von Robert Schuman erwähnt: „Gebe Gott, dass Europa die Stunde seines Schicksals nicht ungenutzt verstreichen lasse!" Ich gestehe, dass mein Verständnis für beide Dokumente an Grenzen stößt.

Das Engagement für soziale Gerechtigkeit

Der Bericht für die Synode spricht natürlich von Gerechtigkeit und Friede, wie das Manifest der beiden Laienorganisationen. Die positive Entwicklung der Religionen glaube ich, 1993 eines Abends in Plaisir in der Nähe von Versailles erlebt zu haben. Anlässlich einer „Expobible" führte eine Diskussion einen Bischof, einen Führer der reformierten Kirche, einen Großrabbiner und den ungläubigen Bibelliebhaber, der ich bin, zusammen. Ein kurzes und herzliches Vorgespräch brachte die Feststellung, dass der Bischof, der Rabbiner und ich den gleichen Text des Propheten Jesajas mitgebracht hatten, um ihn vor den Tausend Zuhörern vorzulesen. Es handelte sich um „das Gott wohlgefällige Fasten":

> Ist das ein Fasten, wie ich es liebe, ein Tag, an dem man sich kasteit? Dass man seinen Kopf wie ein Schilfrohr hängen lässt und sich in Sack und Asche bettet? Das heißest du ein Fasten, einen Tag, der Jahwe gefallen soll? Wisst ihr nicht, wie das Fasten ist, das ich liebe? So spricht der Herr Jahwe: ungerechte Fesseln öffnen und des Joches Stricke lösen; die Bedrückten frei entlassen und jegliches Joch zerbrechen; dein Brot mit dem Hungrigen brechen und obdachlose Arme aufnehmen in dein Haus? (Jes 56,5–7)

Wir kamen überein, dass der Rabbiner als Vertreter der am meisten ritualisierten Religion diese Aufforderung, die der Aktion für den Frieden vor dem Ritual der Kasteiung einen Vorrang einräumt, vortragen solle. So geschah es.

Für die Gerechtigkeit innerhalb der Gesellschaft handeln, das bedeutet nicht, sich auf eine alberne Gleichmacherei zu stützen, wie es in Frankreich oft genug verstanden wurde, und wie es sich auch in einer Strophe des revolutionären Liedes ausdrückt:

> *Man muss die Riesen kürzen*
> *Und die Kleinen größer machen.*
> *Alle auf die gleiche Länge,*
> *Das ist das wahre Glück!*

Die Praxis der Gerechtigkeit beginnt mit der Ehrfurcht vor der gleichen Würde aller Menschen. Die Abschaffung der Ehrenplätze, die in den Kirchen für die Mitglieder des Kirchenvorstandes und andere Honoratioren reserviert waren, ist bereits ein symbolischer Fortschritt. Der Spendenaufruf im Sinn eines Teilens und nicht eines kleinen Verzichts auf Überflüssiges, ist so alt wie das Christentum. Spenden ist für reiche Amerikaner, die Stiftungen gründen, fast eine soziale Gewohnheit geworden, gemäß der Formel „Es ist keine Schande, reich zu werden, es ist eine Schande, reich zu sterben" (eine Schande, die von vielen gern ertragen wird). Das hat Victor Hugo in seinem Gedicht „Die armen Leute" in *La Légende des siècles (Die Legende der Jahrhunderte)* verherrlicht: Ein armes, aber kinderreiches Fischerpaar nimmt die beiden Gören einer verstorbenen Nachbarin bei sich auf, in dem Bewusstsein, dass sie vielleicht alle werden hungern müssen. Hier strahlt die wahre Großherzigkeit!

Wenn es keine Spende gibt, lässt es der heilige Thomas zu, dass Diebstahl erlaubt ist. *Gaudium et spes* greift seine Formulierung auf: „Wer aber sich in äußerster Notlage befindet, hat das Recht, vom Reichtum anderer das Benötigte an sich zu bringen." (Ziff. 69,148) Nicht jede Revolte der Besitzlosen wird also verurteilt, aber die Konzilstexte sprechen vor allem von den Nutznießern ungerechter Situationen, die vergessen, wie es in *Centesimus annus* (Kap. 33) gesagt ist, dass „der Mensch einen gewissen Anspruch hat, weil er Mensch ist." Die Analyse, die diese Enzyklika von Johannes Paul II. hier vornimmt, ist hart und könnte im heutigen Frankreich durchaus als vom linken Flügel der sozialistischen Partei stammend gelten:

> Viele Menschen, vielleicht die große Mehrheit, verfügen heute nicht über Mittel, die ihnen tatsächlich und auf menschenwürdige Weise den Eintritt in ein Betriebssystem erlauben, in dem die Arbeit eine wahrhaft zentrale Stellung einnimmt. Sie haben keine Möglichkeit, jene Grundkenntnisse zu erwerben, die es ihnen ermöglichen würden, ihre Kreativität zum Ausdruck zu bringen und ihre Leistungsfähigkeit zu entfalten. Sie haben keine Gelegenheit, in das Gefüge von Beziehungen und Kommunikationen einzutreten, das ihnen die Erfahrung vermitteln würde, dass ihre Fähigkeiten geschätzt und gebraucht werden.

[...]

Dritte-Welt-Aspekte treten jedoch auch in den Industrielän-
dern dort auf, wo der ununterbrochene Wandel in den Pro-
duktionsweisen und im Konsumverhalten bereits erworbene
Kenntnisse und langjährige Berufserfahrungen abwertet und
ein ständiges Bemühen der Umschulung und Anpassung erfordert. Jene, denen es nicht gelingt, mit der Zeit Schritt zu
halten, werden leicht an den Rand gedrängt. Mit ihnen werden die Alten, die Jugendlichen, denen der Einstieg in die
Gesellschaft nicht gelingt, und allgemein die Schwachen und
die so genannte Vierte Welt zu Randgruppen.

Die etablierten christlichen Kirchen handeln, direkt oder
durch Vermittlung von Organisationen, die von ihnen ab-
hängen, nicht nur durch Spenden, sondern auch durch die
Bemühung um Eingliederung, um Ausbildung, durch vielfältige Gründungen. Wenn sie dank der Zahlungspflicht ihrer Mitglieder reich sind, wie es in Deutschland wegen der
Kirchensteuer der Fall ist, verwenden sie einen großen Anteil
ihrer reichlichen Einkünfte für ihre sozialen Aktionen. Die
Bilanz 2001 der katholischen Caritas ist beeindruckend.[128]
Jedes Jahr verleiht sie gemeinsam mit der protestantischen
Diakonie Preise an Gruppen, die auf dem Gebiet der Ausbildung, der Integration und der Erhaltung der Selbstständig-
keit besonders innovativ waren.

Die (Wieder-)Eingliederung geht auch über vorherige
Kenntnisse der gesellschaftlichen Umgebung und die Vermittlung dieser Kenntnisse an die Meistbegünstigten. Die
reale Situation der illegalen Immigranten ist vielleicht in
Deutschland bekannt dank einer sehr exakten Feld- und Sta-
tistikforschung, die unter Leitung des Europäischen Jesuit
Refugee Service und mit Unterstützung durch die Caritas
veröffentlicht wird.[129] Es ist aber dennoch nicht sicher, dass

---

128 Vgl. Caritas 2001, Jahrbuch des Caritasverbands, 2000. (Meine Rede: Es gibt nur einen Grundwert – jeder hat die gleiche Würde,
   50–54).
129 Vgl. J. Alt (S.J.): Illegal in Deutschland, 1999.

die Kenntnis zur Handlung führt. Der Druck auf diejenigen, die in Entscheiderpositionen sind, ist oft wirksamer. Mehr noch als in der Vergangenheit üben die Kirchen ihren Einfluss auf die Politiker nicht nur zum Schutz und zur Förderung kirchlicher Interessen aus, sondern auch um Ungerechtigkeiten abzumildern.

So führte im März 1998 ein gemeinsamer Brief des Kardinal-Erzbischofs und des protestantischen Bischofs von Berlin an die Adresse aller Abgeordneter dazu, einen Gesetzestext zu blockieren, der die Situation der Asylbewerber verschärft hätte. Die beiden Kirchenmänner betonen in ihrer Schlussfolgerung, dass die geplante Änderung „nicht dem christlichen Bild vom Menschen entspricht, das die Achtung aller Menschen als Geschöpf und Ebenbild Gottes erfordert". In Frankreich wäre 1998 das Gesetz gegen die Ausweisung, das trotz seiner Unvollkommenheiten in der Formulierung und in der Anwendung nützlich war, nicht zustande gekommen ohne die wiederholten Interventionen der von Pater Joseph Wrezinski gegründeten Hilfsorganisation Quart Monde (Vierte Welt), deren geachtete Präsidentin Geneviève de Gaulle-Anthonioz (Nichte des Generals und ehemalige Insassin des KZ Ravensbrück) vor einer ausnahmsweise einmal aufmerksamen Nationalversammlung für das Gesetz plädieren durfte.

In beiden Fällen war das Parlament die Zielgruppe der Intervention. Viele von Großherzigkeit und dem Gespür für Gerechtigkeit (oder Ungerechtigkeit) beseelte Männer und Frauen verkennen oder vergessen, dass die bedeutendsten Fortschritte über den öffentlichen politischen Bereich gehen. Und dieser steht in Verbindung mit der wirtschaftlichen und technischen Entwicklung. Gleichzeitig Familienförderung und Frauenemanzipation betreiben – der offenkundige Widerspruch wurde weitgehend überwunden durch die Waschmaschine und die Mikrowelle. Wenn zunehmend eine dreißigjährige Bäuerin nicht mehr aussieht wie eine fünfzigjährige Städterin, dann nur, weil die Maschinen es ihr ermöglicht haben, der Knochenarbeit zu entkommen. Aber diese Maschinen wären im Preis unerschwinglich und ihre Benutzung nur wohlhabenden Familien vorbehalten, wenn es der Werbung nicht gelungen wäre, die Nachfrage zu steigern und die Produktionskosten zu senken. Ob es nun die Industriefeindlichkeit der deutschen Grünen oder die evangelische Einfalt ist, die von christlichen Bewegungen in Anspruch genommen wird, die Weigerung, wirtschaftliche Realitäten zur Kenntnis zu nehmen, ist dieselbe, auf „laizistischer" oder konfessioneller Grundlage!

Die öffentliche Politik kümmert sich um die Verlagerung der Ressourcen mit dem Ziel einer gerechteren Verteilung der Reichtümer. Das Ausmaß dieser Verlagerungen ist den karitativen Organisationen oft unbekannt. So stammte etwa 1955 ein Viertel der Einkommen der französischen Haushalte aus sozialen Leistungen. Kinderreiche Familien bleiben benachteiligt, wenn man vom Pro-Kopf-Einkommen ausgeht. Aber wie viele Vorteile konnten den künftigen Müttern gewährt werden! Der Mutterschaftsurlaub übersteigt in Frankreich deutlich das Maß, das durch die internationale Konvention von 1952 festgelegt wurde, bleibt aber noch unter dem von Dänemark, Norwegen und Schweden – also protestantische Länder, die sich im Prinzip weniger um Familienleben und Familienplanung kümmern als Länder mit katholischer Tradition.

Die Verkürzung der Arbeitszeit ist nicht dem christlichen Sinn für Gerechtigkeit zu verdanken. Sie wurde auf der Grundlage der wirtschaftlichen Entwicklung von den Arbeiterbewegungen erkämpft. Die freigewordene Zeit konnte wirklich als Freizeit genutzt werden. Zunächst von den Abgeordneten und von den Zeitungen belächelt, die die Meinung der Mehrheit der christlichen Bürger ausdrückten, erschien das Wort erstmalig in einer Bezeichnung eines Staatssekretariats der Regierung Blum. Als 1946 die Präambel der neuen Verfassung redigiert wurde – dieser Text dient heute noch dem Verfassungsrat als Referenzdokument – schien es ganz normal, zu sagen, „die Nation garantiert allen [...]

den Schutz der Gesundheit, die materielle Sicherheit, die Erholung und die Freizeitnutzung". Ganz allgemein gesagt führen die drei Abschnitte, die sich auf die Idee einer gerechten Gesellschaft beziehen, ohne das Wort auszusprechen, unweigerlich zu öffentlichen Ausgaben, also Steuern und Sozialabgaben, auch wenn ihre Anwendung sehr unvollkommen bleibt.

Die Ergebnisse entsprechen sicherlich nicht den in dieser Art von Texten proklamierten Absichten, aber auch die engagiertesten Verbände wissen, dass ein wichtiger Teil ihrer Aktionen auf die Schaffung neuer Gesetze oder wenigstens Erlasse oder Verwaltungsverordnungen abzielen muss. Die 1998 geschaffene „Couverture maladie universelle", d. h. der Gesundheitsschutz auch für all diejenigen, die zu arm waren, um Beiträge einzuzahlen, hat das eindeutig vor Augen geführt. Man kann nicht sagen, dass die „vielfältige Linke" sich auf das Christentum bezog, um ein Gesetz zu verabschieden, das eine neue Verteilung der Geldmittel zugunsten der am meisten Benachteiligten zum Inhalt hat.

Das schließt nicht aus, dass ein Erfolg versprechendes soziales Engagement über Vereinigungen geht, deren Tragweite und Sinn in Frankreich durch zwei kürzlich erschienene Werke beleuchtet wurden.[130] Die Französische Revolution wollte das Individuum von jedem System der Korporationen und Kasten befreien. Aber das 1791 verabschiedete Gesetz von Le Chapelier, das „jegliche Art von Korporation von Bürgern gleichen Standes" verbot, verzögerte bis 1884 die Normalisierung eines Gewerkschaftslebens und die Entfaltung eines Vereinslebens bis zum Gesetz von 1901. Die individuelle Aktion bleibt möglich. Sie stützt sich meistens auf bestehende Organisationen. Als im Juni 2000 der Rechtsanwalt Henri Burin des Roziers in Brasilien die erste Verurteilung eines Großgrundbesitzers erreichte, der die Ermordung von Gewerk-

---

130 F. Bloch-Lainé (Hg.): Faire société. Les associations au cœur du social, 1999; B. Halba/M. Le Net: Bénévolat et volontariat dans la vie économique, politique et sociale, 1997.

schaftlern in Auftrag gegeben hatte, bekam er Unterstützung durch die einfache Tatsache, dass er dem Dominikanerorden angehörte. Weitere Unterstützung erfuhr er auch durch eine Menschenrechtsbewegung, die sich seit langem für die gleiche Sache einsetzte. Sein Erfolg bestätigt den Grundsatz des BDKJ (Bund der Deutschen Katholischen Jugend): „Zwischen Himmel und Erde geht nichts ohne Strukturen."

Der Christ kann nicht-christlichen Strukturen Tonarten oder Verhaltensmuster bringen, die er als Christ gelernt hat. Das war der Fall für einen großen Teil der Gewerkschaftler, die die christliche Gewerkschaft CFTC (Confédération française des Travailleurs chrétiens) 1964 „entkonfessionalisiert" und in die demokratische CFDT (Confédération française et démocratique du Travail) umgewandelt haben. Das war aber zweifellos nicht der Fall für die Arbeiterpriester, die sich in der CGT (Confédération Générale du Travail) engagiert haben. Die Wahl von Bernard Lacombe, einem Arbeiterpriester, 1982 in den Vorstand einer Organisation, die zu dieser Zeit der kommunistischen Partei völlig hörig war, war weder der einen noch der anderen Seite förderlich. Als dagegen im Mai 2000 Yves Barsalou im Alter von achtundsechzig Jahren als Präsident des Crédit Agricole (Landwirtschaftsbank, heute die größte Bank Frankreichs) in den Ruhestand verabschiedet wurde, widmete ihm *Libération*, eine Zeitung, die nicht gerade als klerikal gilt, ein langes Portrait. Darin war zu lesen: „Er ist Bauer, aber einer, der die Produktivität steigert, der exportiert und modernisiert [...] Sein Engagement in den fünfziger Jahren in der Katholischen Landjugend prädestinierte ihn, dieser Philosophie anzuhängen." Als 1970 René Rémond zunächst Dekan, dann Präsident der orientierungslos gewordenen Universität von Nanterre wurde, brachte er sie nicht auf Kurs, weil er ein ehemaliger Führer der katholischen Studentenjugend (JEC) war, sondern weil er in der JEC und der ACJF Gruppenarbeit gelernt hatte, auf der Grundlage von „sehen, urteilen, handeln". Die Universität hingegen entwickelt den Individualismus und ein Sehen ohne Handeln.

Das Engagement in Verbänden im Namen des Christentums ist nicht selten und ist auch nicht mehr das Ziel antiklerikaler Aggressivität. Soll man *a posteriori* in diese Kategorie die zahlreichen „Patronages" (Jugendbetreuungen) einreihen, die den Jugendlichen Freizeitangebote machten, die anderswo nicht existierten und die dem Priester Gelegenheit zur Evangelisierung gaben? Daraus sind mit Sicherheit mehr Basketballspieler und Fußballspieler hervorgegangen als Priester, aber sie haben eine wichtige soziale Funktion erfüllt in einer Zeit, da die Engagements des Staates in den Jugendaktivitäten schwach waren. Heute finden wir unter den tatkräftigsten Organismen, die sich für die Benachteiligten einsetzen, Vereinigungen mit christlichen Namen (Secours catholique, CASP – Centre d'action sociale protestante). Andere entstanden aus der Aktion eines Priesters. Emmaus ist keine konfessionelle Gruppe, entstand aber aus der Revolte des Abgeordneten Pierre Grouès gegen das Elend. Schneller und besser bekannt wurde er als Abbé Pierre. Viele Jahre hindurch stand er an der Spitze einer Beliebtheitsskala, die von einem Meinungsforschungsinstitut erstellt wird. Das verdankt er nicht einer erotischen Ausstrahlung auf jüngere oder ältere Damen, auch nicht irgendeiner Demagogie.

Abbé Pierre lehnte sich gegen das auf, was er sah. Joseph Wresinski lehnte sich gegen das auf, was er als Kind erlebte.[131] Er fand sich 1956 in der äußersten Armut in Noisy-le-Grand bei Paris wieder, wo er sich mit den ersten Freiwilligen zur Hilfe gegen alle Not (ATD) niederließ. Sie lebten nicht nur unter den Ärmsten der Armen, sie praktizierten auch eine Aufgeschlossenheit für soziologische Forschungen und für Reflexionen, die in der Zusammenarbeit mit ihren „Verbündeten", Akademikern und hohen Verwaltungsbeamten, in Aktionen münden sollten. Beim Tod von Pater Joseph 1988, er war 71 Jahre alt geworden, war das Gesetz gegen die

---

131 Biographische Skizze in F. de la Gorge: Prier quinze jours avec le père Joseph Wresinski, 2000; P. Joseph: Les Pauvres sont l'Église, Gespräche mit Gilles Anouil, 1980.

Ausgrenzung aus der Gesellschaft, für das er sich so sehr eingesetzt hatte, noch nicht verabschiedet. Es stützte sich auf seinen Bericht im Wirtschafts- und Sozialrat, dessen Mitglied er war. Er hatte feste Vorstellungen davon, den Benachteiligten einen Zugang zur Menschenwürde zu schaffen, besonders durch die leidenschaftliche Verteidigung der Familie als Gemeinschaft. Sein Charakter verhinderte zu keiner Zeit die Toleranz und die freie Diskussion mit denen, die seine Gedanken nicht völlig teilten. Von ihm habe ich insbesondere gelernt, dass die ererbte Armut von der Arbeit ausschloss und dass die Opfer dieser Armut weder von den aus der „Arbeiterpartei" hervorgegangenen kommunistischen Bürgermeistern geschätzt wurden, noch von den Politikern, denn sie standen auf keiner Wählerliste, noch von den Werbeleuten, also den Medien, denn sie waren keine Konsumenten. In Deutschland wie in Frankreich wurde erst viel später eingesehen, dass Armut erblich ist.

Meine Bewunderung gilt auch Personen, die ich nicht persönlich gekannt habe und deren Aktion aufgrund ihres Glaubens reiche Frucht trug, ohne dass sie sich auf eine Struktur hätten stützen können, obgleich Pater Emil Shoufani, ein „israelischer Araber, Mann des Wortes in Galiläa"[132] ein Mann der Kirche ist. Eine der großen Freuden, die mir im letzten Jahrzehnt des Jahrhunderts widerfuhr, war die Einladung zur Generalversammlung des Freundeskreises von Madeleine Delbrêl, um über „Moral mit Gott, Moral ohne Gott" zu sprechen. Ich hätte viel lieber gesehen, wenn Pater Joseph oder die konvertierte Atheistin, die in einer atheistischen Umgebung ein kontemplatives und zugleich aktives Leben führt,[133] heilig gesprochen worden wären anstelle des Opus-Dei Gründers Balaguer!

---

132 Vgl. H. Prolongeau: Le Curé de Nazareth, 1998.
133 Vgl. M. Delbrêl: Nous autres gens des rues. (Mit einer Einführung von J. Loew) 1966; B. Pitaud: Prier quinze jours avec Madeleine Delbrêl, 1998.

Zwei Gebiete, auf denen die tätige Anwesenheit von Christen besonders stark ist, obwohl sie nicht unbedingt als Christen wahrgenommen werden, sind die Welt der Gefängnisse und die Welt der Einwanderung, legal oder illegal. Man spricht manchmal mit einem ironischen Mitleid über die Gefängnisbesucher, auch die Gefängnisgeistlichen, die, natürlich, von den hartgesottenen Ganoven „hereingelegt" werden. Eine solche Einstellung beweist immer eine enorme Unwissenheit, die durch die einfache Lektüre von *Jericho*, der Zeitschrift der nationalen Vereinigung der Gefängnisbesucher (ANVP), verschwinden würde. Die Ausgabe vom Juli 1999 war dem Bilanz-Kongress gewidmet. „Wir begegnen im Gefängnis im Zwiegespräch, beim Anhören einer Geschichte, die wir begleiten wollen, einem Menschen, nicht einem Verbrechen", sagt der Präsident in seiner Einleitung. Es handelt sich nicht um Naivität, sondern um die Überzeugung, dass jeder Mensch sich verändern kann, verändert werden kann. In beide Richtungen: meistens erniedrigt das Gefängnis, weil es verkindlicht, weil es zu einem würdelosen Zusammenleben zwingt. Aber der Delinquent, der Verbrecher, der nachgedacht hat, der sich in die Richtung geändert hat, die die Justiz im Prinzip will, weil sie seine Resozialisierung anstrebt, inwieweit ist er noch der gleiche Mensch, der das Vergehen, das Verbrechen begangen hat? Seine Opfer neigen dazu, an seine Unveränderlichkeit, seine Unverbesserlichkeit zu glauben. Aber macht ihn dieser Glaube, besonders wenn er von der Justizverwaltung geteilt wird, nicht seinerseits zum Opfer?

Die Gefängnisgeistlichen vertreten die gleiche Überzeugung wie die ANVP, in der Christen und Nichtchristen zusammenarbeiten. Das nationale Zentrum der katholischen Gefängnisgeistlichen zeigt mit Hilfe einer aus Anlass des Jubeljahres durchgeführten Untersuchung, was Einsamkeit bedeutet, die doppelte Isolierung des Gefangenen von seiner Familie – und seiner Familie in ihrer Umgebung. Wenn die Bischöfe am 9. Juli 2000 eine Geste machten und sich in die Gefängnisse begaben, um die Messe zu feiern, dann deshalb, weil sie hellhörig geworden sind für das, was die christlichen Gefängnisgeistlichen und die Gefangenenbesucher ihnen sagten. Sie konnten lesen, was der Theologe der Vereinigung schrieb:

> Sie [die Gefangenen] müssen im Gefängnis zur Erkenntnis geführt werden, dass die Devise unserer Republik nicht aus Wörtern auf offiziellen Dokumenten oder aus Lettern an staatlichen Gebäuden besteht; dass Freiheit, Gleichheit, Brüderlichkeit in unserem Alltagsleben tausendundeine Möglichkeiten bieten, gemeinsam zum Bau der Zukunft beizutragen. Sie müssen sich bewusst werden, dass sie für die Welt, in der sie leben, nützlich sein können und dass unsere Gesellschaft nicht auf ihren Beitrag verzichten will.[134]

Es handelt sich weniger um eine Evangelisierung durch den Versuch der Bekehrung, als vielmehr um die Rückführung der Gedemütigten in eine menschenwürdige Situation. Diese Aktion enthält auch die Notwendigkeit, sich bei den Abgeordneten und den Justizvollzugsverwaltungen zum Sprecher der Gefangenen zu machen. Auch dem in die Freiheit entlassenen Strafgefangenen eine Zukunft zu geben, und wäre es nur, ihm einen neuen Start zu ermöglichen, der durch das Fortbestehen des gelben Passes von Jean Valjean in Victor Hugos *Les Misérables,* nämlich dem Einblick potenzieller Arbeitgeber in das Vorstrafenregister, verhindert wird. Es besteht die Gefahr, das Verbrechen und seine Opfer zu leicht zu vergessen. Eine ältliche Dame vom Gefangenenbesuchsdienst sprach zwar mit etwas zuviel Wärme von dem jungen Vatermörder, um den sie sich kümmert. Aber im Namen der Menschlichkeit und der Hilfsbereitschaft, die ihr ihr gelebter Glaube auferlegten, öffnete sie immer auch nachts beim ersten Läuten ihre Tür, um einen frisch entlassenen und mittellosen Strafgefangenen zu beherbergen. Einer von ihnen

---

134 H. Renaudin: On n'en fera jamais assez, in: La Croix, 24. März 2000.

hätte die alte Dame angreifen, misshandeln oder töten können. Dieses Risiko nahm sie gelassen auf sich.

Der Verein GISTI, ein Verein zur Information und Unterstützung von Gastarbeitern, dessen Aktion weit über die ursprüngliche Namensgebung hinausgeht, ist kein christlicher Verein. Unter den Verteidigern der Asylbewerber,
einschließlich der Anwälte, die die Abschiebung verhindern, weil die Verwaltungsgerichte die Europäische Konvention zum Schutz der Menschenrechte und Grundfrei-
heiten verwirklichen, sind die Gläubigen wahrscheinlich in
der Minderheit. Aber ihre Präsenz ist dennoch stark auf dem
gesamten Gebiet der Einwanderung und des Asylbegehrens,
und wäre es nur durch Gewährung des Kirchenasyls durch
Pfarrer und Pastoren, was in Deutschland häufiger geschieht als in Frankreich. Die Erklärung „Ich habe das Elend
meines Volkes gesehen", die der (französische) bischöfliche
Ausschuss für Migranten im April 1998 herausgegeben hat,
erinnerte daran, dass „nichts, was die Würde des Menschen
berührt, der Kirche fremd ist". Der Text bestätigte, dass weder jeder aufgenommen werden kann, noch die illegalen
Einwanderer das Recht haben, das Leben der Pfarrei zu zerstören, lobte aber diejenigen, die das „Risiko der Gastfreundschaft auf sich nahmen".[135]

In Deutschland, mehr noch als in Frankreich, ist eine richtige Spaltung zwischen den Gläubigen spürbar. In Bayern habe ich nach zwei aufeinander folgenden Demonstrationen,
die eine zugunsten des Asyls und die andere für den Verbleib
der Kruzifixe in den Schulen, behauptet, die Teilnehmer sei-
en sicher nicht dieselben gewesen! Es handelt sich nicht um
sentimentale Weltfremdheit, sondern um einen Appell, „der
uns von den Griechen und von der Bibel überkommen ist"
und um eine schwer in Einklang zu bringende Notwendigkeit: „das Gesetz der Gastfreundschaft (tritt ein, Fremder, wer
du auch seiest und woher du kommest!) und die Gesetze der

---

135 Text in: Migrations et pastorale, Mai 1998.

Gastfreundschaft (ich entscheide, ob und wie ich Fremde aufnehme, denn ich bin hier Herr im Haus)".[136]

Eine Erziehung zur Freiheit?

Im politischen Sinn Bürger sein, sich betroffen zu fühlen von der sozialen Situation der Ungerechtigkeit, für andere handeln wollen – das ist nicht von Anfang an gegeben. Die Verhaltensmuster sind nicht angeboren. Sie setzen eine Bildung, eine Erziehung voraus. Das zentrale Ziel einer solchen Erziehung ist ziemlich leicht zu definieren, aber sehr schwer zu erreichen. Es handelt sich um eine eingefügte Freiheit. Dazu müssen zwei Freiheiten geachtet werden. Die Freiheit, die im Kind, im Jugendlichen, im Studenten, vorhanden ist. Der Lehrer einer staatlichen Schule, der sich über den Glauben eines Schülers lustig macht, oder der Lehrer einer konfessionellen Schule, der einen andersgläubigen Schüler beschämt, respektieren weder die Freiheit des Schülers noch die seiner Familie. Aber die vorhandene Freiheit muss ständig erweitert, bewusst gemacht werden. Auf diese Erweiterung zu verzichten im Namen der vorhandenen Freiheit, heißt, als Erzieher abzudanken.

Ich habe einige Gewissheiten. Die Unwissenheit ist schlecht an sich. Das Wissen ist gut. Victor Hugo verursachte 1850 einen Skandal, als er vor der Nationalversammlung sagte: „Der obligatorische Volksschulunterricht ist ein Recht des Kindes." Heute haben wir eine Schulpflicht bis 16 Jahre, aber ist sie wirklich positiv? Sie hängt zum Teil an einem französischen Konzept, wonach das gesamte Unterrichtswesen auf die Schule konzentriert sein soll: man spricht von vorschulischen, außerschulischen und nachschulischen Aktivitäten. Die Jugendbewegungen haben gezeigt, dass es

---

136 P. Courcelle: Du droit d'asile en France. Propos d'un angéliste, Courrier de l'ACAT (Association des chrétiens pour l'abolition de la torture), November 2000.

auch Bildungsmöglichkeiten unabhängig von der Schule gibt. Die katholische Arbeiterjugend (JOC) hat beachtliche Beispiele von Männern und Frauen hervorgebracht, die den anderen Weg gegangen sind. Dass der Unterricht schlecht erteilt werden oder von seinem eigentlichen Ziel abweichen kann, wer wollte es bezweifeln? Aber er ist nicht weniger klar die Grundlage für die Befreiung, die die bewusste Eingliederung ermöglicht.

Ich weiß aber auch deutlich, was ich ablehne. Die aggressive und intolerante Laizität einerseits und die identitätszentrierte Selbstverschließung andererseits. Diese letztere wurde in Frankreich vom katholischen Schulwesen einschließlich seiner Geschichtsbücher praktiziert. Sie ist heute nun in vielen islamischen und hebräischen Schulen zu finden. Ich gestehe, dass mir die Einweihung einer großen Schule der Lubawitscher Gemeinde im 19. Bezirk von Paris im November 2000 großes Unbehagen verursacht hat, zumal ich um die vergeblichen Bemühungen des Pfarrers der katholischen Pfarrei weiß, mit der orthodoxen jüdischen Gemeinde in diesem Bezirk Kontakt für eine Zusammenarbeit aufzunehmen. Auf welche andere Eingliederung als einen engen Anschluss an die eigene Gemeinschaft bereitet man die jungen Mädchen vor, die jeden Morgen mit dem Schulbus abgeholt werden? Und wenn eine staatliche Schule junge Mädchen zurückweist, weil sie das „Kopftuch" tragen, stößt man sie dann nicht zurück in ein anderes Schulwesen, das nur eine einzige Zugehörigkeit privilegiert?

In Deutschland bekämpfen die beiden Kirchen energisch das vom Land Brandenburg verabschiedete Schulgesetz. Es beinhaltet das Fach LER: Lebensgestaltung, Ethik, Religionskunde. Die Verfassung der Bundesrepublik sagt, dass der Religionsunterricht Pflichtfach in den Schulen ist. Aber hier geht es darum, Religionen vorzustellen und nicht eine Religion unter der Kontrolle der Kirche zu lehren. Das Unterrichtsfach LER versteht sich als „philosophisch, aber nicht moralisch neutral". Sein Ziel entspricht in etwa unserem Philosophie-Unterricht, den es in Deutschland nicht gibt und der in den französischen Gymnasien in der Abiturklasse erteilt wird. Die Kirchen – und nicht nur sie, denn ein Teil der seriösen Presse Westdeutschlands unterstützt sie – sind nicht der Meinung, dass die Moral anders übermittelt werden kann als über eine religiöse Bildung. Die Religion ist nicht notwendigerweise christlich. Der Bundespräsident hat sich energisch für die Möglichkeit des islamischen Religionsunterrichts in deutschen Schulen eingesetzt, unter der Voraussetzung, dass er in deutscher Sprache und von in Deutschland von islamischen Instanzen ausgebildeten Lehrkräften erteilt wird.

Mir gefällt das neue französische System der offenen Laizität besser. Neu, weil durch das Gesetz Debré von 1959 eine Reihe von Konflikten beigelegt werden konnte. Durch ein System von Verträgen band es die meisten katholischen Schulen an das staatliche Unterrichtswesen und ermöglichte, in einem in den Augen mancher katholischer Erzieher zu engen Maße, die Beibehaltung des „eigenen Charakters" dieser Einrichtungen. Ebenso auch die Beibehaltung etlicher pädagogischer Vorzüge des privaten Schulwesens: die antreibende Rolle des Schulleiters und die Möglichkeit, stabile Lehrergruppen mit einer gemeinsamen pädagogischen Zielsetzung zu haben.

Welche pädagogische Zielsetzung? Die Öffnung auf die anderen hin gehört unleugbar dazu. Im Prinzip ist nicht mehr die Rede davon, ein Credo aufzuzwingen. Es gibt ein „Glaubensangebot", selbst wenn eine Rückkehr zum Pflichtbesuch der Messe existiert. Die Öffnung geschieht besonders hinsichtlich des Islam. Im November 2000 widmete die Wochenzeitung *Die Zeit* den kulturellen Besonderheiten Frankreichs einen langen Artikel. Über das Thema „Kopftuch" notierte der Journalist: „Wenn die jungen Mädchen auch nach einem Gespräch nicht nachgeben und nicht bereit sind, das Kopftuch im Chemie- oder Sportunterricht abzunehmen, sucht ihnen die staatliche Schule einen Platz in der nächstgelegenen katholischen Privatschule." Es trifft zu, dass die katholischen Schulen besonders in benachteiligten Regio-

nen oder Stadtteilen immer mehr muslimische Schüler auf-
nehmen. Das bedeutet nicht, dass die öffentliche Schule
engherzig ist. Ein Gymnasium in Roubaix mit einem Schü-
leranteil von 70 % aus der arabischen Welt duldet weder Be-
kehrungseifer noch aggressiven Islamismus, aber das Kopftuch ist erlaubt, auch wenn von vierhundert Mädchen nur
fünf oder sechs das Kopftuch tragen, darunter die beiden besten Abiturientinnen von 1999.

Die katholische Schule hat ein besonderes Problem. Viele
Lehrer sind so offen, dass sie nicht mehr am Glaubensangebot teilnehmen. Andere bleiben auf der religiös gerechtfertigten alten Linie, mit dem Ziel einer Evangelisierung. Wo
ist hier die Grenze, wenn es darum geht, die aktuelle Freiheit
des Kindes zu respektieren, so wie es von seiner Familie erzogen wurde? Erzogen oder verzogen? Die Kirchen, vor allem die katholische, bestehen sehr auf dem der Familie zu
zollenden Respekt. Das laizistische Frankreich hat die Ratifizierung der bereits 1951 unterzeichneten europäischen Konvention zum Schutz der Menschenrechte und Grundfreiheit
bis 1981 verzögert, weil darin die Freiheit der Eltern bei der
Wahl der Erziehung ihrer Kinder festgeschrieben war. Aber
kann es Erziehung zur Freiheit geben ohne Abstand von den
Eltern und ihrer Sichtweise von Religion und Gesellschaft?
Die Elternvereinigungen haben Schwierigkeiten, sich damit
abzufinden, besonders die UNAPEL (Nationale Union der El-
ternvertretungen im konfessionellen Schulwesen), die eine
Monopolstellung in den katholischen Schulen innehat.

Zwei Elemente stehen auf dem Spiel, das erste davon ist die
angewendete Pädagogik. Sie kann von einer Einrichtung zur
anderen unterschiedlich sein. Als im Mai 1997 ein Rund-
schreiben des Erziehungsministeriums von der „Erziehungs-
gemeinschaft" sprach und die Lehrer aufforderte, den Schülern zu helfen, selbstständig zu werden und „ein persönliches
Projekt zu erarbeiten", konnte das katholische Schulwesen
zufrieden sein, denn hier wurde ihr Vokabular verwendet. Die
Entwicklung der Persönlichkeit des Kindes, indem es die Verantwortung für sein Arbeitsprojekt selbst übernimmt: diese

Pädagogik unterscheidet sich nicht grundsätzlich von der einer Maria Montessori oder eines Célestin Freinet, die lange
Zeit beim öffentlichen Schulwesen schlecht angesehen waren. Aber dem Kind oder dem Jugendlichen in der Schule Verantwortung übertragen, das regt auch die Familien an, von
einer elterlichen Autoritätsbetonung in einem strengen Milieu katholischer Tradition abzurücken.

Dieser Aspekt stellt aber weniger ein Problem dar als der,
den Pierre Daniel, Generalsekretär des katholischen Schulwesens, ansprach, als er 1996 angesichts verbaler Entgleisun-
gen von Seiten des Präsidenten von UNAPEL und dessen Forderung nach einer „Strategie der Rückeroberung" sagte:

> Das katholische Schulwesen ist eine Komponente des öffent-
> lichen Bildungsauftrags [. . .] Die Eltern, die sich an eine ka-
> tholische Schule wenden, müssen ganz klar wissen, dass sie
> sich an eine offene Schule wenden [. . .] Es ist keine Schule der
> sozialen Auswahl.

Er griff eines der Themen aus der bemerkenswerten Rede auf,
die Kardinal Lustiger am 4. März 1984 bei der gigantischen
Demonstration – eine Million Teilnehmer – für das konfessionelle Schulwesen hielt, an der die verschiedensten Strömungen des französischen Katholizismus teilnahmen:

> Sie sind nicht das ganze Frankreich, aber heute Abend kann
> das ganze Frankreich sich in Ihnen wieder erkennen, wenn Sie
> respektvoll von Toleranz und Pluralismus sprechen [. . .]. Ich
> wende mich an die Lehrkräfte. Sowohl an die des öffentlichen
> wie des privaten Schulwesens [. . .]. Ich denke an diejenigen
> unter Ihnen, die mit der schweren Aufgabe betraut sind, die
> sozial Schwächsten zu erziehen. Diese Kinder und Jugendli-
> chen sind oft die erste Generation in ihrer Familie, die in un-
> serer Sprache unterrichtet wird. Welche Anerkennung schul-
> det unser Land diesen Lehrkräften! [. . .] Eltern, Lehrer, Sie
> verlangen Freiheit und Förderung für die katholische Schule.
> Werden Sie selbst christlicher [. . .]. Sie sollten weder nach
> einem besseren Erfolg noch nach kultureller Macht suchen.

Die Erzieher der sozial Schwächsten: wie das Beispiel der Region Marseille zeigt, stehen dort die katholischen Schulen genau mitten in dieser Aufgabe. „Es ist keine Schule der sozialen Auswahl": Nehmen wir die Region Paris. Hier wird dieses Ziel wirklich nicht erreicht! Wie viele strikt religionslose Eltern bemühen sich, ihre Kinder in einer konfessionellen Schule in Sicherheit zu bringen, was gleichzeitig auch als sozialer Schutz angesehen wird und als Möglichkeit, die Bindung an den Schulbezirk zu umgehen!

Aber man muss näher hinsehen, und sei es nur, um zu unterscheiden zwischen der Sorge, dem Kind eine nicht von Gewalt geprägte Schulzeit zu bieten, und dem Wunsch, sein Kind nicht in eine Klasse mit sozial benachteiligten Jungen und Mädchen aus Nordafrika gehen zu lassen. Auch diese letztere Besorgnis darf nicht vom Standpunkt der Moral aus verurteilt werden, besonders durch die Intellektuellen, die selbst in angenehmen Wohngebieten leben. Sind sie sich so sicher, dass sie ihr Kind in die durch den Schulbezirk vorgegebene Schule schicken würden? Ich weiß nicht, was meine Frau und ich getan hätten, wenn wir nicht in einem einigermaßen gutbürgerlichen Stadtteil von Paris mit geringem Ausländeranteil leben würden. Unsere Söhne von der „normalen" Schule wegnehmen? Würde das nicht bedeuten, ihnen Kontakte mit andersartigen Kulturen vorzuenthalten? Und besonders auch, die Integrationschancen der jungen Maghrebiner zu mindern? Sie in diesen Schulen lassen, in dem Bewusstsein, dass eine Klasse, in der die Mehrheit der Schüler zunächst einmal die Sprache lernen muss, viel langsamer vorankommt? Wäre das nicht ein Einverständnis, dass unsere Söhne ein oder mehrere Jahre ihrer Schulzeit verlieren würden? Glücklicherweise blieb uns eine solche Entscheidung erspart.

Für die Größeren kann das Gymnasium ein Ort des Dialogs sein, so wie es ein Diözesandirektor definiert hat: „Wenn man die Meinung der Jugendlichen ernst nimmt und gesprächsbereit ist, kann man auch seine Überzeugung äußern. Das kommt gut an." In den Philosophieklassen der öffentlichen Schulen gibt es noch intolerante Lehrer, die nur die Arbeiten gut benoten, die ihre Ideen wiedergeben. Andere sind dagegen so sehr um Neutralität bemüht, dass ihre Gedanken den Schülern verborgen bleiben. Später, an der Universität, ist die Mehrheit der Professoren der Ansicht, dass ihre einzige Pflicht in der Wissensübermittlung besteht und die Bildung des Menschen nicht zu ihrem Fachbereich gehört. Ich habe immer das Gegenteil gedacht und versucht, als Moralpädagoge zu wirken.

Daher rührt auch meine Sympathie für die religiösen Schulen, die sich nicht auf die hochheiligen Lehrpläne beschränken wollen. Das ist natürlich nicht bei allen der Fall. Einige Jahre hindurch war ich in Konflikt mit „Ginette", der Sankt-Genoveva-Schule in Versailles, Schmuckstück des von den Jesuiten gegründeten Schulwesens, denn ich hatte den Eindruck, die Hauptsorge gelte der Erfolgsziffer bei den Wettbewerben zur Aufnahme in die Elite-Hochschulen. Nachdem ich einen anregenden Nachmittag im Gespräch mit den Schülern der Abschlussklassen einer katholischen Schule für junge Mädchen verbrachte, war ich überrascht, dass eine kleine Gruppe nach der Diskussion zu mir kam, um mir zu sagen: „Danke, dass Sie zu uns über Moral gesprochen haben. Hier spricht man sonst nur vom Erfolg beim Abitur." Die Moral ist sicherlich das Herzstück des Sich-Einbringens in der horizontalen Dimension, wovon in diesem Kapitel die Rede ist. Sie fehlt weniger in den Überlegungen, zu denen ich meine Zuhörer dränge, ob sie nun Studenten sind oder nicht: nämlich zu denen über das Leiden und den Tod, besonders das Leiden der anderen und die Perspektive des eigenen Todes.

6. KAPITEL

Leiden und Tod

„Selig die Friedfertigen!" Das wiederholen, das glauben die Christen, denn das Christentum ist die Religion der Liebe Gottes zu den Menschen und der Menschen untereinander. Die Würde jedes Menschen achten, darauf berufen sich Gläubige und Nicht-Gläubige. Verständnis ist besser als Hass, Freiheit besser als Entfremdung – wer möchte das grundsätzlich in Abrede stellen? Aber wie kann man in einer Welt leben, in der die Gewalt ständig die Vorherrschaft zu haben scheint, in der Leiden aller Art Legion sind? In einer Welt, in der zwei fundamentale Tatsachen des menschlichen Lebens in ihrer Realität und in ihrer Bedeutung fraglich sind: Geburt und Tod? Der für freie Reflexion offene Christ tut sich schwer, Stimmigkeit in seine moralischen Urteile zu bringen. Die Bemühung um Stimmigkeit in einem atheistischen Gedanken ist dadurch nicht notwendigerweise von Erfolg gekrönt!

Gewalt und Leiden

Kommen wir nicht auf die Theodizee zurück! Treffen wir nur eine Feststellung: Blutige Gewalt, verstümmelnde Gewalt, mörderische Gewalt sind allgegenwärtig. Es gibt die Gewalt, die die Medien zeigen, und die Gewalt, die kaum auf Interesse stößt. In Angola versuchen Regierungskräfte und Rebellen sich seit fast zwanzig Jahren an Abscheulichkeiten zu überbieten. Vergewaltigung, Verstümmelung, Massaker: Die

Zeugenberichte reichen nicht für eine Bewusstseinsbildung in der öffentlichen Meinung, und noch weniger für eine Aktion der Regierungen. Und ständig tauchen Berichte über Gewaltakte aus der Vergangenheit auf, begangen von Führern der Länder, von denen man doch seit langem annimmt, dass sie die Menschenrechte achten. Im Namen der „sozialen und rassischen Hygiene" wurden in Schweden auf der Grundlage von Gesetzen aus den Jahren 1934 und 1941 mehr als sechzigtausend Menschen sterilisiert, die meisten davon Frauen. Das Gesetz wurde schließlich 1975 geändert. Bis 1967 wurden tausende britische Waisenkinder nach Australien und Neuseeland deportiert, um den entlegenen Gegenden der Krone „weißes Blut zuzuführen". Diese Grausamkeiten der Vergangenheit wurden erst 1993 aufgedeckt.

Die „strukturelle" Gewalt ist nicht nur in Lateinamerika zu Hause. Jüngste Forschungen über das Angeborene und das Erworbene führten zu ganz eindeutigen Schlussfolgerungen. Das sozio-ökonomische Umfeld übt ab dem Alter von vier Jahren einen enormen Einfluss auf die Steigerung des Intelligenzquotienten aus. Bei der Geburt adoptierte und in einem begünstigten Milieu aufwachsende Kinder haben völlig unabhängig von ihrem Ursprungsmilieu einen im Durchschnitt um 12 Punkte höheren IQ als Kinder, die zwar ebenfalls bei der Geburt adoptiert werden, aber in einem weniger begünstigten Milieu aufwachsen.

Der von einer großen Zahl von Soziologen geschätzte Begriff „symbolische Gewalt" stört mich. Einen Zwang auf jemanden ausüben, weil er sich der legitimen Autorität unterwirft, die er in Ihnen sieht – ich kann mir sehr gut vorstellen, wo das Hindernis für die Freiheit liegt. Ich sehe aber auch, dass man in diesem Sinn jede Art von offen ausgeübtem und freiwillig angenommenem Einfluss als Gewalt bezeichnen könnte. Die stärkste symbolische Gewalt wäre demnach die Liebe. Ein anderer werden (geringfügig?), um den Erwartungen des/der Geliebten zu entsprechen, ist das nicht die wesentliche Bedingung für den Erfolg als Paar? Wie viel Scheitern, wie viele zerbrochene Hoffnungen, wie viele Trennungen, vor allem bei jungen Menschen, weil man nicht einsehen wollte, dass die Dauerhaftigkeit eine gegenseitige Anpassung voraussetzt, also die freiwillige Annahme der vom Partner ausgeübten „symbolischen Gewalt"! Die katholische Kirche ist so sehr damit beschäftigt, das Zusammenleben von Jugendlichen und die Scheidung zu verurteilen, dass sie darüber vergisst, von normalen Identitätsveränderungen der gegenseitigen Liebe zu sprechen.

Der Begriff der gegenseitigen Liebe benötigte Jahrhunderte, um wirklich wahrgenommen zu werden. Die aufgezwungene, „arrangierte" Heirat ist eine Gewalt, deren Opfer die Frauen sind, denn ihre Gefühle zählen wenig im Vergleich zu den Interessen von Stammerhalt, Erbschaften oder dem Gewinn, den der Vater aus der seiner Tochter aufgezwungenen Verbindung zu ziehen hofft. Es fanden sich immer wieder Priester, die bereit waren, das durch den Zwang der väterlichen Autorität auferlegte Band der Ehe zu segnen – falls sie es nicht sogar selbst arrangiert hatten. Heute gehört es zum guten Ton, auf muslimische Ehen hinzuweisen, in denen ganz junge Mädchen mit reifen Männern verheiratet werden, die sie nie zuvor gesehen haben. Aber die Gleichberechtigung der Eheleute, angefangen mit der freien Partnerwahl, ist noch ziemlich neu, besonders in den privilegierten Kreisen. Der Priester, der die gegenseitige Zustimmung bezeugt, die Eheleute, die sich gegenseitig das Sakrament spenden – die Veränderung der Zeremonie ist nicht sehr alt. Man kann nun auch vermuten, dass sogar die Leser von *Paris-Match* empört waren, als sie die Erklärungen der Gräfin von Paris, Anwärterin auf den französischen Thron, lasen, über die *Réforme* mit einer schönen Ironie im November 2000 berichtete. Als sie auf die arrangierten Hochzeiten ihrer Kinder zu sprechen kam, rief sie aus: „Wir haben unser Möglichstes getan, damit sie heiratsfähige Leute aus ihren Kreisen kennen lernten und wir haben wenigstens die Protestanten vermieden."

Die Kirchen haben sich kaum gesorgt um die sexuelle Gewalt, die eine Heirat ohne Liebe nach sich zieht. Mir wurde das 1977 erst wirklich bewusst, als ich die Schlussszene des großen Films von Ettore Scola *Una Giornata Particulare (Ein besonderer Tag)* sah. Die Frau, Dienerin des Gatten und der Söhne, empfängt den Gatten in ihrem Ehebett, der sich sein Vergnügen nimmt, und resigniert mit der Aussicht auf eine weitere Geburt. Noch ist darin keine Vergewaltigung zu erkennen, im Gegensatz zu der schrecklichen Szene aus dem Film *Kadosh* von Amos Gitai aus dem Jahr 1999, ein grausames Bild von Machotum im ultra-orthodoxen jüdischen Milieu. Der Zuschauer erlebt die sehr kurze „Hochzeitsnacht", die der Rabbiner und die Familie dem jungen Mädchen aufzwingen, das sie aus einer Liebesbeziehung herausreißen, denn es lebte mit einem nicht „standesgemäßen", weil aus anderen Kreisen stammenden, Jungen zusammen.

Eine anfangs gegenseitige Liebe ist keine Garantie für den Erfolg der Ehe. Bevor die Scheidung zum Ausdruck der Freiheit wird, ist sie das Eingeständnis eines Scheiterns. Aber muss darum die katholische Kirche den wieder verheirateten Geschiedenen die Gewalt eines Kommunionverbotes antun? Gerade wegen des Platzes, den die Eucharistie heute im gläubigen katholischen Leben innehat, handelt es sich um eine Gewalt gegenüber den „öffentlichen Sündern", die in der Sünde verharren. Auch wenn es sich etwa um eine gläubige Frau handelt, die sich von ihrem Mann wegen seines intoleranten Antiklerikalismus getrennt und dann einen Mann geheiratet hat, der ihren Glauben teilt. Wie viele Gläubige sind schockiert über die Sprache einer Kirche, die sich auf die Nächstenliebe und das Erbarmen beruft! Ich weiß, dass christliche Beerdigungen für wieder verheiratete Geschiedene nicht mehr verboten sind – aber erst seit 1973! Im Januar 1997 hat Johannes Paul II. vor dem päpstlichen Rat für die Familie lediglich gesagt: „Diese Männer und Frauen sollen wissen, dass die Kirche sie liebt, dass sie bei ihnen ist und unter ihrer Situation leidet." Aber das Kommunionverbot für wieder verheiratete Geschiedene wurde im Jahr 2000 nochmals erneuert.

Was mich als Außenstehenden am meisten schockiert, ist die Feststellung, dass unter der Besatzung keines der foltern-

den und mordenden Mitglieder der Miliz daran gehindert
wurde, zur Kommunion zu gehen, dass General Franco als
guter Katholik kommuniziert, unabhängig von der Zahl seiner anders denkenden Gegner, die er in den Tod geschickt
hat. Nach meiner Kenntnis wurde gegen Mitglieder der SS
oder der Gestapo kein Verbot ausgesprochen, zum Tisch des
Herrn zu treten.

   Die Kirche ist auch nachsichtig gegenüber denjenigen ihrer
Priester, die Kinder und Jugendliche der Gewalt der Pädophi-
lie aussetzen. Im Herbst 2000 erlebte die Kirche von Frankreich Skandale – weniger dramatisch als jener Skandal in
Österreich, denn einer solchen Gewalt machte sich kein französischer Prälat schuldig. Einige Bischöfe mussten viel Ener-
gie aufbieten, damit sich die im November in Lourdes ver-
sammelte Bischofskonferenz nach drei schwerwiegenden
Affären des Problems aus der Sicht der Opfer annahm: Ein
Priester der Diözese Bayeux-Lisieux wurde zu 18 Jahren Haft
verurteilt, ein Priester aus Bordeaux, der bereits 1991 wegen
ähnlicher Taten verurteilt wurde, kam in Untersuchungshaft
wegen sexueller Übergriffe auf Minderjährige, und ein Priester aus der Diözese Belfort wurde vom Schwurgericht zu acht
Jahren Gefängnis wegen ähnlicher Übergriffe zwischen 1992
und 1997 verurteilt. Die Kirche erweckte den Eindruck, als sei
ihr Mitgefühl den Schuldigen vorbehalten. Und vor allem,
ich habe nirgendwo gelesen, dass ein Bischof, wenn er von
solchen Verfehlungen erfuhr, nicht nur den Empfang der
Kommunion verboten hätte, sondern auch, die Eucharistie
zu feiern. Ich weiß wohl, dass auch ein unwürdiger Priester
nicht seines Priesteramtes verlustig geht, aber trotzdem . . .

Sobald man die Würde der menschlichen Person an die Spitze der Werteskala stellt, ist jede Verletzung dieser Würde eine
Gewalt. Vor allem, wenn man glaubt, dass es menschliche
Seinszustände gibt, die an Würde anderen überlegen sind.
In unserem Dialogbuch fragte mich Noël Copin, ob ich gegen Pornografie sei und wenn ja, warum. Ich antwortete,
dass diese eine Erniedrigung der Frau ist – und eine Selbster-

niedrigung des Mannes. Mir scheint, es gibt auch eine Auffassung von sexueller Praktik, die durch das Fehlen jeglicher
Gefühle beide Partner herabwürdigt, auch wenn sie auf gleicher Stufe stehen. Ich denke an eine Zeichnung des hervorragenden Zeichners Georges Wolinski, die im Oktober 1990
in *Le Nouvel Observateur* erschienen ist. Man sieht ein schönes nacktes Mädchen auf einem Bett kauern. Ein hübscher
Junge nimmt sie von hinten und sagt: „Ich träume davon,
mit dir Hand in Hand durch die Natur spazieren zu gehen."
Sie wendet ihm den Kopf zu, um ihm zu antworten: „Dafür
liebe ich dich zu wenig"!

Die Zeichnung lief dem gewohnten Inhalt der Wochenzeitschrift zuwider, in der sie erschien. Sie zeigt, wenngleich
weniger als andere, die ständig wachsende Vorliebe für Filme, die mehr noch als die Gewalt die Herabwürdigung, Erniedrigung ihrer Helden zeigen. Und je mehr sie sich ernied-
rigen, desto mehr ist von Reinheit die Rede. Sicher haben
die Mitarbeiter von als christlich geltenden Publikationen
lange Zeit in ihren Kritiken bewiesen, dass sie mit der Prü-
derie der Sakristeien nichts am Hut haben. Der Gipfel war
für mich die Kritik eines Films in *Télérama,* dem die begeis-
terte Zustimmung die Höchstnote verlieh: „Da ist eine Bre-
sche, in der alle Tabus versenkt werden: Inzestbegierden, Tot-
schlag, Vergewaltigung, Prostitution, Kindesmord." Der
letzte Satz lautete: „Gabriel hat sich endgültig in sich ver-
rannt und kommt zum Gipfel seines Verfalls." Steht eine solche bewundernde Anmerkung nicht in Widerspruch zu den
humanistischen Idealen, die die gleiche Publikation an anderen Stellen jeder Ausgabe verkündet? Ganz allgemein gesagt, ich habe nie verstehen können, wie man sich für den
Marquis de Sade begeistern und gleichzeitig an den Folterungen Anstoß nehmen kann, die von KZ-Aufsehern mit
Freude angewendet wurden.

Don Juan seinerseits war nicht erpicht darauf, seine Er-
oberungen zu quälen. Er genießt die Eroberung. Aber stellt
das Verlassen nicht auch eine Gewalt dar? Der arme Ottavio
gilt als lächerlich in seiner verliebten Treue. Für meine Be-

griffe erhält Don Juan seine Antwort in *Ornifle (Der Herr Ornifle)*. Jean Anouilh lässt seinen Don Juan, einen Schriftsteller und Texter, mit einem Pfarrer diskutieren, der um ein
Weihnachtslied für seine Pfarrkinder bittet:

> PATER DUBATON: Ich weiß wohl, dass ich nichts davon verstehe.
> Aber wenn ich in den Ferien zu meinem Bruder an die Rhône
> fahre, essen wir in einem kleinen Bistrot, das einen guten
> Wein serviert. Und es ist immer derselbe Wein, den ich jahraus
> jahrein bestelle. Wenn man etwas liebt, hat man, scheint mir,
> nur einen einzigen Gedanken: es wieder haben zu wollen.
> Und wenn man einen guten Rotwein gefunden hat, bleibt
> man dabei.
> ORNIFLE: Der Vergleich trifft nicht ganz zu, Pater. Der Ge-
> schmack des Weines wird besser, wenn man ein wenig aus
> der Flasche nimmt. Der Geschmack der Liebe wird schal.
> PATER DUBATON: Was Ihnen letztlich Freude macht, ist, die Fla-
> sche zu entkorken und zu probieren. Ich werde Ihnen etwas
> sagen, auch auf die Gefahr hin, dass Sie mich für einen Trinker
> halten: Sie lieben den Wein nicht wirklich!

Welch ein schönes Lob für das Paar für die lange Zeit des
Zusammenlebens, die gegenseitige Aufmerksamkeit, die
Zärtlichkeit, die den Verfall der Körper überleben. Das hat
nichts Erniedrigendes, es sei denn, es ist gewollt und verursacht.

Es gibt auch Fälle von direkter Gewalt an einzelnen Personen, die durch die Schuld von durchaus nicht anonymen
oder fern stehenden Menschen in ein Leid gebracht werden
oder darin verharren. Paul Claudel hat sich eifrig bemüht,
andere Schriftsteller zu dem Glauben zu bekehren, zu dem
er selbst konvertierte. Aber er hat zugelassen, dass seine
Schwester Camille an Hunger und Elend in einer Irrenanstalt
starb, in die er sie dreißig Jahre zuvor einschließen ließ, trotz
klarer Briefe, die sie ihm schickte. „Ich warte auf den Besuch,
den du mir für nächsten Sommer versprochen hast, aber ich
hoffe nicht darauf: Paris ist weit [...] Ich denke immer an

unsere liebe Mutter. Ich habe sie nicht mehr gesehen, seit ihr diesen fatalen Entschluss gefasst habt, mich in die Irrenanstalt zu bringen", schrieb sie noch 1939, obgleich sie schon seit 1913 eingeschlossen und von allem abgeschnitten war. „Bitter, bitter das Bedauern, sie so lange alleingelassen zu haben", schreibt der große Gläubige in sein Tagebuch nach dem Tod der Bildhauerin im Jahr 1943.[137]

Der Gefolterte leidet unter dem, was der Folterer ihm antut. Seine Fähigkeit, dem Leiden zu widerstehen, stellt keineswegs das Wesen seiner Persönlichkeit dar, wie Jean-Paul Sartre in *Morts sans sépulture (Tote ohne Begräbnis)* behauptet, ohne zu wissen. Niemand kann sagen, ob er nicht Informationen preisgäbe, um die Qualen zu beenden. Ich hatte das Glück, der Folter zu entgehen, aber ich bin ziemlich sicher, dass ich mich nicht lange hätte widersetzen können und dass man mich schließlich dazu hätte bringen können, alles Mögliche auszusagen. Ich bewundere die, die nicht geredet haben, auch die, die Selbstmord begangen haben, um nichts ausplaudern zu können. Aber ich habe volles Mitleid für die, die nachgegeben haben. Die Schuldigen sind die Folterer.

Wie ist es, wenn die Henker nach Legionen zählen und die Leiden, die sie anderen zufügen, sich unendlich vervielfachen? Ich lese wieder den bewegenden Brief „Offener Brief an die Christen und ihre zu sehr abwesende Kirche", den Noël Copin aus einem Flüchtlingslager in Zaïre schrieb. In *La Croix* vom 2. August 1994 beschrieb er unter dem Titel „Dieu est-il absent de Goma?" („Ist Gott fern von Goma?)" den Horror der Entmenschlichung, des Todes, der Leichen, die mit Bulldozern und Schaufelbaggern verscharrt werden. Er stellt sich dabei die übliche Frage nach der Theodizee, aber auch die nach der schwachen Gegenwart der Kirche in einem Milieu der extremen und vielfältigen Leiden. Dennoch, „die Flüchtlinge im Lager Mugunga klatschten, als sie erfuhren, dass der Arzt auch Priester ist". Einige Tage später antwortete Georges Gilson, Bischof von Le Mans, mit großer

---

137 Vgl: J. Cassar: Dossier Camille Claudel. 1987.

Strenge auf den Bericht von Noël Copin. Aber er hat mich nicht überzeugt.

Ebenso wenig wie mich der Text überzeugt hat, mit dem Pater Philipp Deschamps, Hausgeistlicher der psychiatrischen Kliniken, im Sinn der Theodizee zu Recht gegen die Formel „die Prüfung, die Gott mir geschickt hat"[138] Stellung nimmt.

> *Nein, das Leiden ist ein Übel,*
> *Die Geisteskrankheit ist ein Übel,*
> *Gott kann nicht „das Übel schicken"!*
> *Gott ist Liebe und Güte,*
> *Er ist Zärtlichkeit und Erbarmen,*
> *Gott „prüft" nicht.*
> *Er „bestraft" auch nicht. Gott liebt.*

Aber jenseits der Theodizee muss man die Schlussformel als einen Appell an die Christen verstehen, so zu handeln wie Gott, nämlich lieben ohne zu urteilen, ohne zu verurteilen. Es scheint mir, dass viele Christen am Leiden anderer besonderen Anteil nehmen. Sie heilen natürlich nicht den Körper, wenn sie nicht Arzt sind. Die ungeheuren Fortschritte der Medizin, die politischen Maßnahmen für Vorsorge und Pflege entstanden außerhalb religiöser Besorgnis.[139] Dagegen scheint aber ein Leiden, das durch Nähe und Zuhören gelindert wird, nicht mehr als solches wahrgenommen zu werden. Ich habe es selbst nie erlebt und ich kann von daher nur akzeptieren, was mir Leidende oder die Personen, die sie in ihren Leiden begleitet haben, berichten.

Es ist hier weniger wichtig zu wissen, was direkt von einer Krankheit oder einer Körperverletzung herrührt, was psychologisch begründet ist oder welche psychosomatischen Vorgänge das Leiden verursacht haben. Ich weiß aber, dass

---

138 P. Deschamps: Église et psychiatrie, in: Souffles, Nr. 143, Oktober 1996.
139 Vgl. C. Hudemann-Simon: La Conquête de la santé en Europe (1750–1900), 2000.

zu den Ursachen wirklicher Leiden auch die Einsamkeit zu rechnen ist. Das staatliche Amt für Statistik (INSEE) zählt mehr als sieben Millionen Menschen in Frankreich, die allein leben. Aber nicht alle leiden unter der Einsamkeit. Von der halben Million sehr alter Frauen und Männer, die in speziellen Einrichtungen leben, leiden die meisten darunter, obwohl man annehmen könnte, dass sie nicht einsam sind. Und die Einsamkeit kann als Leiden auch diejenigen treffen, die in die Gesellschaft eingegliedert sind. Zwei Bilder von Edvard Munch zeigen, wie das, was Freude sein könnte, in Leiden umschlägt. Das junge Mädchen in *Pubertät* könnte sich in seiner körperlichen Verwandlung auf eine glückliche Zukunft freuen. Trotzdem ist es bedrückt. Das Paar in *Asche* hat offenbar gerade einen Augenblick körperlicher Vereinigung erlebt, aber es ist nur ein Nebeneinander von zwei leidenden Einsamkeiten. In einer Fernsehsendung über Depressionen wurde ein achtundvierzigjähriger Rechtsanwalt, Vater von vier Kindern vorgestellt, dessen Leben durch den Selbstmord seiner ältesten Tochter aus den Fugen geriet. Er berichtete: „Die Einsamkeit und das Leiden sind Dinge, die man nicht teilen kann." Er hat jedoch bei SOS Depression angerufen. Dort hat man ihm einfach gesagt: „Die einzige Antwort, die man hier geben kann, ist zuhören."

Der Exorzist von heute sagt nichts wesentlich anderes. Es gibt natürlich auch noch Exorzisten alter Prägung, nämlich Jäger von Dämonen, die sich gehörnt und mit Bocksfuß vorstellen. Wenn man aber den Text von Maurice Bellot, Exorzistenpriester für die Diözesen der Ile-de-France, liest, dann sieht man, um welche Dämonen es sich heute handelt.[140] Er „versucht zunächst nicht, etwas zu tun. Er versucht, das Sein bewusst zu machen. [...] Er lässt reden. Der Akt des Sprechens gehört bereits zur Heilung". Es handelt sich darum, zu einer Befreiung beizutragen. „Die von Hass Besessenen sind sehr zahlreich. Man glaubt, sie seien gekommen, um Verge-

---

140 Vgl. M. Bellot: Rapport sur le Centre d'accueil Saint-Irénée, in: REPSA, Februar 1998.

bung zu erwirken – aber leider kommen sie meistens, um sich an ihrer Besessenheit zu weiden, um sich bedauern zu lassen von einem Mülleimerohr."

Der Hass ist oft eine Flucht, wie die Droge oder der Alkohol. Der – schwierige – Ausstieg gelingt nur über das Zuhören, das dem Leidenden hilft, sein Übel zu benennen, sich seiner selbst bewusst zu werden, zuzugeben, dass er abhängig ist. „Der Alkoholiker hört an dem Tag auf zu trinken, an dem er zugibt, dass er nicht aufhören kann."[141] Er wird es erst einsehen, wenn er fühlt, dass er nicht mehr ein Gegenstand der Verachtung ist, wenn er überzeugt ist, dass der Arzt, der Psychologe, der Priester ihm als einem gleichwertigen Menschen zuhören, frei von jeder Verurteilung.

Einen Hass überwinden, der aus einem körperlichen Leiden entstanden ist, das ist nicht jedem gegeben. Unter den „Zeugen", die vor den in Rocamadour im April 1995 versammelten zweitausend Führerinnen der katholischen Pfadfinderinnen sprachen, hatte Lorène Russell wohl die aufmerksamste, nachdenklichste Zuhörerschaft. Sie besiegte den Hass, als sie das Messer in der Hand hielt, mit dem sie ihren Schwiegervater erstechen wollte, dessen Gewalt sie erleiden musste. Ihre Umkehr zum Verzeihen war so vollkommen, dass sie eine Vereinigung für misshandelte Kinder gründete. Ihr Ziel: Diese Kinder sowohl vor der Misshandlung zu bewahren, als auch vor dem Hass, den sie nach sich zieht. Denn der Hass ist ja eine Quelle der Leiden. Die Geschichte von Tim Guénard, der von seinem Vater geschlagen und dadurch zu einem brutalen Asozialen wurde, ist noch erbaulicher und aus meiner Sicht sogar ein wenig zu sehr „frömmelnd", weil der Held so an das Eingreifen der Gottesmutter glaubt.[142] Er fand seinen inneren Frieden, den Frieden mit sich selbst, einerseits bei Priestern, die ihm aufmerksam zuhörten und ihn völlig akzeptierten, andererseits indem er sich in den Dienst der Behinderten – körperlichen und geis-

---

141 J. Maisondieu: Les Alcooléens, 1992.
142 T. Guénard: Plus fort que la haine, 2000.

tigen – stellte, deren menschliche Qualität ihn verwandelte. Zweifellos hätten ihm auch Nichtglaubende oder Gesunde zuhören und ihn aufbauen können. Aber gerade in diesen beiden Geschichten finde ich, wenn ich so sagen darf, das Christentum in seiner Vollendung!

Ich habe zwei Behinderte mit großer Ausstrahlung kennen gelernt: der eine ein Atheist, der andere tief gläubig. Der erste wurde zu Beginn des Jugendalters blind und wuchs nicht mehr aufgrund einer Krankheit. Er war soweit gelähmt, dass er nicht sitzen oder stehen konnte und an sein Krankenbett gefesselt war. Er war voller Intelligenz und Vitalität, wissbegierig, spielte Schach und gewann bei einigen kulturellen Wettbewerben im Radio. Die geistige Ausstrahlung des Polytechnikers und Pfadfinders, der in einer eisernen Lunge lag, war so stark und sein Vertrauen schien so unerschütterlich, dass seine Freunde ihn nicht besuchten, um seinen „Lebensmut zu stärken", sondern um bei ihm neue Kraft zu schöpfen, bei ihm, dem großen Kranken, der so früh sterben sollte. Einer seiner Besucher war der Kurat der Pfadfinder, der Dominikanerpater André Liégé.

Natürlich erwarte ich nicht von allen Leidenden, dass sie ein solches Maß an Gelassenheit, an menschlicher Qualität erreichen. Aber wenn es ein Gebiet gibt, wo ich das im Christentum stark strapazierte Wort „Mysterium" akzeptiere, dann in der Formulierung des Hausgeistlichen einer psychiatrischen Klinik. Von der Demut ausgehend, die vor allem derjenige benötigt, der zu verstehen und zu kommunizieren versucht, spricht er von dem „Mysterium, das ein Mensch darstellt, der in seinem Leiden verloren geht."

Vor nunmehr einem Vierteljahrhundert veröffentlichte François Varillon Schlag auf Schlag zwei Bücher mit den Titeln *L'Humilité de Dieu (Die Demut Gottes)* und *La Souffrance de Dieu (Das Leiden Gottes)*.[143] Ich glaube nicht, dass er hundert Jahre zuvor das *nihil obstat* und das *imprimatur* dafür bekommen hätte. Seine Gedanken und seine Vorgehens-

---

143 F. Varillon: L'Humilité de Dieu, 1974. La Souffrance de Dieu, 1975.

weise gingen in die Richtung dessen, was ich die zentrale Wandlung des Christentums in unserer Zeit nennen möchte. Es geht nicht mehr darum, sich auf einen Gott von schrecklicher und drohender Majestät zu beziehen. In dem Puzzle biblischer Texte des *Messias* ist das bezeichnendste Zitat, das Händel vertont hat, nicht mehr das „Halleluja", sondern der ergreifende Gesang der Altstimme „He was despised ..." („Er wurde verachtet"), also der Vierte Gesang des Gottesknechtes in Jesaja. Aber wenn der leidende Mensch im Zentrum des Glaubens steht, ist dann ein Verständnis, eine Verbindung mit dem Atheismus nicht vorhanden, dessen Humanismus sich ja auch vorrangig um diesen Menschen sorgt?

Eine solche Übereinstimmung macht jedoch die tiefen Unterschiede im Verständnis von Leben und Tod nicht unwesentlich.

Das Leben, den Tod geben

In der Zeitschrift *L'Equipe* vom 17. Juli 2000 erschien ein Interview mit dem Kapitän der Rugbymannschaft vom Klub Stade français:

– Endspiel der Weltmeisterschaft oder das Endspiel der französischen Meisterschaft. Welches ist die stärkste Erinnerung für Sie in diesem Jahr?
– Ehrliche Antwort?
– Ja, wenn möglich.
– Weder das eine noch das andere. Das Schönste, was mir dieses Jahr widerfahren ist, war die Geburt meines Sohnes [...] Die Niederkunft meiner Frau ist ein Ereignis, das mich am meisten ergriffen hat: das stärkste und das intensivste meines Lebens. Wie schwer muss das für eine Frau sein! Deinen Platz im Spiel behaupten, ist nichts dagegen. [...]

Dieser Text hat mich gerührt, denn er erinnerte mich an mein eigenes Empfinden bei den Geburten unserer vier Söhne, nach der zu jener Zeit schönen Methode, aber inzwischen überholt durch die Periduralanästhesie, die schmerzfreie Geburt. Die Ermunterung, diese Methode anzuwenden, kam gleichzeitig von den Kommunisten und von Pius XII., aber das ist es nicht, was uns bewogen hat! Jedes Mal dachte ich an Freud, der dazu neigte, die Frau über ihren traurigen Mangel eines Penis zu erklären. Meine beständige Lust, Bücher zu schreiben, rührt dann wahrscheinlich von meiner traurigen Unfähigkeit zu gebären her.

Der Wunsch, Kinder zu haben, hat nichts Künstliches an sich. Das geschaffene Gefühl – das hat Simone de Beauvoir ausgedrückt, als sie über ihre Verbindung mit Jean-Paul Sartre schrieb: „Er genügte sich; er genügte mir. Und ich genügte mir; ich träumte keineswegs davon, mich in einem Wesen wieder zu finden, das aus mir hervorgegangen ist." Ich war glücklich, in *Le Nouvel Observateur* einen Bericht zu lesen, in dem eine Frau den Film *Haut les cœurs (Kopf hoch!)* von Solveig Anspach lobte:

> Als Emma erfährt, dass sie Krebs hat, ist sie zunächst fassungslos. Aber sie gibt nicht auf, denn es gilt, das Kind zu retten, das sie unter ihrem Herzen trägt. [. . .] Der Film ist eine schöne Liebesgeschichte zwischen einem Mann und einer Frau, die durch höhere Gefühle miteinander verbunden sind. [. . .] Diese Persönlichkeit, die zwischen Leben und Tod schwankt, zwischen Verzweiflung und Auflehnung [. . .] benommen und doch unbeugsam, eine moderne Heldin in einem intensiven Werk, das uns nahe geht.

Diese höheren Gefühle und diese Intensität, die dieselbe Wochenzeitschrift so oft ins Lächerliche verkehrt. Die Ablehnung des ersten Kindes rührt oft aus der Unkenntnis der Freude, die seine Anwesenheit bringen kann. Und sicherlich denken viele Paare so wie jener Abgeordnete, der bei der Debatte über den von Simone Veil eingebrachten Gesetzentwurf zum Schwangerschaftsabbruch 1974 sagte:

> Ein gewünschtes Kind, was heißt das? Wann gewünscht, in welchem Augenblick? [...] Meine Frau und ich, wir haben mehrere Kinder. Wenn sie vielleicht nicht alle gewünscht waren, so waren sie uns doch willkommen. Und der einfache Gedanke, dass eines davon nicht mehr da wäre, gäbe uns heute den Eindruck einer Verstümmelung.

Den Kinderwunsch bei im Prinzip unfruchtbaren Paaren kann der wissenschaftliche Fortschritt jetzt erfüllen. Ich kann mir aber den Schock für das Team des Katholischen Instituts in Lille vorstellen, als Rom die *in vitro* Befruchtung auch unter Eheleuten verbot. Sie ermöglicht doch immerhin, diese oder jene Ursache der Sterilität zu umgehen, also der Familienförderung zu entsprechen, von der die kinderlosen Prälaten unaufhörlich reden. Das „Suche verzweifelt Kind" greift auch zu anderen Methoden, die wenigstens doch eine Diskussion verdient hätten, nämlich die „Leihmütter".

Der Wunsch, keine Kinder zu haben, ist dennoch nicht illegitim. Ich wundere mich einfach über die Sicherheit derer, die davon überzeugt sind, niemals einen Wunsch nach Kindern zu verspüren und sich deshalb sterilisieren lassen. Das war der Fall für einige zehntausend Männer in Deutschland in den siebziger Jahren. In Frankreich erlaubt das in erster Lesung von der Nationalversammlung verabschiedete Gesetz der Sozialministerin Elisabeth Guigou ausdrücklich die Sterilisierung auf Wunsch, bei der Frau durch Tubenligatur, die rückgängig gemacht werden kann und beim Mann durch Vasektomie, die endgültig ist. Allerdings nicht ganz: das tiefgefrorene Sperma kann später zu einer Befruchtung genutzt werden!

Die Freiheit haben, kein Kind zu wollen: Welch einen wunderbaren Fortschritt, besonders für die Frauen, bringt die Entwicklung der empfängnisverhütenden Methoden! Rückblickend frage ich mich, warum es in Frankreich bis zum Gesetz Neuwirth im Jahr 1967 gedauert hat, damit die Verbreitung dieser Methoden kein Straftatbestand mehr ist. Oder vielmehr, ich weiß es doch: 1920, nach dem großen

Aderlass des Krieges bedurfte es einer Politik der Geburten-
förderung. Bei der Debatte 1974 sagte der Medizinprofessor
und gaullistische Abgeordnete Joseph Comiti zu Recht zu
diesem Thema: „Erlauben Sie mir, Ihnen ganz unverblümt
zu sagen, wie es auch [der sich oft sehr vulgär ausdrückende]
General Bigeard hätte sagen können, die Frau ist doch kein
Zuchtvieh, das unter Zwang die Herde wieder vervollständi-
gen muss."

Die Abtreibung anprangern ergibt nur dann einen Sinn,
wenn man die Empfängnisverhütung akzeptiert. Paul VI.
hätte sich beinahe in dieser Richtung geäußert, indem er
dem Rat einer Gruppe von Experten folgte, die er um sich
versammelt hatte. Aber schließlich gab er doch dem Druck
der Kurie nach. Johannes Paul II. hat nicht aufgehört, sich
in diesen Widerspruch zu verstricken. Vor dem Erscheinen
eines sehr aggressiven Buches über Mutter Teresa[144] konnte
ich nicht verstehen, warum man ihrer ständigen Kampagne
gegen Empfängnisverhütung nicht widersprach. Ich habe
1958 Kalkutta besucht. Die Lage hat sich dort inzwischen
verschlimmert. Wie kann man sich damit abfinden, dass
Frauen im größten Elend dazu ermutigt werden, Kinder in
die Welt zu setzen, denen es bestimmt ist, auf den Straßen
der Stadt zu verhungern?

Schon vor dem Ausbruch von AIDS hatte die Übertragbar-
keit von Geschlechtskrankheiten die Benutzung von männlichen Präservativen gerechtfertigt. Aber die verheerende
Wirkung von AIDS hat den Konflikt mit Rom dramatisiert.
Im Juni 2000 verurteilte der Kardinal-Erzbischof von São
Paulo „in Übereinstimmung mit dem Papst und der Kirche,
die unannehmbaren Thesen" von Priestern, die die Ansicht
vertreten, Präservative zu verteilen oder auf ihre Existenz
aufmerksam zu machen „ist nicht ein geringeres Übel, sondern ein größeres Gut, denn sie schützen Leben". Die dem
Gesundheitsministerium unterstehende staatliche Koordi-
nierungsstelle für AIDS hat die Kirche aufgefordert, „über ih-

---

144 Vgl. C. Hitchens: Le Mythe de mère Teresa, 1995.

re ablehnende Einstellung zur Benutzung von Präservativen nachzudenken, um nicht in Zukunft die Verantwortung für die Folgen der Ausbreitung dieser Epidemie unter den Katholiken Brasiliens tragen zu müssen". Glücklicherweise ist die Kirche von Frankreich differenzierter. Pater Michel di Falco, damals Sprecher des Episkopats, gab in einem Fernsehinterview auf die einzige Frage, die die Journalistin interessierte, eine für meine Begriffe ausgezeichnete Antwort. Er sagte im Wesentlichen, die Kirche sei weder für Mord noch für Selbstmord. Es gibt allerdings menschliche Zustände, die höher stehen als andere. Die Treue gilt mehr als die Vielpartnerschaft. Aber denjenigen, denen es nicht gegeben ist, zu diesem würdigeren Zustand zu gelangen, muss ständig wiederholt werden, dass die Kirche sowohl den Mord als auch den Selbstmord missbilligt.

Dass man die Verbreitung der Kenntnisse über Empfängnisverhütung intensivieren muss, um gleichzeitig gegen die Krankheit und gegen die Abtreibung zu kämpfen, geht in diese Richtung. Bei der Debatte vom November 2000 über diesen Punkt war die Meinung einhellig. Aber macht das eine andere Kenntnis, eine andere Annäherung an das Thema Sex überflüssig? Das *Journal Officiel,* in dem die Parlamentsdebatten in extenso gedruckt werden, vermerkt ein schockiertes „oh!" aus den Reihen der Sozialisten, als eine Abgeordnete der Mitte sehr stichhaltig, wie ich finde, vortrug:

> Die Sexualkunde sollte eine Erziehung zur Liebe sein. Es ist erstaunlich, dass in dem sehr langen Text von [Erziehungsminister] Jack Lang bei seiner Pressekonferenz über den Sexualkunde-Unterricht in den Schulen, immerhin ein Dokument von siebenundvierzig Seiten, kein einziges Mal das Wort „Liebe" vorkommt.

Gleichzeitig die Abtreibung und die Empfängnisverhütung zu verbieten, ist ein Widerspruch. Weniger jedoch als die Ablehnung der Abtreibung und die gleichzeitige Billigung der Todesstrafe. Dieser Widerspruch ist nicht nur in der katholischen Kirche zu finden. Zur Zeit der doppelten Debatte nahmen *Le Figaro* und *Le Monde* gegensätzliche und einander widersprechende Stellungen ein. Für die erste war die Abtreibung im Namen der Moral zu verdammen, auch wenn die Meinungsumfragen dafür sprechen, dagegen müsse die Todesstrafe beibehalten werden, weil die Meinungsumfragen dafür sprachen. Für die andere müsse die Abtreibung erlaubt sein, denn sie war durch die Meinungsumfragen legitimiert, während die Sittenwidrigkeit, die die Todesstrafe darstellt, beseitigt werden müsse, ganz gleich, was die öffentliche Meinung dazu sagt.

Trotz des Augenscheines ist es nicht leicht, zum Thema der Todesstrafe kohärent zu sein. Nach meiner Kenntnis hat Robert Badinter niemals klar die Hinrichtung der verbrecherischen Führungsriege in Nürnberg verurteilt. Die Schulbücher enthalten kaum eine Missbilligung für die Hinrichtung Ludwigs XVI., keine Verbindung wird hergestellt zu der an anderer Stelle ausgesprochenen Missbilligung der Todesstrafe. Aber der Widerspruch von Johannes Paul II. erscheint mir eklatant. In der Enzyklika *Evangelium vitae* von 1995 wird die Abtreibung als „abscheuliches Verbrechen" bezeichnet und diese Verurteilung wird ausführlich dargelegt. Der Artikel 56 sagt dagegen mit einer spürbaren Verlegenheit: „[...] die Frage der Todesstrafe, deretwegen man in der Kirche und in der bürgerlichen Gesellschaft eine steigende Tendenz feststellt [...]" Weiß Johannes Paul II. beim Verfassen der Enzyklika wirklich nicht, dass die europäischen Staaten sich seit langem dazu verpflichtet haben, und zwar durch einen bindenden Vertrag über die Menschenrechte, niemals wieder die Todesstrafe einzuführen? Ich hätte es sehr gerne gesehen, wenn im Jahr 2000 ein Appell des Papstes die amerikanischen Wähler zum Nachdenken ermahnt hätte, bevor sie einem Präsidentschaftskandidaten aus Texas ihre Stimme geben, der alle Rekorde bei der Hinrichtung Verurteilter hält, die oft genug von erbärmlichen Anwälten verteidigt wurden. Weil die Abtreibung „ein unschuldiges Wesen tötet", sei sie kriminell. Wie viele der in Amerika Hingerichteten waren unschuldig an den Verbrechen, deretwegen man sie tötete?

Und selbst für die Schuldigen: predigt die Kirche denn nicht das Verständnis, das Erbarmen, das Vergeben? Ein Mensch, unwiderruflich gebrandmarkt durch sein Verbrechen, ist das christliches Gedankengut?

Es gibt wenigstens zwei Gründe, um das Problem der Abtreibung mit Umsicht anzugehen. Der erste ist, dass die Positionen sich ändern können. Wenn der von den Kommunisten und den Sozialisten vorgelegte und in erster Abstimmung 1946 abgelehnte Verfassungstext durchgegangen wäre, wäre die Abtreibung verfassungswidrig, denn in der sehr langen Erklärung der Menschenrechte, die der Verfassung vorangestellt ist, befindet sich der Artikel 23 „über den Schutz der Gesundheit von der Empfängnis an". Damals stürzte sich die kommunistische Partei, vor allem mit der Wortführerin Jeannette Thorez-Vermeersch sehr vehement auf das Thema Abtreibung. Sie war für sie ein Mittel der Kapitalisten, um das Wachstum des Proletariats, besonders in den überseeischen Départements, zu begrenzen.

Der andere Grund wurde mit sehr viel Weisheit ausgedrückt und als Vorspann in die berühmte Erklärung des Verfassungsgerichtshofes der Vereinigten Staaten vom 22. Januar 1973 aufgenommen:

Wir müssen uns von Anfang an bewusst sein, dass die Kontroverse über die Abtreibung leidenschaftlich und heikel ist. Selbst unter den Ärzten treffen die Meinungen sehr heftig aufeinander. Bei diesem Thema sind tief gehende und, so scheint es, absolute Überzeugungen im Spiel. Die Philosophie, die Erfahrung, der Kontakt mit dem menschlichen Leiden, die religiöse Bildung, die Einstellung zum Leben, zur Familie und ihren Werten, sowie die moralischen Imperative, die man sich erteilt und die man zu respektieren sich bemüht. Alle diese Faktoren werden sehr wahrscheinlich sowohl die Überlegungen, die man anstellt, als auch die Schlussfolgerungen, zu denen man gelangt, orientieren und bestimmen. [...] Es steht uns nicht zu, die schwierige Frage zu beantworten, zu welchem Zeitpunkt das Leben beginnt. Da die Fach-

leute der Medizin, der Philosophie und der Theologie nicht in
der Lage sind, zu einem Konsens zu kommen, ist im gegen-
wärtigen Stand der Wissenschaft auch die Rechtsprechung
nicht in der Lage, eine fundierte Hypothese darüber aufzu-
stellen, welche Antwort als richtig anzusehen ist.[145]

(Seither ist der Oberste Gerichtshof sehr weit in der Richtung
der Zustimmung zu den Abtreibungsgegnern gegangen, denn
im Juni 2000 hat er im Namen der Abtreibungsfreiheit der
Frauen ein Gesetz aus Nebraska aufgehoben, das das Absau-
gen des Gehirns von Föten im Alter von 5 Monaten verbot.)
    Meine persönliche Antwort bringt mich in Widerspruch:
einerseits mit der Mehrheit der Katholiken, vor allem mit
ihrer Kirche, andererseits mit der parlamentarischen Mehrheit, die für das Gesetz Guigou gestimmt hat. Für mich ist
nämlich ein klarer Unterschied zu machen zwischen der Ei-
zelle nach der Nidation und dem Fötus, der bereits menschliche Form angenommen hat, bevor er wirklich eine
menschliche Person wird. Mit gemischten Gefühlen habe
ich die von Vertretern anderer Konfessionen genannten Definitionen und Schwellen zur Kenntnis genommen:[146]

– Jean-Arnold de Clermont-Tonnerre, Präsident der Protestantischen Föderation von Frankreich: „Wir behaupten
  nicht, dass vor einer Frist von vierzig Tagen der Embryo
  ein menschliches Wesen ist."
– Dalil Boubakeur, Rektor der Großen Moschee von Frankreich: „Nach einer Frist, die manche mit vierzig oder hun-
  dertzwanzig Tagen angeben, ist der Embryo eine vollgül-
  tige Person."
– Michel Gugenheim, Großrabbiner und Mitglied der nationalen Ethik-Kommission: „Im Judentum werden diese
  überzähligen Embryos so angesehen, als hätten sie ein

---

145 A. Grosser: Cours constitutionnelles et valeurs de référence. À pro-
    pos de décisions sur l'avortement, in: Pouvoirs, Nr. 13, 1991.
146 Die Erklärungen des Pastors, des Rektors und des Rabbiners sind
    erschienen in: La Croix, 29. November 2000.

Alter von weniger als vierzig Tagen, also nicht den Status eines Lebewesens."

Die Gegner des Schwangerschaftsabbruchs haben nie die geringste Unterscheidung zwischen den einzelnen Entwicklungsstadien nach der Zeugung akzeptiert und deshalb auch nie die wirksamste der pädagogischen Methoden eingesetzt, um zu überzeugen. Es gibt wunderbare Dokumentarfilme über die Entwicklung des künftigen Neugeborenen während der neun Monate der Schwangerschaft. Diese Filme müssten in allen Gymnasien gezeigt werden – und viele Mädchen und Jungen würden ihre Ansicht ändern über die Festlegung des Augenblicks, wenn die gerechte Forderung der Frauen „mein Bauch gehört mir" auf die Realität eines Menschenwesens trifft, das sich zwar im Schoß der Mutter befindet, aber doch nicht Bestandteil ihres Körpers ist. Mit dieser Erkenntnis dürfen sie jedoch durchaus auch die Formulierung eines Abgeordneten von 1974 schockierend finden: „Die Mutter ist lediglich die Gastgeberin des Kindes, nicht die Eigentümerin." Gestützt auf diese Idee hat das Bundesverfassungsgericht zweimal „die Pflicht der Mutter, das Kind auszutragen" als rechtsverbindlich festgelegt. Eine Formulierung, die ich demütigend für die Frauen finde. Dagegen erschien mir die Wortwahl von Elisabeth Guigou bei der Vorlage ihres Gesetzesentwurfs in der Nationalversammlung vom 29. September 2000 zu absolut: „Überall die Rechte der Frauen respektieren. Das erste davon ist die Herrschaft über ihren Körper." Ich sehe einen starken Widerspruch bei denen, die über die absolute Freiheit des Kindes von seiner Geburt an theoretisieren, weil es nicht das Eigentum seiner Eltern ist, wogegen es kurz vor der Geburt keine von der Mutter unabhängige Person gewesen sein soll.

Ich habe die öffentliche Debatte in Frankreich und Deutschland so nah wie möglich beobachtet und bin über die großen Unterschiede in Inhalt und Ton in beiden Ländern überrascht. Im Jahr 1975 haben das Bundesverfassungsgericht in Karlsruhe und der Verfassungsrat in Paris wenige

Tage nacheinander in dieser Sache sehr unterschiedlich ge-
urteilt.[147] Das deutsche Urteil bezog sich auf eine deutsche
Besonderheit, nämlich Hitler in seiner Vergangenheit zu haben. „Das Grundgesetz stützt sich auf Prinzipien, die nur aus
der historischen Erfahrung und dem Widerstand gegen den
Nationalsozialismus erklärt werden können." Ein Vergleich
– etwa mit der amerikanischen Freizügigkeit, die 1973 festgelegt wurde – blieb ohne große Auswirkung, denn das deutsche Gesetz ist mehr dem Schutz des beginnenden Lebens
verpflichtet.

Zwei Jahrzehnte später wird dieses Argument kaum mehr
benutzt. Ein gewisser Liberalismus beim Schwangerschaftsabbruch zeichnete sich seit 1975 ab und wurde 1993 bestätigt. Die schwierigen Diskussionen um die Abschaffung des
§ 218 des Strafgesetzbuches sind nicht verstummt. Zunächst,
weil man den Frauen der ehemaligen DDR erklären musste,
dass die Wende deutliche Einschnitte ihrer früheren Rechte
mit sich brachte. Gleichzeitig wurden die meisten der öffentlichen Krippen geschlossen. Dazu kam der schwere innerka-
tholische Streit wegen der Schwangerenberatung. Rom auf
der einen und die Laien auf der anderen Seite und die Bischöfe (untereinander selbst uneins) dazwischen in der Zan-
ge. Der Streit ging nicht über die Abtreibung – die alle ablehnen – sondern über die beste Art der Vorbeugung. Die
Medien berichten über diese Kontroverse mit Vorsicht, wenn
sie selbst für den freiwilligen Schwangerschaftsabbruch sind,
und mit Engagement, wenn sie sich auf die Seite des Vatikans stellen. Die *Frankfurter Allgemeine*, obwohl nicht religiös
gebunden, spricht sich in Leitartikeln und redaktionellen
Beiträgen gegen den Schwangerschaftsabbruch aus und
schärft den katholischen Laien ein, sich an ihre Pflicht zum
strengen Gehorsam gegenüber dem Papst zu halten. Was seit
1997 in Frage gestellt wird, ist die vom Gesetz zwingend vor-
geschriebene Schwangerenberatung. Aber kann man sie Be-

---

147 Vgl. A. Grosser: Cours constitutionnelles et valeurs de référence. À
propos de décisions sur l'avortement, in: Pouvoirs, Nr. 13, 1991.

ratung nennen? Der „Berater", der einen Schwangerschaftsabbruch empfiehlt, macht sich in Deutschland eines Verge-
hens schuldig. Seine Aufgabe ist es, zuzuhören und zu verhindern versuchen, wobei er aber letztlich der Frau die
Freiheit ihrer Entscheidung lässt. Damit aber ein freiwilliger
Schwangerschaftsabbruch durchgeführt werden kann, muss
man einen Schein zum Nachweis der vorausgegangenen
Schwangerenberatung vorlegen. Rom hat mehrfach entschieden, dass diese Situation für die Kirche, zu der die meisten der Beratungsstellen gehören, einer Befürwortung des
Prinzips der Abtreibung gleichkommt. Johannes Paul II. verlangte, dass die deutsche Kirche aus diesem System aussteigt.
Bei ihrem Kongress in Tilburg in den Niederlanden haben
die deutschsprachigen Moraltheologen eine Botschaft an
den Vatikan geschickt. Nach einer allgemein gültigen Einschätzung verzichten jährlich sechstausend Frauen aufgrund
des Beratungsgesprächs auf einen Schwangerschaftsabbruch. Indem also der Vatikan diese Beratungsgespräche verbietet, wird er moralisch mitschuldig an sechstausend Ab-
treibungen. Die einzige Antwort darauf war die Verurteilung
von Donum vitae, einer Vereinigung katholischer Laien, die
Beratungsstellen außerhalb der Kirche gründeten. Zu ihren
Gründern zählen Katholiken von gutem Ruf und mit hohen
politischen und sozialen Verantwortungen. Der Episkopat
hat schließlich Rom nachgegeben, nicht ohne eine sehr
scheinheilige Lösung vorzuschlagen, akzeptiert von den
Länderregierungen, die die Beratungsstellen großzügig fi-
nanzieren. Den „Beratern" sei zugestanden worden, auf der
Bescheinigung den Vermerk anzubringen, dass diese auf keinen Fall einen Schwangerschaftsabbruch rechtfertigt – wodurch auf bizarre Weise der Zweck des Scheins geleugnet
würde. Johannes Paul II. hat durch einen Text von Kardinal
Ratzinger den Kompromiss verworfen und der deutsche
Episkopat hat sich heftig mit Donum vitae angelegt.
      Die große politische Partei, die sich christlich nennt, ist
sehr zögernd, und ihre Führer sind verschiedener Meinung.
Der Hauptvorwurf, den man der CDU nicht ersparen kann,

ist der, dass sie nie, weder auf Bundes- noch auf Länderebene, eine Gesetzgebung auf den Weg gebracht hat, die dem 1975 von der einzigen Richterin am Bundesverfassungsgericht als Minderheitenmeinung vorgetragenen Wunsch entspricht: der Kampf gegen die Abtreibung müsste eine Reihe von flankierenden Maßnahmen entwickeln, wodurch die Gesellschaft dem jungen Mädchen oder der Frau zeigt, dass sie nicht allein gelassen sind, dass sie willkommen sind und ihnen geholfen wird, wenn sie sich für ihr Kind entscheiden. Jahrzehnte hindurch habe ich in Deutschland das Beispiel einer alten Freundin in der Normandie erzählt, die sich nicht nur um Strafgefangene kümmert. Sie hatte eine Art soziales Werk gegen die Abtreibung geschaffen, das langfristige, kostenlose Familienhilfe, Arbeitsplätze und verschiedene Hilfsmaßnahmen anbot.

Seit der Debatte vom November 2000 in unserer Nationalversammlung habe ich nicht mehr die geringste Lust, dieses Parlament zu erwähnen. Die Mehrheit hat willentlich in einem Leitfaden, der den Frauen auf der Suche nach einem Schwangerschaftsabbruch ausgehändigt wird, den Teil ganz weggelassen, der die Hilfen für diejenigen aufzeigt, die letztlich ihr Kind behalten wollen. Ebenso wenig ist die Liste der Organisationen und Vereine aufgeführt, die ihnen Hilfe und Unterstützung bieten können. Darüber hinaus wurde der verbindliche Charakter des vorausgehenden Beratungsgesprächs abgeschafft. Im Namen der Freiheit – als ob ein vertrauliches Gespräch, das auf Zuhören beruht, nie eine befreiende Macht haben könnte gegenüber den Zwängen, die von der Familie oder dem Partner ausgeübt werden. Der Partner ist übrigens völlig aus der Debatte verschwunden. Oder genauer gesagt, die einfache Erwähnung des Vaters wurde schon als Provokation betrachtet. Als eine Abgeordnete der Mitte sagte: „Eine letzte wichtige Lücke in diesem Text ist das Fehlen jeglichen Bezugs zu dem anderen Verantwortlichen der Schwangerschaft: dem Mann", antwortete ihr Yvette Roudy: „Wir interessieren uns hier nicht für den Vater!" Immerhin erhielt das Parlament 1974 den Bericht eines Abgeordneten, der Arzt ist:

> In meinem Berufsleben habe ich oft Geburtshilfe geleistet [. . .]
> Ich habe oft gesehen, wie die Väter bei der Entbindung die
> Hand der werdenden Mutter hielten [. . .] Dagegen habe ich
> kein einziges Mal – ich betone – ich habe kein einziges Mal
> erlebt, dass ein Mann, ob Ehemann oder Liebhaber, um die
> Erlaubnis bat, bei der Ausschabung einer Fehlgeburt dabei zu
> sein. Am Anfang war es ein Paar, aber im entscheidenden Mo-
> ment war nur noch die Frau da, allein mit ihrer Niederlage.

Wenn vielleicht manchmal der Mann an dem Beratungsge-
spräch teilnähme, würde er einsehen, dass die Wahlfreiheit
der Mutter durch seine Ablehnung des Kindes zunichte gemacht wird. Aber wenn man das sagt, setzt man sich der
Antwort von Danièle Bousquet aus, die im Namen der De-
legation für die Rechte der Frauen das Wort ergriff: „Das Gesetz Veil ist ein Gesetz über die Abtreibung und nicht über
das Willkommen im Leben!"

Nun, das entspricht nicht dem Eindruck, den man be-
kommt, wenn man die Niederschriften der Debatten von
1974 liest. Wenn man die drei Diskussionen, nämlich die
von 1974, die von 1979 über das Gesetz Pelletier und die
vom November 2000 miteinander vergleicht, dann fällt der
Wechsel in Ton und in Klima zwischen der zweiten und der
dritten Debatte auf. Ich habe nie verstanden, warum kein
Verleger auf den Gedanken kam, die Gesamtheit der Wort-
beiträge 1974 zu veröffentlichen. Die V. Republik ist nicht
so reich an parlamentarischen Sternstunden, dass man nicht
wenigstens diese den Bürgern zugänglich machen sollte. Die
Redner hatten aufmerksame Zuhörer. Die Ausdrucksweise
war brutal, manchmal äußerst verletzend, besonders von der
Seite der Gegner des Gesetzes. Sie lieferten jedoch Prophe-
zeiungen, die heute nachdenklich stimmen:

– „Morgen wird ein behindertes Kind beseitigt. Übermor-
  gen haben wir die Euthanasie, warum nicht?"
– „Sie haben eine fatale Neigung zur Freigabe der Euthanasie, die man dann, um niemanden zu schockieren, freiwilligen Altersabbruch nennen wird."

- „Ich rede von den Schuldgefühlen, die dieser Text bei den Behinderten hervorrufen kann. Einige haben mir geschrieben: ‚Wenn dieses Gesetz schon bestanden hätte, wäre ich nicht da. Ich habe das Gefühl, dass dieses Gesetz mich von der Welt ausschließt‘.“
- „In dem Maße, wie das Gesetz das ist, was erlaubt ist und ein Recht begründet, auch einen Gewöhnungseffekt hat, eine Banalisierung des Phänomens [. . .] Das Gesetz rechtfertigt die Abtreibung und banalisiert sie gleichzeitig.“

Aber alle Ärzte im Parlament, ganz gleich welcher Couleur, äußerten sich zugunsten des Gesetzes, und erinnerten daran, dass „jede unserer Städte, jeder unserer ländlichen Bezirke früher eine Matrone kannte, die mit den Sticknadeln umzugehen wusste, und oft genug die Mutter mit dem Embryo tötete“. Oder, wie es noch 1979 ein anderer Arzt sagte:

Vor dem Gesetz von 1975 konnten nur wohlhabende Familien eine einigermaßen korrekte Lösung finden: bezahlen, um abtreiben zu lassen, eine ziemlich teure Angelegenheit [. . .] Und die anderen? Worauf hatten sie Anspruch? [. . .] Diese Maßnahmen endeten in einer Notaufnahme im Krankenhaus, wo dann der Arzt versuchte, eine katastrophale Situation zu retten. Diese Frauen hatten nur das Recht auf Tod, Verstümmelung, Scham, Verzweiflung und manchmal Gefängnis. Haben wir das alles vergessen?

Es gilt als sicher, dass das Gesetz Veil in seiner Konsequenz dem entsprach, was seine Befürworter von ihm erhofften: Die offizielle Freigabe des Schwangerschaftsabbruchs hat in der Tat das Leben einer großen Anzahl von Frauen gerettet. Und während in der Debatte von 2000 die religiösen Bezüge nicht mehr vorhanden sind, zeigte sich die Nationalversammlung im Jahr 1974 quer durch alle Fraktionen sehr aufmerksam beim Schlusswort eines von allen geschätzten Mannes, nämlich Eugène Claudis-Petit:

Nur weil ich mein Gewissen nicht an der Garderobe abgegeben habe, kann ich mich nicht der Solidarität mit der Gesellschaft entziehen, in der ich lebe. Um meinen eigenen Forderungen zu gehorchen, bin ich auf der Seite derer, die am meisten leiden, der Frauen, die am meisten verurteilt sind, die am meisten verachtet sind. Ich bin bei ihnen, denn im Gesicht der hilflosesten dieser Frauen spiegelt sich das Antlitz Dessen, der das Leben ist. Aus diesem Grund, wegen Ihm, nehme ich meinen Teil der Last auf mich. Ich werde gegen alles kämpfen, was zur Abtreibung führt, aber ich werde für das Gesetz stimmen.

Es war auch die sehr katholische Hélène Missoffe da, die in einem gewissen Stolz auf ihre acht gewollten Kinder erklärte, dass ihr nicht das Recht zustehe, über andere, weniger begünstigte Frauen zu urteilen, und dass sie deshalb für das Gesetz Veil ist. Monique Pelletier, die 1979 als zuständige Ministerin die Debatte über das bestätigte und abgeänderte Gesetz Veil leitete, sprach in gleichem Sinne: „Als Familienmutter hatte ich das Glück, und ich sage sehr wohl das Glück, sieben Kinder zur Welt zu bringen. Ich werde keinen Augenblick vergessen, dass dieses Glück mich dazu verpflichtet, die zu verstehen, die die Verzweiflung erlebt haben."

Im Jahr 2000 hingegen herrschte die Intoleranz im Halbrund des Parlaments, als es darum ging, die Periode für einen legalen Eingriff auf zwölf Wochen zu verlängern. Die Persönlichkeit und der Stil von Philippe de Villiers regen nicht gerade zum aufmerksamen Zuhören an, aber musste man ihn dafür ständig unterbrechen und ihm „Beleidigung der Frauen" vorwerfen, als er das Risiko der „pränatalen Euthanasie" erwähnte? Oder als er sagte: „Was nach den Erwartungen des Gesetzes Veil eine letzte Zuflucht, eine schmerzhafte Ausnahme sein sollte, wird jetzt zu einem Akt annehmbarer Beliebigkeit in jeder Situation und säuberlich getrennt von allen Folgen. In der vorherrschenden Meinung wird das geringere Übel, nämlich die Abtreibung, zu einem absoluten Recht"? „Bei zwölf Wochen", sagte er noch, „handelt es sich nicht darum, einen Embryo abzusaugen, sondern einen Fötus in der Phase der Knochenbildung zu zerstückeln! Und das ist nicht der gleiche Akt."

Das *Journal Officiel* notiert in der Niederschrift der Debatte dazu: „Ausrufe auf den Bänken der sozialistischen und der kommunistischen Fraktion." Danach konnte man lesen:

> Catherine Picard: „Da haben wir sie: die kleinen Glieder, die kleinen Arme."
> Philippe de Villiers: „Das ist ein schwerer Akt, schwer für den Arzt."
> Jacques Heuclin: „Schwer und schwerfällig sind Sie selber!"

Elisabeth Guigou, die Ministerin für Arbeit und Solidarität, antwortete den Teilnehmern an der Diskussion: „Die Ausführungen von Herrn de Villiers waren beleidigend, zunächst für die Frauen, dann auch für die Ärzte. Sie verdienen nur Verachtung. Deshalb werde ich nicht darauf antworten." Dieses Verhalten schockiert mich, zumal er, wenn auch mit Aggressivität, das gleiche gesagt hatte wie Professor Jean-François Mattei in Ruhe:

> Noch vor einigen Tagen habe ich in einer benachbarten Abteilung Hebammen gesehen, die in einem Anfall von Wut, vielleicht bedingt durch die Ermüdung, während eines Eingriffs den Operationssaal verließen mit der Bemerkung, dass sie diesen Beruf nicht ergriffen haben, um so etwas zu machen. [. . .]
> Einige Ärzte, darunter auch solche, die bereit sind, eine Absaugung durchzuführen, weigern sich, diese klare Grenze zu überschreiten und einen Fötus zu zerstückeln.
> Mit einem ausschließlich auf die Notlage der Frauen fixierten Blick vergisst man schließlich das Kind. Aber durch die Ultraschallbilder, die es uns liefert, kommen wir wieder auf den Boden der Realität zurück. Ja, es ist da! Es ist wirklich da mit seiner vollendeten Gestalt nach zehn Wochen.

Die Reaktion war einerseits, seine Rede sei „schlau" gewesen, was eine Stellungnahme dazu erübrige. Andererseits steht dem die Aussage von Nicole Péry, Staatssekretärin für Frauenrechte, gegenüber, ein Eingriff nach zwölf Wochen sei der gleiche wie nach zehn Wochen: zwischen zwei Sit-

zungen hatte sie Ärzte befragt und dadurch erfahren, dass
J.-F. Mattei nicht die Wahrheit gesagt habe. Meiner Ansicht
nach hat aber er die Sitzungen der Nationalversammlung
am besten charakterisiert: „Ich fürchte, dass für dieses Projekt eine Grundsatzdiskussion über den Sinn schmerzhaft
fehlen wird!"

Wenn es doch nur angesichts der Vernunft und des Ver-
ständnisses nicht die Besessenheit der katholischen Kirche
gäbe! Schon der Vergleich zwischen der „Pille danach" und
dem Gas Zyklon B, den Kardinal Meisner, Erzbischof von
Köln, brachte, war zutiefst erschütternd. Als sich im April
1999 der Vatikan des schrecklichen Schicksals vergewaltigter
afrikanischer Frauen in Flüchtlingslagern annahm, wo wirklich das Notwendigste fehlte, erinnerte Monsignore Sgreccia,
Vize-Präsident der päpstlichen Akademie für das Leben, daran, dass diesen Frauen, sofern sie katholisch sind, die Pille
verboten sei! Das christliche Mitgefühl war grausamerweise
nicht vorhanden. Vielleicht ist es seit einigen Jahrzehnten
vergewaltigten Ordensfrauen vorbehalten, deren Entbin-
dungen nicht sehr zahlreich waren.

Im Verlauf der Debatte vom November 2000 war mehrfach die Rede von Hasenscharten, einem leicht zu beheben-
den körperlichen Schaden, der aber im Ultraschall entdeckt
werden kann. Was tun, wenn eine Frau ihre Schwangerschaft abbrechen will, um kein leicht behindertes Kind zur
Welt zu bringen? Ist die Eugenik auf dem Vormarsch? Oder
bewegen wir uns im Gegenteil auf die ständig wachsenden
Möglichkeiten zu, vor der Geburt Fehler oder Missbildungen
zu „reparieren"? Vor der Geburt oder sogar vor der Implan-
tation. Zelltherapien, also die Benutzung von Embryonen,
um andere Embryonen zu retten – wie kann man hierzu Gesetze erlassen, wie kann man die Bioethik orientieren, wenn
das Nützliche und das Schädigende so dicht beieinander liegen? Die Rettung kann Vernichtung sein – und vernichten
kann retten bedeuten. Die Schwierigkeit wächst, wenn man
die Sichtweise ändert und vom Embryo als potenzielle
menschliche Person überwechselt zum Embryo als poten-

zieller Spender von Stammzellen, um Menschenleben zu retten oder zu verändern.

Die katholische Kirche tut sich damit viel schwerer als die anderen, weil ihre Definition des Tötungsaktes viel weiter gefasst ist.

„Du sollst nicht töten – außer im Krieg oder in Anwendung der Todesstrafe." Ein anderes Verbot lautet: „Du sollst dich nicht töten". In der Aufzählung dessen, was „eine Schande an sich" ist, stellt *Gaudium et spes* den Selbstmord neben die Abtreibung. Wie wohl jeder bin auch ich erschüttert über die hohe Anzahl von Selbstmorden Jugendlicher – manchmal als Hilferuf ohne wirkliche Absicht, zu sterben, manchmal als wirklicher Todeswunsch, manchmal auch als ein Umsetzen dieses Wunsches in die Tat, um dabei zu erkennen, dass man eigentlich doch nicht sterben wollte. Ich war Doktorvater eines jungen Wissenschaftlers, der durch Fenstersprung einen Selbstmord versucht hatte und seitdem gezwungen ist, den Rest seines Lebens – übrigens ein optimistisches und schöpferisches Leben – im Rollstuhl zu verbringen. Die Tochter von sehr lieben Freunden bemerkte beim Sprung aus dem Fenster, dass sie doch nicht sterben wollte und konnte sich noch an einer Balustrade festhalten. Sie starb aber an den Folgen des Sturzes, weil ihre Arme nicht mehr genügend Kraft hatten. Angesichts solcher Verzweiflungstaten von jungen, gesunden Menschen empfinde ich zugleich Mitgefühl und Zorn. Ich brauchte noch niemanden vom Selbstmord abzuhalten (und es gab Fälle von Selbstmord bei Science-Po), aber ich habe versucht, vorzubeugen, indem ich meinen Studenten erklärte, dass Schwerbehinderte kaum Selbstmord begehen und dass die Selbstmordrate in Konzentrationslagern noch geringer war.

Das schließt nicht aus, dass ich angesichts des Selbstmordes von leidenden oder alten Menschen keine klare Stellung beziehen kann, besonders auch im Hinblick auf meinen eventuellen eigenen Suizid. In meiner Jugend fand ich es gut und richtig, dass der Doktor Antoine Thibault im Epilog des

Romans mit einer Spritze seinem Leben ein Ende setzte, um einem noch größeren körperlichen Verfall und vielfältigen Leiden zu entgehen. Er hatte die Gewissheit erlangt, dass das während eines deutschen Angriffs eingeatmete Yperit unweigerlich zum Tode führen würde. Später fand ich es bewundernswert, dass der große Schriftsteller Henry de Montherlant sich eine Kugel in den Kopf schoss, weil sein körperlicher Verfall ihm Schrecken verursachte. Dagegen empfand ich den auf die gleiche Weise begangenen Selbstmord des Chirurgen Thierry de Martel beim Einmarsch der Deutschen in Paris 1940 als einen großen Verlust für die menschliche Gemeinschaft und deshalb nicht gerechtfertigt. In der Annahme, dass ich von Alzheimer befallen werde, bliebe mir wenigstens der Versuch, mein Leben selbst zu beenden, bevor ich den Verstand verliere, bevor ich jede Nützlichkeit verliere und zu einer schweren Belastung für andere werde, ohne in der Lage zu sein, Dankbarkeit und Liebe zu bekunden. Gleichzeitig aber war ich beeindruckt vom Fall der Claire Quilliot.

Am 17. Juli 1998 setzte Roger Quilliot, ehemaliger Minister und von 1973 bis 1997 Bürgermeister von Clermont-Ferrand, im Alter von dreiundsiebzig Jahren seinem Leben ein Ende. Seine Frau wollte ihn in den Tod begleiten, wurde aber gewaltsam vom Notarzt gerettet. Roger und Claire Quilliot schickten einer Lokalzeitung einen langen Brief, der mir einen Augenblick lang sehr schön erschien. Darin heißt es:

Wird man uns verstehen, wenn ich sage, unser gemeinsamer Entschluss, zusammen in den Tod zu gehen, ist sowohl ein Akt der Freiheit, als auch der Liebe des Lebens in seiner Fülle [...] Für uns Agnostiker geschieht alles auf der Erde und kehrt zur Erde zurück: der Gedanke an einen endgültigen Schlaf verursacht uns keine Unruhe [...]
Zu einer Zeit, die von vielfältigen Erdbeben und Gräueln verwüstet ist, gehörten wir zu den Millionen von Privilegierten, die nicht vom Elend zerbrochen wurden; wir wurden auch nie von Schwermut befallen [...] Wir hatten das Glück, uns zu begegnen; wir waren im Lehrberuf tätig, einem der

schönsten Berufe der Welt [. . .] Die Medizin hat Großartiges geleistet. Dennoch, mit zunehmendem Alter beschleunigt sich der Verfall. Nicht nur, dass wir unserer nächsten Umgebung und der Gesellschaft nicht mehr nützlich sein können, wir könnten ihnen immer mehr zur Last werden.

Nun, Claire hat überlebt, zunächst wütend, weil sie gerettet wurde, dann aber entdeckte sie, dass ihr Leben nicht leer war. Als sie in einem Fernseh-Interview im Oktober 1999 „sehr beeindruckende" Briefe erwähnte, die sie von Freunden, Verwandten und sogar von Unbekannten bekommen hat, und die sie dringend baten, weiter zu leben, sagte sie nur den einen Satz: „Ich war mehr geliebt, als ich glaubte." Und sie fügte hinzu, dass „sie immer noch mit Roger verbunden ist" und dass „selbst der Tod nicht die Menschen trennt, die sich lieben". Der Satz erinnert nicht an ein Leben nach der Auferstehung, sondern an ein untrennbares Band, das ein liebendes Paar verbindet.

Noch in *Les Thibault (Die Thibaults)* nahm ich keinen Anstoß an der „aktiven Sterbehilfe", die Antoine und Jacques ihrem Vater leisteten, einem sehr angesehenen Mann, der aber körperlich und geistig verfiel als Folge seines Prostatakrebses. In einer Ruhephase zwischen zwei akuten Harnvergiftungen verabreicht der Arzt Antoine seinem Vater eine Spritze von der gleichen Art, wie er sie später für sich selbst verwenden wird. Sollte ich auch den Begriff der „passiven Sterbehilfe" erwähnen, wenn ich an eine Unterredung mit dem Arzt denke, der meine Mutter behandelte, die langsam an Lungenkrebs starb? „Ich habe mir vorgenommen, ihr so lange es geht ein schmerzfreies Leben zu ermöglichen." – „Ja, Doktor, ich akzeptiere das Adjektiv." Wo ist denn genau die Grenze zwischen passiver Sterbehilfe und therapeutischer Verbissenheit, die von allen abgelehnt wird? Die eine gilt als verbrecherisch, die andere als unnötigerweise grausam. In die Debatte fließt ein beträchtlicher Anteil von Scheinheiligkeit mit ein, gerade wenn es darum geht, die neue niederländische Gesetzgebung abzulehnen, oder wenn sich der nationale Ethikrat (CCNE) für die Wissenschaft von Leben und Gesundheit zur „Ausnahme der Sterbehilfe" äußert. Die öffentliche Diskussion wird selten mit Gelassenheit geführt.[148]

Ich habe immerhin zwei Gewissheiten. Bewusst das Risiko eingehen, jemanden durch Ansteckung zu töten, ist kriminell. Die verständnisvolle, beruhigende Begleitung Sterbender ist bewundernswert. Zwei französische Filme *Les Nuits fauves* und *Jeanne et le garçon formidable* zeigen, wie angeblich löblich oder völlig normal der ungeschützte Geschlechtsakt ist, vollzogen von einem Mann, der weiß, dass er AIDS-infiziert ist. Für den zweiten Film haben die Kritiker nicht einmal Gelegenheit zum Nachdenken über eine jugendlich-freizügige Szene gelassen: in einem Metro-Wagen fällt ein Mädchen einem Jungen auf den Schoß, der sofort in sie eindringt, natürlich ohne Präservativ. In der Folge erfährt man, dass er infiziert ist und es weiß und wird auch aufgefordert, ihn zu bedauern. Er stirbt an der Krankheit – ohne Jeanne angesteckt zu haben, was es dem Filmemacher erspart, sich den anderen Fragen zu stellen. Muss man es auch normal finden, dass im Jahr 2000 „die Kerle immer unvernünftiger werden. Ich weiß nicht, warum ich manchmal mit ohne Gummi einverstanden bin. Ich gehe in die ‚Backrooms' und wenn ich in dieser Welt bin, lebe ich nur den Augenblick"? Die „Backrooms", so lerne ich aus *Le Monde*,[149] sind Orte sexueller Begegnung im Obergeschoss oder im Keller bestimmter Lokale. „Manchmal völlig verdunkelt, sind diese Räume oder Kabinen Schauplatz flüchtiger Begegnungen und total zügelloser sexueller Praktiken." Ich weiß, dass ich sehr altmodisch bin, wenn ich dabei Ekel empfinde.

An das andere Ende der Skala menschlicher Würde setze ich die Begleitung Sterbender. Ich zögere, genauer über pal-

---

148 Vgl. M. Abiven/C. Chardot/R. Fresco: Euthanasie. Alternatives et controverses, 2000; Über die Gesamtheit des Problems, vgl. P. Verspieren (S.J.): Face à celui qui meurt. Euthanasie. Acharnement thérapeutique. Accompagnement, 1985.
149 Le Monde vom 21. November 2000.

liative Pflege zu sprechen, denn für ganz Frankreich gibt es nur 547 Betten in fünfzig Zentren, um Kranke im Endstadium aufzunehmen. Das Haus Jeanne-Garnier (ehemaliges Hospiz der Dames du Calvaire) hat allein 15 % der Aufnahmekapazität von Frankreich.

Es kann sich auch darum handeln, Kinder zu begleiten, die sich manchmal sehr klar über ihren medizinischen Befund sind, und die durchaus ohne Zögern und Jammern über ihren bevorstehenden Tod sprechen können. Meistens handelt es sich um Erwachsene, beispielsweise die Krebskranken im Institut Gustave-Roussy – die das Glück hatten, in Léon Burdin einen außergewöhnlichen Hausgeistlichen zu finden, dessen Buch mir von einer beeindruckenden menschlichen Tiefe erscheint.[150] Es geht nicht darum, „eigennützige und zweifelhafte Besuche" abzustatten, auch nicht zu sagen, wie es über ein allzu erfolgreiches Buch zu lesen ist, dass „der Tod derer, die wir begleitet haben, uns zu gegebener Stunde helfen wird".[151] Es geht darum, einen Beitrag zu leisten, um „das Menschenrecht wieder herzustellen, einen menschenwürdigen Tod zu erleben". Und dadurch „werden manchmal bis dahin ungeahnte Quellen des Lebens und des Glücks fließen". Es kann sich um die kleinen Glücksmomente handeln, die der Nächste mit uns teilt. In einem Erfahrungsaustausch berichtete eine Sterbebegleiterin:

> Ich möchte auf die Schönheit der kleinen Gesten, der Alltäglichkeiten zurückkommen. So erzählte mir ein Vater: Wissen Sie, durch das, was ich mit meinem Sohn erlebe, sehe ich die Dinge völlig anders. [. . .] Ich beginne, gewöhnliche Dinge zu schätzen, sie ungewöhnlich zu finden. Eine Schüssel Kirschen mit ihm zu essen und dabei ein Fußballspiel im Fernsehen zu verfolgen, wird zu einer außergewöhnlichen Erinnerung.

---

150 L. Burdin: Parler la mort. Des mots pour vivre, 1997.
151 G. Bailhache über das Buch von M. de Hennezel «La Mort intime», in: Etudes, September 1996.

Der Stachel des Todes

Sollte die Religion zu lange und nur zu ihrem eigenen Nutzen das Bild einer Komplizenschaft mit dem Tod gewahrt haben? Sollte sie dem sterbenden Menschen nichts anderes zu bieten gehabt haben als eine einfache Tröstung, die von der menschlichen Gewichtung des Sterbens abgesehen hat? [...] Seinen Tod erleben, das heißt eingehen in eine andere Art des Seins für die andern und für die Welt. Und für den Gläubigen: in Gott sein [...] Die schönen Tode, an die ich mich erinnere, sind die, in denen die Worte und die wesentlichen Taten die Stille erzwungen haben und im Sterbenden und seiner Umgebung den Seelenfrieden entstehen ließen. Es gibt kein Alter, um seinen Abschied vorzubereiten und aus seinem Tod die Vollendung seines Lebens zu machen.

Pater Burdin ist zutiefst gläubig, wie es viele Stellen seines Buches beweisen. Ich kann mir viele seiner Äußerungen und Grundgedanken zu eigen machen, vor allem die zentrale Idee, dass der Tod das ganze Leben überschauen lässt. Da er sich um Sterbende kümmerte, ist dies eine Art Zusammenfassung am Ende, die ihm wichtig war. Für mich ist es die Erhellung, die der Tod dem Leben gibt, gleichgültig wie lang es ist.

Für den, der sein Leben opfert, ist die Zeitspanne, die ihn vom Tod trennt, kürzer. Am 10. Mai 1986 wurde in Brasilien Pater Josimo Moraes Tavares im Alter von dreiunddreißig Jahren ermordet. Sein geistliches Testament glich sehr stark dem Schlusstext von Pater Gabriel, dem Jesuitenpater in dem schönen Film *Mission*. Dadurch wird über Jahrhunderte hinweg eine Verbindung zwischen zwei Fällen von bewusster Solidarität mit den Unterdrückten hergestellt, zu denen der Priester nicht von Anfang an gehörte. Pater Josimo schrieb:

Ich muss meine Mission erfüllen. Künftig stehe ich im Dienst der armen Bauern, einem unterdrückten Volk in den Klauen der Latifundiarios [...] Die Angst lähmt mich nicht. Ich sterbe für eine gerechte Sache [...] Mein Leben hat keinen Wert im Vergleich zum Tod so vieler Familienväter, Bauern, die ermordet, der Gewalt ausgesetzt, von ihrem Land vertrieben wurden und Frauen und Kinder allein lassen mussten.[152]

Am 2. Februar 1980 sagte Oscar Romero, der Erzbischof von San Salvador, in seiner Rede vor der Universität von Löwen bei der Verleihung der Ehrendoktorwürde: „Um den Armen Leben zu geben, muss man von seinem Leben geben, muss man sein Leben geben."[153] Am 24. März wurde er in seiner Kathedrale erschossen. Am 16. November 1989 wurden sechs Jesuiten in San Salvador ermordet. Im Mai 2000 veröffentlichte der Pfarrbrief der Kirche Saint-Ignace in Paris die Homilie von Bischof Pierre Claverie, die er in seiner Kathedrale von Oran einen Monat vor seiner Ermordung am 1. August 1996 vortrug:

> Wir sind dort unten wegen des gekreuzigten Messias. Wegen nichts und niemand anderem. [. . .] Wegen Jesus, denn er ist es, der dort leidet, in dieser Gewalt, die niemanden verschont, wieder gekreuzigt im Fleisch tausender Unschuldiger [. . .] Ist es nicht wesentlich für den Christen, an dem Ort der Leiden, der Verlassenheit, anwesend zu sein? Wo sollte die Kirche Jesu-Christi, selber Leib Christi, denn sonst sein, wenn nicht zunächst dort? Ich glaube, sie stirbt daran, nicht nahe genug am Kreuz ihres Herrn zu sein.

Wie könnte man das nicht bewundern? Wie könnte man da nicht mit anderen Religionen vergleichen, die ihre Priester nicht aussenden, um bis zur Selbsthingabe das Leben der leidenden Menschen zu teilen, die nicht einmal ihrer nationalen, ethnischen oder religiösen Gemeinschaft angehören? Ich empfinde eine noch größere Bewunderung für die Männer und Frauen, die ihr Leben aufs Spiel setzen, die freiwillig ihren Tod auf sich nehmen in der Überzeugung, dass der Tod das Ende ist, sie völlig und endgültig auslöscht. Ein militanter Kommunist rief einem deutschen Erschießungskomman-

---

152 La Croix, 27. Juli 1986.
153 O. Romero: Assassiné avec les pauvres (textes) 1981, 93.

do zu: „Ihr Dummköpfe, ich sterbe für euch!" Gibt es edlere Worte? Es stimmt, dass er an ein Überleben glaubte, nämlich das seiner Sache, aber er glaubte nicht an die eigene Auferstehung.

Ich sage nicht, dass Oscar Romero oder Pierre Claverie durch ihren Tod Verdienste erwerben wollten. Aber im Lauf der Jahrhunderte hat der Hang zum Martyrium mit der festen Hoffnung auf eine himmlische Belohnung eine nicht zu unterschätzende Rolle gespielt. Selbst wenn, wie man mir entgegenhielt, die Aussicht auf das Martyrium für Pater Maximilian Kolbe, der anstelle anderer Mitgefangener im Hungerbunker starb, geringer war, als ich dachte, so bevorzuge ich die absolute Selbstlosigkeit atheistischer Ärzte, die in einem anderen Lager das Leben und den wahrscheinlichen Tod mit den Mitgefangenen teilten, die an Typhus erkrankt waren.

Die einen wie die anderen haben ihrem Tod einen Sinn gegeben. Dagegen bin ich voller Zurückhaltung gegenüber jenen Männern und Frauen, die ihr Leben leichtsinnig riskieren, nur um einen Berggipfel zu ersteigen oder ein Meer mit dem Segelboot zu überqueren. Wenn eine Seilschaft abstürzt, wenn ein Boot mitsamt seinem Seefahrer untergeht, glaube ich die intensive Befriedigung zu verstehen, die die Gefahr ausgelöst hat, aber ich halte es für ein Sakrileg, Frau und Kinder und mehr noch, sein eigenes Leben, für die Eroberung des Unnützen zu opfern.

Ich habe auch einige Schwierigkeiten mit den sehr unterschiedlichen Bedeutungen, die die Christen dem Tod, ihrem Tod, beimessen. Ich kann mir aber auch kein Urteil erlauben über den immerhin seltenen Fall von Nonnen, die, wie jene Benediktinerin vom Kloster Jouarre, sagen: „Für uns Ordensfrauen, die wir Bräute des Herrn sind, ist der Tod wie ein Hochzeitstag. Wir begegnen Ihm endlich wirklich." Viel leichter verstehe ich eine fröhliche Trauer: Der oder die Überlebende nimmt Abstand vom erlittenen Verlust, von der hinterlassenen Leere, um sich über den Zugang des Verstorbenen zu einem höheren Leben – und in gewissem Sinn endgültigen Leben – zu freuen. Ich war tief beeindruckt, als ich im Fernsehen die Beisetzung von König Baudouin verfolgte. Sein Biograf beschreibt die Zeremonie, ohne wirklich deren Tragweite zu erfassen.[154] Schon die Enthüllung seiner tiefen Mitmenschlichkeit, seine brüderliche (und nicht den Medien ausgelieferte!) Haltung gegenüber denen, die Zeugnis ablegten, gegenüber der Prostituierten und dem AIDS-Kranken, waren beeindruckend, jedoch weniger noch als das weiße Kleid, das Königin Fabiola trug, und die Heiterkeit, die sie den protokollarisch in der Kathedrale versammelten hochrangigen Persönlichkeiten zu vermitteln versuchte. Sie dachte zweifellos nicht, dass sich ihr Gatte im Garten der Glückseligkeit befindet, der so lange die christliche Phantasie beflügelt hat. Als Gläubige von heute war sie sicher, dass er zur ewigen Anschauung der Herrlichkeit Gottes gelangt ist, zur ständigen Verinnerlichung der Liebe Gottes.

Mit dem Leben, das sie mit Baudouin führte, brauchte die Zeit nach dem Tod nicht als ein Trost zu erscheinen, als eine Belohnung, während Jean Delumeau diese Auffassung folgendermaßen darstellt: „Das Paradies ist die Verwirklichung der tollen Träume, ohne die sich das Leben auf der Erde zur Hölle hin bewegt".[155] Die Hölle, oder eher das „Tränental", so gegenwärtig in der Kirchenmusik vom *Salve Regina* bis zu den von Heinrich Schütz oder Johann Sebastian Bach vertonten Texten: *Ich freue mich auf meinen Tod* oder *Komm, du süße Todesstunde*. Was ist denn dieser süße Tod? Die christliche Antwort scheint mir doppelt zweifelhaft. Am Ende seines *Deutschen Requiems* lässt Johannes Brahms einen Vers aus der Apokalypse singen, der lautet: „Selig sind die Toten, die im Herrn sterben; denn von nun an werden sie von ihren Mühen ausruhen, denn ihre Werke folgen ihnen nach." Haben die Toten nur dann Zugang zu Gott, wenn sie im Herrn gestorben sind und die anderen werden zurückgewiesen, verdammt? Behält die Unterscheidung erlöst/verdammt ihre

---

154 Vgl. R. Serrou: Baudoin – le roi, 2000, 228 – 230.
155 J. Delumeau: Que reste-t-il du Paradis? 2000, 468.

Bedeutung für die Gläubigen von heute? Ich bemerke viel
Zögern zwischen dem „alle erlöst" im Namen der unendlichen göttlichen Barmherzigkeit und dem „Erlösung für die
einen, aber nicht für die anderen", ob die Diskriminierung
nun auf der Gnade oder den Werken, auf göttlicher Willkür
oder auf der Sünde beruht.

Dona eis requiem, „Sie mögen ausruhen von ihren Mühen": wie kann ich den Tod als Ausruhen nach den Wider-
wärtigkeiten des Lebens mit der versprochenen Auferstehung in Einklang bringen? Die Ruhe sei vorläufig in
Erwartung der Parusie, der Wiederkunft Christi, am Tag,
wenn „die Posaunen erschallen und wir alle verwandelt werden", wie es im Brief an die Korinther heißt, so majestätisch
vertont von Händel und Brahms. Was bedeutet dann aber
in der Totenmesse das wiederholte *Requiem aeternam dona eis
Domine*? Gelangen sie zur *lux perpetua* im Schoß der Erde?

Ein Christ, der nicht an die Auferstehung Christi glaubt,
dürfte sich nicht Christ nennen. Aber nichts ist verschwom-
mener als die Vorstellung, die die Gläubigen unseres Jahrhunderts von ihrer eigenen Auferstehung haben. Es ist sicherlich
nicht die Auferstehung der Toten, die sich unversehrt aus
dem Grab erheben, mit ihrem eigenen Fleisch und umgeben
von ihrer eigenen Haut. Indem die katholische Kirche im Gegensatz zum Judentum und zum Islam die Einäscherung zu-
lässt als Ersatz für die Grablegung, vertieft sie noch das Mysterium der Auferstehung der Menschen.

Zwei andere Aspekte des Todes erscheinen mir ohne Mysterium, wenn nicht gar ohne Schwierigkeiten. Zunächst die
Trauer der Überlebenden. Wenn man einmal die Trauer angenommen hat (Psychiater und Psychoanalytiker bestehen
zu Recht auf der Notwendigkeit, „Trauerarbeit" zu leisten,
um sich von dem Druck des Todes auf das Unterbewusstsein
zu befreien), nimmt sie einen doppelten Inhalt an. Der
Schmerz kommt von dem erlittenen Verlust und, besonders
wenn es sich um den Tod eines jungen Menschen handelt,
von dem Gedanken, was der oder die Verstorbene dadurch
verloren hat, dass er oder sie nicht mehr am Leben ist. In

diesem Sinn umfasst die Trauer ein gewisses Selbstmitleid
und eine nachdrückliche Bestätigung, dass das Leben lebens-
wert ist, auch in der Entbehrung oder im Leid.

Der zweite Aspekt ist die Bestätigung, die sowohl dem
Gläubigen als auch einem Atheisten wie mir gemeinsam ist,
nämlich dass man das Leben aus der Perspektive des Todes
sehen soll. Es bleibt wenig Zeit zum Leben. Man darf es nicht
vergeuden mit Unnützem, wie den kleinen Eitelkeiten, der
Erbitterung oder dem Hass. Der Gedanke an den Tod ist ein
wunderbarer Ansporn. Auch – und ich wage zu sagen, vor
allem – wenn er das endgültige Ende meiner Existenz, meines Seins ist. Ich schließe mich gern dem bekannten Ausspruch Epikurs an: „Wenn wir sind, ist der Tod nicht da, und
wenn der Tod da ist, sind wir nicht mehr." Sollte meine Frau
vor mir sterben, könnte ich einen Satz von Simone de Beauvoir nach dem Tod von Sartre sagen, ein Satz, der sie als Gläubige sehr schockiert, aber den ich zutreffend finde: „Sein Tod
trennt uns. Mein Tod wird uns nicht wieder vereinen. Es ist
schon sehr schön, dass unsere Leben so lange im Einklang
waren." Das hindert natürlich nicht daran, mit allen Fasern
am Leben zu hängen. Das Bedauern, eines Tages abtreten zu
müssen, weist auf die Freude am Leben und nicht auf die
Angst vor dem Tod.

Schlussbetrachtung

Das Licht der Vernunft und das geistliche Licht

Es ist die eigentliche Orientierung meiner Berufung, beide zur Zusammenarbeit zu bringen: den Nichtchristen ein weniger fratzenhaftes Bild der christlichen Praxis zu vermitteln; die Katholiken oder überhaupt die Christen dazu zu bringen, nicht abgekoppelt zu leben [...] Da liegt die große Schwierigkeit: die Ungläubigen in christliche Gegenden zu führen, wo sie immer Angst haben, dass dort die Pfaffen auftauchen; die Christen dorthin zu bringen, wo sie sich gefährdet glauben, im zu rauen Wind voller gegen sie gerichteter Waffen.[156]

Das schrieb der engagierte Philosoph Emmanuel Mounier 1934 im Alter von 29 Jahren. Als ich das Glück hatte, ihm 1947 zu begegnen und bis zu seinem Tod 1950 auf dem Gebiet der deutsch-französischen Beziehungen mit ihm zusammenzuarbeiten, fühlte ich mich in dieser seelischen Verfassung, aber, wenn ich so sagen darf, am anderen Berghang. Seit dieser Zeit hätte man mich so definieren können, wie es viel später ein deutscher Kommentator getan hat: *Ein jüdisch geborener, geistig mit dem Christentum verbundener Atheist.*

Diese Verbundenheit ruht fest auf einem doppelten Umgang: dem mit den Texten und der Praxis, dem mit Männern und Frauen, deren menschliche Qualitäten und geistige Tiefe mich ständig mit einer warmherzigen Bewunderung erfüllt

---

156 Mounier et sa génération. Lettres, carnets et inédits, 1956, 150.

haben. Ich wiederhole, was ich bereits zu Anfang betont habe: Ich hätte zweifellos auch andere Begegnungen gleicher Qualität bei Nichtgläubigen haben können. Es ergab sich aber, dass mein Engagement, meine Aktivitäten mich mehr in Verbindung mit gläubigen Christen brachten. Unter ihnen, meistens in Frankreich, befinden sich Katholiken, von denen wenige sich in ihrer Kirche vollkommen wohl fühlten oder fühlen.

Ich werde den Eindruck nicht los, dass ich mich in diesem Buch ständig gegen zwei entgegengesetzte Vorwürfe verteidigen muss. Ich musste meinen Atheismus gegenüber dem gläubigen, auch offenen Leser rechtfertigen. Ich musste meine christlichen Quellen gegenüber dem Nichtglaubenden, auch dem Toleranten erklären. Ich glaube, ich habe nicht zu viel Zeit damit verloren, die übertrieben antireligiöse Einstellung anzuprangern, die heute in Frankreich noch häufig anzutreffen ist. Sie findet sich weniger in *Le Canard enchaîné*, dessen kämpferischer Antiklerikalismus sich gemäßigt hat, als vielmehr in einer offiziellen Haltung, die den Laizismus von früher festschreibt. Das führte im Jahr 2000 dazu, dass die Regierung ein Veto einlegte gegen ein Wort, das im Entwurf der Europäischen Charta der Grundrechte verwendet wurde. Der Textvorschlag sagt in der Präambel:

> Angeregt durch ihr kulturelles, humanistisches und religiöses Erbe stützt sich die Union auf die unteilbaren und universellen Prinzipien der Würde der Person, der Freiheit, der Gleichheit und der Solidarität; sie beruht auf den Prinzipien der Demokratie und des Rechtsstaats.

Unter dem Druck von Frankreich erwähnt der Schlusstext nur noch das „geistige und moralische Kulturgut". Und sie bewegt sich doch, könnte man sagen. Und dennoch ist das christliche Erbe offenkundig, nicht nur auf dem eigentlich kulturellen Gebiet,[157] sondern auch in der Auffassung von der

---

157 Vgl.: Forme et sens, Kolloquium über die Bildung und die religiöse Dimension des kulturellen Erbes, École du Louvre, La Documentation française, 1997.

menschlichen Natur und der moralischen Praxis. Ich weiß,
dass die Beziehungen zwischen den französischen Sozialisten
und den deutschen Sozialdemokraten selten gut waren, aber
Lionel Jospin hätte die Programmtexte der Schwesterpartei
zur Kenntnis nehmen sollen. Sie stellen nämlich, wie wir gesehen haben, Christentum und Humanismus als Quellen des
sozialistischen Denkens Seite an Seite.

Innerhalb der christlichen Kirchen, an der Spitze die rö-
misch-katholische, wird die derzeitige Situation der Christen
sehr oft verkannt. Insbesondere in der französischen Gesellschaft überrascht der Gläubige viel häufiger durch seinen
Glauben als der Unglaubende durch seinen Unglauben. Die
Intoleranz von Kardinal Ratzinger berücksichtigt kaum die
Ablehnung und die Gleichgültigkeit innerhalb der bürgerlichen Gesellschaft. Johannes Paul II. zeigt sich offener, als er
in seiner Botschaft vom 19. August 2000 bei den Weltjugendtagen sagt: „Ist das Glauben im Jahr 2000 schwer? Ja, es ist
schwer! Man kann es nicht leugnen." Und er appelliert an
die Jugendlichen, „gegen den Strom zu schwimmen, um
dem göttlichen Meister zu folgen".

Zahlreiche Christen, besonders Prälaten und Theologen,
sprechen immer noch von dem Hochmut des atheistischen
Humanismus, dem sie vorwerfen, den Menschen zu vergöt-
tern. Ich verspüre dann immer Lust, ihnen wie auf dem
Schulhof zu antworten: „Wer es sagt, ist es auch selber!" Ja,
es ist groß, nicht das Geheimnis des Glaubens, sondern der
menschliche Hochmut, der im Inhalt eines Glaubens zum
Ausdruck kommt, der den Menschen als nach dem Bild eines
unendlichen und allmächtigen Gottes geschaffen betrachtet, dieses Gottes, der in einer Art Vergöttlichung der
menschlichen Natur selbst Mensch wurde! Welche Beleidigung Gottes, sein Bild im Neandertaler zu sehen!

Nun, viele Christen haben Verständnis für und Ge-
schmack an der Nähe zu den Ungläubigen erworben, an der
Gemeinschaft ethischer Grundlagen und sozialer Bestrebungen. Als Erzbischof Oscar Romero 1978 von einem „neuen
Humanismus" sprach, den die Kirche heute lehrt und prak-

tiziert, zitierte er Paul VI. und bat die „modernen Humanis-
ten, die den Vorrang der höheren Dinge ablehnen, die Verdienste des neuen Humanismus des Konzils anzuerkennen“,
„denn auch wir haben, mehr noch als alle anderen, einen
Menschenkult“,[158] erklärte der Papst. Johannes Paul II.
spricht nicht diese Sprache und übernimmt auch nicht die
eher defensive Haltung von Paul VI. In *Centesimus annus* [Ka-
pitel 13, letzter Absatz] sagt ersterer beispielsweise:

> Der Atheismus, von dem hier die Rede ist, hängt eng mit dem
> Rationalismus der Aufklärung zusammen, der die Wirklichkeit
> des Menschen und der Gesellschaft mechanisch versteht. So
> wird die tiefste Sicht der wahren Größe des Menschen ge-
> leugnet, sein Vorrang vor den Dingen. Aber ebenso verneint
> wird der Widerspruch, der in seinem Herzen wohnt: zwischen
> dem Verlangen nach einem Vollbesitz des Guten und der eig-
> nen Unfähigkeit, es zu erlangen, und das daraus erwachsene
> Heilsbedürfnis.

Ich verstehe eher die Ratlosigkeit von François Varillon, der
von seiner Begegnung mit einem Nichtglaubenden berichtet. Sein Gesprächspartner in seinem Dialogbuch schlägt
ihm die Formulierung vor:

> Dem Unglauben begegnen, besonders dem friedlichen,
> überlegten, aufgewerteten Unglauben, also einem tiefen Un-
> terschied zu dem, was ich empfinde, will und denke, drängt
> mich in die Unsicherheit, sät den Zweifel in meine eigene
> Gewissheit.

Varillon antwortet:

> Ich sage mir: so sind sie. Ich habe viel Mühe, zu glauben, dass
> man so sein kann. Ihre Einstellung ist nicht die eines letzten
> Sinnes im Leben, in der Existenz; sie denken, es gäbe keinen.
> Ich bin nicht wie sie, aber ich kann ihnen kaum etwas anderes
> sagen, denn sie haben diese Einstellung, sie sind allergisch

---

158 O. Romero: Assassiné avec les pauvres, 1981, 13–14.

gegen eine Rede, die sie davon überzeugen könnte, dass die Frage des Menschen die nach dem letzten, umfassenden Sinn ist. Und in den Maße, wie sie ihn verneinen, was soll ich da tun?[159]

Es ist wahr, dass er wenig später sagt:

Der Glaube ist ein Sieg in jedem Augenblick über einen Zweifel, der ständig von unten herauf entsteht. Er ist eine Gewissheit, ja, aber eine Gewissheit, die niemals ein Beweis ist.[160]

Die Freundschaft mit ihm war leicht, denn er sprach nicht im Namen der Kirche. Aber kürzlich habe ich mich gefreut, von Hippolyte Simon, dem Bischof von Clermont-Ferrand, der einen großen Einfluss im französischen Episkopat hat, zu lesen:

Es wäre ein verhängnisvoller Irrtum, zum Kreuzzug der Gläubigen gegen die Ungläubigen aufzurufen oder gar eine heilige Allianz der Religionen gegen die Agnostiker und die Atheisten zu bilden. Das entscheidende Kriterium ist nicht der proklamierte Glaube. Es ist die Haltung gegenüber jedem verletzten Menschen, die – wenn man so sagen darf – den Beweis der Glaubwürdigkeit erbringt.[161]

Der grundlegende Unterschied ist auf Französisch leicht darzustellen. Wie verstehe ich die Frage des Pilatus im Evangelium: „Was ist Wahrheit?" Ich weiß nicht, was *la Vérité*, die Wahrheit schlechthin sein könnte. Ich weiß nur, dass es Ideen oder Dinge gibt, die wahrer sind als andere, und dass man immer nach noch mehr *vérité*, Wahrheit trachten kann. Ich weiß nicht, was *la Justice*, die Gerechtigkeit schlechthin sein mag. Ich weiß nur, dass es Situationen gibt, die ungerechter oder gerechter als andere sind – und dass es die Mühe lohnt, nach noch mehr *justice*, Gerechtigkeit zu streben. Für mich

---

159 F. Varillon: Beauté du monde et souffrance des hommes, 1982, 292.
160 Ebd., 68.
161 H. Simon: Vers la France païenne? 1999, 170.

projiziert der Christ einfach auf einen vollkommenen Gott
die Erfüllung der Dinge, zu deren Durchführung er selbst unfähig ist, im Bewusstsein, dass jeder Mensch dazu unfähig
ist. Gott in seiner Vollkommenheit ist der alleinige Wahrer
dieser hervorgehobenen Begriffe. Ausgehend von diesem
Gott wird der Nichtglaubende des Relativismus beschuldigt.
Raymon Aron hat für uns alle geantwortet:

> Wenn der Mensch in der Zeit entscheiden soll, entkommt er
> nicht den Wertekonflikten. [. . .] Der Mensch ohne Gott ris-
> kiert sein Leben für unreine Sachen. [. . .] Er weiß, dass die
> Menschheit sich selbst nur im Zweifel und im Irrtum erschaf-
> fen kann. Er drückt sich nicht in dem Willen aus, Gott zu sein,
> sondern in der Weisheit, die sich damit begnügt, das Absolu-
> te nicht zu erreichen. Der atheistische Humanismus kann sich
> nur dadurch definieren, dass er die Grenzen der menschli-
> chen Existenz akzeptiert.[162]

Die sinnvolle Vernunft erlaubt es, unsere Welt besser zu kennen, besser zu beherrschen. Aus meiner Sicht haben Diderot
und d'Alembert mit dem Verfassen der *Enzyklopädie* mehr
für den Fortschritt der Menschheit geleistet als Thomas von
Aquin, der seine großartigen Fähigkeiten der Logik dazu
nutzte, die *Summa theologica* zu schreiben. Die Vernunft ermöglicht es auch, sich selbst besser zu kennen und zu beherrschen, besser sein Leben zu führen in der Zeitspanne,
die uns vom Tod trennt. Ich verstehe auch nicht den
Wunsch nach Ewigkeit im Hinblick auf die Dauer, die die
Wissenschaft von heute der Ewigkeit zuspricht. Ich habe sogar Schwierigkeiten, die Ewigkeit zu denken. In meiner Jugend hat man mir einen sehr anschaulichen Vergleich gegeben: „Stell dir einen Felsen vor, der eine Million Mal größer
ist als die Erde. Alle Million Jahre kommt ein Vogel, um sich
daran den Schnabel zu wetzen. Wenn der Schnabel den Felsen ganz abgenutzt hat, ist nicht einmal eine Sekunde der

162 R. Aron: Histoire et politique (1949), in: Polémiques, 1955, 195.

Ewigkeit vergangen." Und der Mensch, der „nur eine kurze Spanne" lebt, soll in dieser zeitlichen Dimension einen hervorragenden, vorrangigen Platz haben?

Der Wille, sein Leben selbst zu steuern, birgt die Gefahr des Narzissmus, der Nabelschau in sich. Der Gläubige geht das gleiche Risiko ein. Aber wie kann man sich darum bemühen, in einer logischen und moralischen Stimmigkeit zu denken, zu wollen und zu handeln, wenn man sich nicht selbst in der Hand hat? Wie kann man nach Wahrhaftigkeit streben, wenn nicht mit einer auf Vernunft begründeten Selbstprüfung, die es möglich macht, sich von Auferlegtem, Unrechtem, Eingebildetem frei zu machen? Der Rückgriff auf die Vernunft bedeutet dennoch nicht Gefühllosigkeit. Vernunft und Wärme sind keineswegs unvereinbar! Daraus ergibt sich, dass ich anderen gegenüber das Recht zu haben glaube, um wie Mounier 1927 zu sagen: „Ich bin von der Intelligenz angezogen, insofern, als sie zu mehr Licht im inneren Leben führt."[163] Die Lichter der Vernunft verdunkeln dieses Licht nicht.

Es gibt leuchtende Wesen, die gleichzeitig von innen heraus strahlen und anderen Freude spenden. Einige haben das Verdienst, dass sie immer Missgeschicke überwinden mussten und zum Ziel gelangten, ohne dass ihre Flamme erlosch. Ich denke an Jean-Louis Barrault, der Jahre lang mit seiner Berufung als Schauspieler und Regisseur in Armut lebte, aber immer dann Erfolg hatte, wenn man ihn, den schöpferischen Geist, von seinem Arbeitsplatz wegnahm und ein neues Theater gründen ließ.

Andere haben weder Not noch Misserfolg kennen gelernt. Das war der Fall für einen der wenigen Menschen, die ich verehrt habe. Yehudi Menuhin war nicht nur ein großer Künstler. Er hatte, wie ich es bereits erwähnt habe, eine aktive und kommunikative Humanität: Sein Trost für die Menschen in Vertriebenenlagern nach 1945, die Unterstützung seiner Schwester bei der Gründung einer Musikschule

---

163 Mounier et sa génération. Lettres, carnets et inédits, 1956, 26.

für Jugendliche in einem benachteiligten Vorort von London. Seine Öffnung auf andere Kulturen hin bot ihm die Möglichkeit, japanische und indische Musik nach Europa zu holen, nachdem er die europäische Musik in andere Kontinente gebracht hatte. Es war für mich eine große Befriedigung, als ihm 1979 der Börsenverein des deutschen Buchhandels, auf meinen Vorschlag hin, den Friedenspreis verlieh.

Die Ablehnung der Freude kann aber auch ein Beweis für Dummheit sein. Der Karikaturist Sempé lässt eine der Hauptfiguren seiner ironischen Zeichnungen sagen:

> Wenn ich deprimiert bin, sind die Gründe, weshalb ich deprimiert bin, tief, wesentlich und grundsätzlich. Es kommt natürlich auch mal vor, dass ich glücklich bin. Aber die Gründe für das Glücklichsein sind so zerbrechlich, so hauchdünn, dass es mich deprimiert.

Die Unmöglichkeit, Freude zu finden, besonders am Ende des Lebens, ist manchmal real und begründet. Zwei Bilder verfolgen mich ständig, denn sie erinnern mich daran, was ich hätte sein können, was ich vielleicht hätte sein müssen. Das Selbstportrait von 1815 zeigt einen völlig ernüchterten Goya, weniger geprägt von seinen eigenen Leiden als vielmehr eine Spiegelung des Unglücks der Welt. Als ich 1955 im Modern Art Museum in New York die Ausstellung *The Family of Men* sah, die in der Folge ein sehr schönes Album wurde, war ich beeindruckt von dem zerfurchten Gesicht eines alten Richters. Seine Hand öffnete ein Gesetzbuch, sein Blick zeigte zugleich Verständnis und bittere Ernüchterung. Alles Versagen, alles Elend, das an ihm vorbeigezogen ist, hatte seine Spuren hinterlassen, aber er schien unermüdlich um Gerechtigkeit bemüht. Ich lehne nicht weniger den Ausspruch von Péguy ab, wonach jeder glückliche Mensch schuldig ist und sage mit François Varillon, dass „das Hoffen auf die Freude immer möglich ist".

Wie fände man nicht den Weg zur inneren Freude versperrt durch die einfache Betrachtung der menschlichen Leiden? Die Christen haben eine Antwort darauf, aber die meisten von ihnen scheinen sich darüber kaum im Klaren zu sein. Sie werden jedes Jahr aufgefordert, in einem Abstand von drei Tagen die völlige Verlassenheit des Karfreitags und den unbegrenzten Jubel des Ostersonntags mit zu erleben. Dieses Nebeneinander müsste ihr Leben und ihre Einstellung zum und im Leben prägen. Manchmal mache ich mir Vorwürfe, weil ich mir nicht völlig und nicht ständig der großzügigen Privilegien bewusst bin, und nicht noch mehr präsent bin bei den Leiden der anderen, die nicht das gleiche Glück haben wie ich. Manchmal sage ich mir – und vielleicht ist das scheinheilig – dass die Freude das Offensein gegenüber anderen fördert. Deshalb glaube ich auch, dass ein glücklicher Erzieher eher in der Lage ist, schöpferisches Vertrauen zu vermitteln als der, der seine eigene Mutlosigkeit ausbreitet zum Beweis dafür, dass er für die aggressive Resignation der ihm anvertrauten Jugendlichen Verständnis hat.

Dass Leid und Freude nicht notwendigerweise gegensätzlich zueinander stehen, davon bin ich überzeugt, zum mindesten seit ich 1963 einen Text gelesen habe, auf den ich mich immer wieder beziehe. Es handelt sich um einen Brief, den ich im „Leserbriefkasten" der Frauenzeitschrift *Elle* gefunden habe. Eine Leserin hatte sich über ihr eigenes Leben, über das Leben allgemein beklagt. Und eine Antwort bekam sie von einer Frau, die mit Sarah unterschrieb, dem Vornamen, den Hitler allen jüdischen Frauen aufzwang. Sie schrieb:

Ich bin bestürzt über die pessimistischen Gedanken von Germaine. Meine persönliche Erfahrung steht im krassen Widerspruch dazu. Ich bin Jüdin, bin vierzig Jahre alt. Ich habe fast meine gesamte Familie in den Konzentrationslagern verloren. Ich wurde in einem Alter deportiert, in dem man daran denkt, sich zu vergnügen, zu lachen, und ich habe es überlebt, für mein Leben verstümmelt. Aber selbst dort, wo ich gedemütigt, geschlagen, erniedrigt wurde, fand ich nie, dass das Leben geizig, hart und bitter ist, wie Germaine sagt, denn ich konnte den anderen, die noch mehr verschreckt waren als ich, Geborgenheit geben, armen Kindern, die vor Freude weinten bei dem bloßen Gedanken, sich in meine Arme zu kuscheln. Ich empfand ein unermessliches Glück, einen Funken Hoffnung in den Augen aufleuchten zu sehen, wegen eines Wortes der Liebe.

Ich bin als Krüppel zurückgekommen. Ich werde niemals Kinder haben können, aber meine Schwester hat deren fünf und ich habe das Glück, sie zu lieben, als wären sie meine eigenen. Sagen Sie Germaine, das Glück findet man in der Freude, die man anderen bereitet und es kommt dann hundertfach zurück.

Sarah ist keine Christin. Nichts in ihrem Brief lässt darauf schließen, dass sie gläubig ist. Deshalb bin ich auch schockiert über die Vereinnahmung, die Verdrehung der inneren und äußeren Realitäten, die ich in den Formulierungen von Johannes Paul II. in seiner bereits erwähnten Botschaft zum Weltjugendtag finde:

In Wirklichkeit ist es Jesus, den ihr sucht, wenn ihr vom Glück träumt. Er ist es, der auf euch wartet, wenn nichts von dem, was ihr findet, euch zufrieden stellt. Er ist die Schönheit, die euch so sehr anzieht. Er ist es, der euch herausfordert durch den Hunger nach dem Absoluten, der euch davor bewahrt, euch an Kompromisse zu gewöhnen. Er ist es, der euch dazu drängt, die Masken fallen zu lassen, die das Leben verfälschen. Er ist es, der in euren Herzen die tiefsten Entscheidungen liest, die andere gerne ersticken würden.

Dagegen bin ich gerührt, wenn ich singen höre „Gott ist Liebe, Gott ist Licht, Gott unser Vater". Nicht wegen der Zuflucht zur göttlichen Vaterschaft. Ich hatte immer den Eindruck, dass sie die Menschen daran hindert, aufrecht, erwachsen und frei zu sein. Sondern wegen der Identifizierung Gottes mit dem Licht. In seinem Testament konnte es sich Victor Hugo nicht verkneifen, ein letztes Wortspiel zu machen: *„Deus, dies."* Ich werde ihn doppelt imitieren. Die Lichter – im Sinn der Aufklärung des 18. Jahrhunderts, der

Aufklärung durch die Vernunft – und das innere Licht können, ja müssen miteinander gehen im Namen des Friedens, des Friedens in sich und in der Welt. In Erwartung unseres Endes, können wir uns den Endzielen, die wir anstreben, nur durch ein ständiges hungriges Bestreben nähern.

Das Bedürfnis, etwas zu tun, zufrieden sein, ohne sich je zufrieden zu geben. Das Gleichnis von den Talenten müsste uns ständig vor Augen geführt werden. Es ist ein Fehler, das, was man in sich hat, nicht zur Frucht werden zu lassen, ganz gleich wie schwer oder wie groß. Zur Frucht werden zu lassen für sich und für die anderen.

Kurz bevor er verhaftet, verurteilt und hingerichtet wurde, weil er in Flugblättern das Hitlerregime als unmoralisch verurteilt hat, schrieb der Student Hans Scholl im Oktober 1941 an einen Freund: „Ich kann nicht abseits stehen, weil es abseits kein Glück gibt." Der Satz klingt wie eine Antwort auf das, was Hamm, der tragische, heimgesuchte Held in Samuel Becketts *Endspiel* sagt. „Abwesend, immer abwesend. Alles geschieht ohne mich." Nichts ist falscher als das *vanitas vanitatum*, das Ionesco aufgreift, wenn er am Schluss von *Der König stirbt* dem Sterbenden durch seine Frau sagen lässt: „Das war eine sehr unnötige Aufregung." Ich bevorzuge die sowohl einschränkende als auch anregende Erlaubnis, die Paulus den Korinthern gibt: „Alles ist erlaubt, aber nicht alles nützt."

Die Hoffnung besteht darin, sich im Augenblick des Hinscheidens sagen zu können (um noch einmal eine Formulierung von François Varillon aufzugreifen), dass man „ansteckend gelebt" hat, dass man seine Zeit genutzt und nicht vergeudet hat, „um dem Andern zum Sein und – zum Anderssein zu verhelfen". In Erwartung des Endes, meines Endes, stehe ich nicht mit leeren Händen da, es fehlt nicht an Öffnungen und Aktivitäten. Und ich wünsche, dass die brüderlichen Christen, obwohl sie anders bleiben, die ganze Bedeutung einer für mich entscheidenden Antwort aus *Endspiel* verstehen: „Glaubst du an das zukünftige Leben? – Meines ist es immer gewesen."

Nachwort

Warum mit den USA und mit Rom beginnen? Weil ich zwei negative Entwicklungen zutiefst bedaure und doch den Christen, denen ich mich nahe fühle, sagen möchte, dass diese Entwicklungen in meinen Augen die schönen Früchte des Christentums nicht verfaulen lassen.

George W. Bush hat seinen zweiten Wahlkampf klar gewonnen, weil er seinen Ratgebern gefolgt ist: Den Sieg nicht in der Mitte suchen, sondern die fundamentalistischen Christen mobilisieren, die zahlreicher waren, als man im Allgemeinen glaubte. Das hieß auch: sich absolut hinter Israel stellen, was zwar keine zusätzlichen jüdischen Stimmen gebracht hat (75 % davon waren für John Kerry), dafür aber viele protestantische „Bibeltreue" an die Wahlurnen. Jede Nachgiebigkeit der Abtreibung gegenüber brandmarkte er im Namen des Schutzes des Lebens, wo doch kein Gouverneur so viele Todesstrafen hat vollziehen lassen wie George W. Bush. Katholische Bischöfe sind so weit gegangen, John Kerry den Zutritt zum Abendmahl verbieten zu wollen, weil er nicht gegen die Abtreibung Stellung genommen hatte. Zur gleichen Zeit ruinierten sich einige Bistümer, weil sie hohe Entschädigungen an die Eltern der jungen Opfer pädophiler Priester zahlten, damit deren Verbrechen geheim und unbestraft blieben. Den Irakkrieg begann der Präsident mit Worten, die an die deutschen und französischen Kirchen von 1914 erinnerten: „Gott mit mir". Das Schwert führe ich mit seinem Segen. Der Feind verkörpert das Böse. Glücklicherweise haben die europäischen Kirchen diese alte Einstellung nicht wieder übernommen, sondern weithin verkündet, dass Gott in Christus leidender und nicht über andere Menschen siegreicher Mensch geworden war.

Die letzte Lebenszeit von Johannes Paul II. hat wenig dazu beigetragen, eine Kirche in ihrer schönsten Ausstrahlung darzustellen. Jahre hindurch hatte der leidende, aber geistig wache Papst gerade bei jungen Leuten große Sympathie erworben. Nur langsam wurde klar, dass er nicht mehr seine alte Autorität ausüben konnte, weder an der Spitze der kirchlichen Strukturen, noch in der Deutung der verschiedenen Schichten der religiösen Wahrheitsansprüche. War sein letztes Buch *Erinnerung und Identität, Gespräche an der Schwelle zwischen den Jahrtausenden* vom März 2005, wirklich von ihm noch einmal durchgesehen worden, als es schließlich nach jahrelangem Sträuben veröffentlicht wurde? Waren die schlimmen Formulierungen von ihm und nicht von seinem Sekretär Pater Stanislas Dziwisz, seinem Vertrauten und zugleich gewissermaßen Bewacher? Hat er wirklich auch die „Pille danach" mit der Shoah auf einen Nenner gebracht, so wie es Kardinal Meisner getan hatte? Hat er noch den Text zur Kenntnis genommen, der im Frühling 2004 akribisch die Regeln zur Eucharistie in 186 Punkten als Reihe von genauen Vorschriften, Verboten, und Strafandrohungen festlegen will? Hat er den Pariser Nuntius beauftragt, einer französischen katholischen Wochenzeitung zu schreiben, um sie wegen einer Kritik an einem amerikanischen Bischof zu rügen? Dieser hatte die Kommunion eines Mädchens für nichtig erklärt, weil es, wegen einer schweren Darmkrankheit, eine aus Reis und nicht aus reinem Weizenmehl hergestellte Hostie geschluckt hatte? Wer kann denn heute einen solchen Formalismus noch als positiv betrachten? Es war aber mit Sicherheit der Papst selber, der bis zum Schluss die Heilige Jungfrau von Fatima als seine Beschützerin vor der Kugel des Attentäters betrachtet und verehrt hat – ein Schutz, der dem dritten Geheimnis entsprechen soll, das Maria 1917 den drei Hirtenkinder anvertraut hat. Ich muss gestehen, dass Fatima nicht zu den geistigen Gegebenheiten gehört, die mich mit dem Katholizismus verbinden.

Auch nicht die Härte der Strafe, die der Bischof von Trier, Reinhard Marx, dem Priester auferlegt hat, der 2003 beim Ökumenischen Kirchentag in Berlin (wohl allerdings provokatorisch) Protestanten zur katholischen Eucharistie zugelassen hatte. Die Verbote, die Gotthold Hasenhüttl erhielt und die ihn hinderten, weiterhin als Priester zu wirken, wann hatten sie im 20. Jahrhundert Priester getroffen, die gewalttätigen Tyrannen treu gedient hatten?

Auf protestantischer Seite geht es nicht um das Verbotene, sondern um Begrenzung des Erlaubten. Anfang 2005 musste die Theologische Kammer der EKD die Evangelische Kirche im Rheinland rügen, weil diese allen und jedem Zugang zum Abendmahl gewähren wollte. Taufe und Glaube an Christus seien doch die notwendigen Voraussetzungen zum Abendmahl! In Frankreich wurde 2004 versucht, eine neue Antwort zur Abgrenzung des Protestantismus zu geben. Was ist Kirche? Was ist Sekte? Sechs Kirchen wurden von der Fédération protestante de France auf Probe aufgenommen, darunter die Adventisten mit ihren mehr als hundert französischen Gemeinden. Dabei bleiben die Strukturen des Protestantismus in Frankreich übersichtlich, sei es nur, weil er so klein ist, während die unübersichtliche Organisation der deutschen evangelischen Kirchen ihnen erst heute, wegen der neuen Geldknappheit, den Zwang auferlegt, historisch bedingte Verkrustungen zu überwinden. Ob eine solche Klarstellung dem Schwund der Mitglieder Einhalt gebieten wird, bleibt dahingestellt. Sind nicht so viele aus den Kirchen ausgetreten (mehr als fünf Millionen in den letzten drei Jahrzehnten) und gibt es nicht stets weniger Teilnehmer an den Gottesdiensten, weil die geistigen Inhalte immer unklarer geworden sind, während alte theologische Festlegungen und Auseinandersetzungen weitergehen – an dem Gottesvolk vorüber? Im Mai 2005 lautete die Losung des Kirchentags: „Wenn dein Kind dich morgen fragt ..." Wie genau und einheitlich werden die Antworten sein?

Da gibt sich die katholische Kirche sicherer – aber nicht auf die gleiche Weise in Frankreich und in Deutschland.

Wenn auch in beiden Ländern viele Katholiken an ihrer Kirche leiden, wenn es auch heute offene Konflikte zwischen deutschen Kirchenfürsten gibt, wo bisher gerade die katholische Kirche in Deutschland stets Geschlossenheit zeigen wollte, so behält doch der französische Katholizismus einen Bezug zur Gesamtgesellschaft, der einfacher, aufgeschlossener, verständnisvoller und anspruchsloser ist, als der des deutschen – was meine Zusammenarbeit mit und in ihm weiterhin leichter macht.

Die deutschen Kirchen wähnen sich in der Verarmung. Es ist wahr, dass jedesmal, wenn die Einkommensteuer sinkt und die Arbeitslosenzahl steigt, die deutschen Kirchen weniger Geld bekommen, was vielen erzieherischen oder wohltätigen Institutionen schadet. Aber wenn die französischen Gemeindepriester oder Bischöfe wüssten, welches Gehalt ihre deutschen katholischen oder evangelischen Kollegen monatlich erhalten, so wären sie ziemlich verblüfft. In Frankreich nimmt auch die Verteidigung der Armen mehr Platz ein als die Sorge um die Abtreibung. Im März 2005 ist Kardinal Jean-Marie Lustiger als Erzbischof in den Ruhestand getreten. Zum Nachfolger bestellte Rom den Erzbischof von Tours, André Vingt-Trois, der jahrzehntelang in Paris zunächst Vikar, dann Weihbischof seines Vorgängers gewesen war (was aufs Neue den enormen Einfluss von Jean-Marie Lustiger auf die französischen Bischofsernennungen bewies). In den ersten Interviews wurde der Neue gefragt, ob er, der bisher Vorsitzender des Ausschusses für Familienfragen der Bischofskonferenz gewesen war, nun diese Fragen als Priorität betrachten und behandeln würde. Er antwortete, er sei nicht in dieser Eigenschaft an die Spitze des Bistums Paris gestellt worden und er sehe kein dringliches Problem, das vor dem sozialen in Angriff genommen werden müsste.

Da sich keine Partei in Frankreich christlich nennt, entfällt die Frage nach der Bedeutung dieser Bezeichnung. In Deutschland ist nicht immer klar, inwiefern die empfohlenen oder durchgeführten Regelungen für Asylsuchende dem christlichem Grundsatz entsprechen, dass jeder Mensch der

Nächste sei. So sah es der Limburger Bischof Franz Kamphaus, als er 1986 evangeliumstreu sagte, jeder Fremde habe das Antlitz Christi. So sah es Schwester Cornelia Bührle, die jahrelang die Ausländerfragen beim Berliner Kardinal Georg Sterzinsky bearbeitete und nun in Brüssel im Dienst des Europäischen Jesuit Refugee Service steht. Als Gustav Heinemann 1952 die CDU verließ und eine neue kleine Partei gründete, ließ er ein Plakat verbreiten, auf dem das C durchgestrichen war und es weiterging mit dem Gebot: „Du sollst den Namen deines Herren nicht missbrauchen". Aber auf diesen Namen dürfen sich die Kirchen doch berufen, um etwas zu begründen, was in Frankreich Empörung hervorrufen würde, nämlich ein besonderes Arbeitsrecht. Am 4. Juni 1985 hatte ein Urteil des Bundesverfassungsgerichts gesagt: „Welche kirchlichen Grundverpflichtungen als Gegenstand des Arbeitsverhältnisses bedeutsam sein können, richtet sich nach den von der verfassten Kirche anerkannten Maßstäben". Dass sich das Prinzip nicht verändert hat, nach dem z. B. ein(e) Mitarbeiter(in) wegen Ehescheidung entlassen werden kann, das zeigt die erstaunliche Aufstellung, die der große Jurist Paul Kirchhof in einem langen Beitrag für die FAZ am 3. Juni 2004 gemacht hat: „Würde der Staat kein Gebet ermöglichen, kein kircheneigenes Arbeitsrecht eröffnen, kein Körperschaftsstatut zubilligen, so bevorzugte er die negative Religionsfreiheit vor der positiven."

Überhaupt gibt es für den französischen Leser, der, wie auch heute die katholische Kirche Frankreichs, die Trennung von Kirche und Staat nach dem Prinzip der *laïcité* als politisch-gesellschaftliches Grundprinzip anerkennt, viel Überraschendes in deutschen Texten. Um nur ein Beispiel zu nennen: Der Vertrag zwischen dem Land Mecklenburg-Vorpommern und der Evangelisch-Lutherischen Landeskirche Mecklenburgs und der Pommerschen Evangelischen Kirche vom 20. Januar 2004 sagt nicht nur: „Das Land gewährleistet die Erteilung des Religionsunterrichts als ordentliches Lehrfach an den öffentlichen Schulen." Er fügt hinzu, dass Lehrer und Lehrmittel des Faches von den Kirchen gebilligt sein müssen. Die Freiheit des Lehrers darf nur eine orthodoxe sein. Nicht anders geht es den Theologen an den Theologischen Fakultäten. Aber nicht nur in Deutschland stellt sich die Frage, inwiefern es keinen Widerspruch zwischen der „wissenschaftlichen Pflege der evangelischen Theologie" als „Auftrag wissenschaftlicher Hochschulen" (Art. 4) und der notwendigen „Zustimmung der zuständigen Landeskirche … hinsichtlich Lehre und Bekenntnis des Anzustellenden" gibt. Die Freiheit des Theologen als Wissenschaftler ist also recht begrenzt. Was dies auf katholischer Seite bedeuten mag, hat ja Hans Küng in Tübingen erfahren.

In Frankreich feiert man 2005 den 100. Jahrestag eines berühmten Gesetzes zur Trennung von Kirche und Staat, das die laizistische Republik der Kirche auferlegte gegen deren großen Protest, darunter auch die Verurteilung durch den Papst. Ab 1924 begann eine langsame Versöhnung, 1919 war bereits beschlossen worden, dass das Elsass und Lothringen, welche 1905 deutsch waren, nicht unter diesem Gesetz standen. Dort wurde weiterhin das von Bonaparte ausgehandelte Konkordat von 1802 angewandt. Heute steht die katholische Kirche völlig hinter dem Gesetz und lehnt jede Veränderung ab, sei es nur, weil es die staatliche Finanzierung der seelsorgerischen Tätigkeit für Schulen, Krankenhäuser oder Gefängnisse erlaubt. Der Verband der Evangelischen Kirchen findet, dass damals die katholische Kirche sehr bevorzugt wurde. Die Kirchengebäude wurden zwar vom Staat in Besitz genommen, aber dieser übernahm zugleich deren Instandhaltung und Instandsetzung, während es wenige reformierte Kirchengebäude gab und diese im allgemeinen keine Kunstwerke waren, die besondere Kredite beanspruchen konnten. An sich darf der Staat kein Geld für Neubauten vergeben, aber die Einrichtung einer permanenten Ausstellung kirchlicher Kunst innerhalb der neuen Kathedrale von Evry bei Paris hat beträchtliche staatliche Subventionen ermöglicht. Die eigentliche Frage von heute betrifft jedoch die Moscheen. Wenn der Staat kein Geld für Neubauten vergeben darf, so muss man zwischen zwei Übeln wählen: Entweder moslemischer Kult in unwürdigen Kellern und Garagen, oder schöne Moscheen durch saudi-arabische Finanzierung. Es ist unwahrscheinlich, dass das als unantastbar hochgelobte Gesetz von 1905 verändert wird. So sucht man indes nach juristischen Tricks, um durch den Bau von Moscheen die Integration des Islams in die französische *laïcité* zu erleichtern. Zeichen dieser Integration gibt es. Nach einer Geiselnahme im Irak sind Vertreter aller islamischer Organisationen nach Bagdad geflogen, um die Freilassung zu erwirken. Sie kamen in europäischer Kleidung als Franzosen islamischen Glaubens. Im März 2005 war die jährliche Großveranstaltung der UOIF (Union des organisations islamiques de France) ein echter Erfolg. Vor mehr als hunderttausend Teilnehmern auf dem Flughafengelände Le Bourget bei Paris gab es nur versöhnliche Reden. „Unser Ziel ist grundsätzlich dasselbe: die erfolgreiche Zukunft unserer Kinder durch ihre harmonische Einfügung in das Gewebe der republikanischen Werte." Die Imans wurden aufgefordert, auf französisch zu predigen. Unter den Rednern befanden sich keine aus dem Ausland angereisten Islamisten. Hingegen sprachen aber bekannte nicht-moslemische Islam-Experten.

In der Menge war die Trennung zwischen Männern und Frauen sehr aufgelockert, aber nicht wenige Frauen trugen Kopftücher, was den Jüngeren den Zutritt zu den öffentlichen Schulen und Gymnasien untersagt hätte. Der Streit um das islamische Kopftuch betrifft in Frankreich nicht, wie in Deutschland, die Lehrerinnen: Diese werden sowieso verpflichtet, als Staatsbeamte Neutralität zu wahren und durch ihre Kleidung oder durch Abzeichen keine Zugehörigkeit zu einer Religion oder zu einer Partei zu bekunden. (Das schrieb auch auf deutscher Seite Prof. Josef Isensee in der FAZ am 8. Juni 2004: „Amt ist Dienst, nicht Selbstverwirklichung. Die Askese ist der Preis für die Teilhabe an der Staatsgewalt.") Die öffentliche Auseinandersetzung begann 1989, als drei Schülerinnen einer Sekundarschule das Kopftuch im Unterricht nicht abnehmen wollten. Als sich der Streit 2003 neu entfachte, griff das Staatsoberhaupt ein, verlangte ein Gesetz zur Sache und setzte ebenso eine „Kommission zur Durchführung des Laizitätsprinzips in der Republik" ein. Diese arbeitete effizient und legte bereits im Dezember des Jahres ihren Bericht vor. Der Text war mutig und ausgewogen. „Die Laizität, Eckstein des republikanischen Pakts, beruht auf drei untrennbaren Werten: der Freiheit des Gewissens, der rechtlichen Gleichheit aller geistigen und religiösen Optionen, der Neutralität der politischen Macht." Es werden alle Verletzungen der Grundprinzipien dargestellt, ebenso die Versuche der Einschüchterung der nicht-kopftuchtragenden islamischen Schülerinnen, die Weigerung der Eltern, ihre Tochter am Biologie-Unterricht teilnehmen zu lassen, die Zwangsehen, das gefährliche Nein in Krankenhäusern, im allgemeinen vom Vater, Gatten oder Bruder ausgesprochen, eine Frau von einem männlichen Arzt behandeln zu lassen – wie auch die berufliche Diskriminierung der moslemischen Immigrantenkinder. Im Gesetz vom 14. März 2004 blieb schließlich nur das Kopftuch übrig. Alle größeren religiösen Zeichen waren verboten. Das Kopftuch also, aber auch die Kippa, größere Kreuze oder Davidsterne. Im Herbst, zu Beginn des neuen Schuljahrs, gab es 639 Fälle in ganz Frankreich, von denen die meisten geschlichtet wurden. 43 Mädchen wurden aus den öffentlichen Schulen ausgeschlossen. Der Zugang zu den katholischen Privatschulen war ihnen nicht untersagt. Der größte Nachteil des neuen Gesetzes war die Hervorhebung religiöser Zugehörigkeiten, mit Entstehung oder Vertiefung der Abgrenzungen zwischen religiösen Gruppen. Die meisten französischen aus ihrem Glauben lebenden Katholiken und Protestanten möchten zwar Zeugnis ablegen, aber als Person und nicht durch Betonung einer Gruppenzugehörigkeit.

Die französische *laïcité* fühlt sich heute aus Rom unterstützt. In seinem „Brief an die Katholiken Frankreichs" schrieb Johannes Paul II. 1996, dass das Prinzip der Laizität zur Soziallehre der Kirche gehört, wenn es recht verstanden wird. Eine gerechte Trennung der Gewalten und die Nichtkonfessionalität des Staates „erlauben, dass alle Elemente der Gesellschaft im Dienste aller und der nationalen Gemeinschaft zusammenarbeiten". Am 11. Februar 2005 wurde vom Vatikan ein sehr langes Dokument, vom Papst unterschrieben, an Mgr Jean-Pierre Ricard, Erzbischof von Bordeaux und Vorsitzender der französischen Bischofskonferenz geschickt. Es ging darin friedlich und aufbauend um das Gesetz von 1905. Ein langer Absatz war der Geschichte des französischen Katholizismus im 20. Jahrhundert gewidmet, mit siebzehn Namen großer Katholiken, darunter drei Theologen, nämlich die ehemals von Pius XII. verurteilten Henri de Lubac, Yves Congar und Marie-Dominique Chenu. Robert Schumans Name steht auch da, sowie Schriftsteller und Philosophen, aber auch Madeleine Delbrêl. Die Liste schließt mit dem Namen Jérôme Lejeune, bedeutender Wissenschaftler auf dem Gebiet der Genetik und wortstärkster, überzeugendster französischer Kämpfer gegen jede Form der Abtreibung. Der Brief fordert die Katholiken Frankreichs zum Zeugnis auf, keineswegs zum Kampf gegen die *laïcité,* die aufs Neue als Teil der katholischen Soziallehre dargestellt wird.

Auch sollen die Gläubigen als solche an allen Bemühungen zur Verteidigung und zur Umsetzung der Grundwerte teilnehmen. Diese entsprechen den „Werten der Freiheit, der Gleichheit und der Brüderlichkeit", an denen das Volk Frankreichs so berechtigt festhalte. Im Gegensatz zu vielen deutschen Behauptungen, all diese Werte hätten einen christlichen Ursprung, wird eine Gemeinsamkeit betont, nicht eine Art christliche Bevormundung betrieben.

Der christliche Beitrag mag schwerwiegend sein, aber er ist nur ein Beitrag. Das wurde wieder einmal am 30. November 2004 klar, als etwas völlig Unerwartetes geschah: Die Nationalversammlung verabschiedete in erster Lesung das Gesetz über „die Rechte der Kranken und das Ende des Lebens". Das Votum fiel einstimmig aus. Die Geschichte begann im September 2003, als ein junger Mann, dessen körperliche Möglichkeiten durch einen Unfall zerstört worden waren, Jacques Chirac schrieb, und das Recht zu sterben forderte. Er

wurde dann von seinem Arzt durch eine Spritze getötet. Zwei
bis dahin unbekannte Abgeordnete, eine konservative Ka-
tholikin und ein Sozialist, bewirkten die Einberufung einer
parlamentarischen Kommission über das Ende des Lebens.
Sie wurde eingerichtet. Unter dem Vorsitz eines Konservati-
ven diskutierten 31 Abgeordnete mit sehr unterschiedlichen
Voraussetzungen. Am Anfang gab es große Spannungen. Allmählich jedoch verstand man den anderen. Weniger als ein
Jahr später war der Text abstimmungsreif und wurde verabschiedet. Er unterscheidet zwischen Kranken mit und ohne
Bewusstsein, spricht sich gegen unnütze und übertriebene
Behandlungen aus, aber stellt auch genaue Bedingungen, be-
vor eine Behandlung eingestellt werden oder dem bewussten
Sterbewillen des Kranken nachgegeben werden kann.

Es ist selten, eine deutsche Stellungnahme zu lesen wie
die des evangelischen Ethikers Trutz Rendtorff. In der Ausgabe von Dezember 2003 der hervorragenden Monatszei-
tung *Zeitzeichen* war sein Beitrag wie folgt betitelt: „Erweiter-
te Nächstenliebe. Die Begründung der Menschenrechte
bedarf keiner theologisch-dogmatischen Herleitung". Er
zeigt, dass die christlichen Kirchen „einen langen und kon-
fliktreichen Lernprozess durchgemacht" haben zur „Achtung der Scheidelinie zwischen Staat und Individuum".
Rendtorff weist auf die vielen Verletzungen der Grundrechte
durch die christlichen Kirchen hin. Der gemeinsame Text der
europäischen Bischöfe zugunsten des Verfassungsvertrags
hat die Forderung, den Namen Gott in den Text aufzunehmen, nicht wiederholt. Am 30. März 2005 hat *La Croix* im
vollen Wortlaut den Aufruf des Rats der Christlichen Kirchen
in Frankreich veröffentlicht, der die Gläubigen aufruft, bei
der Volksbefragung vom 29. Mai eine Ja-Stimme abzugeben.
Unterschrieben ist er vom Präsidenten der Versammlung der
orthodoxen Bischöfe, des Präsidenten der Fédération protestante de France und vom Präsidenten der katholischen Bischofskonferenz. Alle beziehen sich auf das Gemeinwohl
und heben einige Punkte hervor. Die Charta der Grundrechte, die rechtlich verbindend sein wird, „gibt den Willen

kund, den Menschen in den Mittelpunkt des europäischen Gebäudes zu stellen". Sie sind erfreut, dass „durch den Vertrag die besondere Identität der Kirchen und ihr spezifischer Beitrag zur öffentlichen Debatte" anerkannt werden. „Die Union verpflichtet sich, mit ihnen, wie mit den nicht-konfessionellen Organisationen, einen offenen, durchsichtigen und regelmäßigen Dialog zu führen. Die Vergangenheit wird zwar nicht durch einen klaren Bezug auf das christliche Erbe geehrt, aber der Vertrag trägt Sorge für Gegenwart und Zukunft." Ein langer letzter Absatz stellt dar, was dieses Europa schon alles gebracht hat.

Ich habe in diesem Buch knapp dargestellt, was alles Furchtbares im Namen Gottes im „christlichen Europa" vollbracht worden ist. So habe ich mit heiterem Erstaunen gelesen, was Präses Manfred Kock, Ratsvorsitzender der EKD im September 2001 gesagt hat: „Gott will Frieden und Gerechtigkeit unter den Religionen und unter den Kulturen. Jeder Glaube, der meint, Gewalt aus religiösen oder ideologischen Gründen rechtfertigen zu können, ist ein gefährlicher Irrglaube." Also war das Christentum jahrhundertelang ein Irrglaube! Aber natürlich sind mir die positiven christlichen Quellen bekannt und bewusst. Nur, dass ich manchen deutschen kirchlichen Monopolanspruch auf die Grundwerte irritierend finde.

Darf ich etwas aggressiv sagen, dass die Christen heute die Bedrängten sind? Nach der Katastrophe in Südostasien stellt sich erneut die Frage nach der Allmacht und nach der Güte Gottes. Die heutige Antwort auf die Theodizeefrage, wird uns gesagt, stecke in Jesu Schrei „Warum hast Du mich verlassen?". Das Leiden Christi sei der Fels des christlichen Glaubens. Ich habe in manchen Kapiteln genügend meine Freude darüber zum Ausdruck gebracht, dass der leidende Gott und nicht mehr der zürnende und strafende heute im Mittelpunkt steht, um doch diese Antwort als völlig unzureichend zu betrachten. Wo bleibt die Allmacht? Wo bleibt die Güte?

Und wenn ich lese, was zum Ostersonntag 2005 über die Auferstehung geschrieben wurde, so stelle ich, für Christus

wie für die Menschen, eine solche Abwendung von so vielen
Jahrhunderten christlicher Lehren und Überzeugungen fest,
dass ich immer weniger weiß, was der Begriff der Auferstehung noch beinhaltet, der doch das Wesenselement des
christlichen Glaubens ist.

Es wird oft zu mir oder über mich gesagt, ich sei „un chrétien qui s'ignore", ein Christ, der sich seines Christentums
nicht bewusst sei. Ich wage es, provokatorisch zu sagen, dass
ich oft genau den entgegengesetzten Eindruck habe. Wieviele Glaubensinhalte sind doch schon aufgegeben worden!
Wie vieles wird nicht mehr als Wirklichkeit betrachtet, sondern als Symbol! Wieviel Innerlichkeit, wieviele moralische
Grundlagen der Überzeugungen und Engagements könnten
nicht ebenso sehr auf einem gottlosen geistigen Humanismus begründet werden? So lese ich manche Ansprachen bei
der 18. Begegnung „Menschen und Religionen" der Sant'Egidio Gemeinschaft, die im September 2004 in Mailand stattgefunden hat. Sie hat zum Frieden zwischen den Religionen
und den Völkern Erstaunliches geleistet und scheut vor keinem schwierigen Konflikt zurück. Die Berichterstattung in
La Croix trug die Überschrift „Les religions à la recherche
d'un nouvel humanisme". Der Ausdruck „neuer Humanismus" ist von vielen Rednern verwendet worden. Er bedeutet
in meinen Augen einen doppelten Durchbruch: rückwärts,
weil die Kirchen und so viele Christen so lange den Humanismus der Evangelien verkannt haben und vorwärts, weil
so die gemeinsame Moral – mit Gott und ohne Gott – eine
große Zukunft hat.